汉语言文学国家一流本科专业建设

国家级首批新文科建设与实践研究课题"'新文科'背景下新疆高校中国语言文学类专业改造提升的探索与实践"（编号：2021050091）

2023年度新疆高校本科教育教学研究和改革综合研究项目"新疆高校汉语言文学专业虚拟教研室建设方法与实践探索"（编号：XJGXZHJG202302）

“新文科”与汉语言文学专业毕业论文写作

邹赞　金蕊　李圃　主编

暨南大學出版社
JINAN UNIVERSITY PRESS

中国·广州

图书在版编目（CIP）数据

"新文科"与汉语言文学专业毕业论文写作／邹赞，金蕊，李圃主编．—广州：暨南大学出版社，2023.12

ISBN 978－7－5668－3828－5

Ⅰ.①新…　Ⅱ.①邹…②金…③李…　Ⅲ.①汉语—语言学—文集②文学研究—文集　Ⅳ.①H1－53②I0－53

中国国家版本馆 CIP 数据核字（2023）第 248300 号

"新文科"与汉语言文学专业毕业论文写作

"XINWENKE" YU HANYUYAN WENXUE ZHUANYE BIYE LUNWEN XIEZUO

主　编：邹　赞　金　蕊　李　圃

出 版 人：阳　翼
策划编辑：杜小陆
责任编辑：康　蕊
责任校对：刘舜怡　黄子聪
责任印制：周一丹　郑玉婷

出版发行：暨南大学出版社（511443）
电　　话：总编室（8620）37332601
营销部（8620）37332680　37332681　37332682　37332683
传　　真：（8620）37332660（办公室）　37332684（营销部）
网　　址：http://www.jnupress.com
排　　版：广州良弓广告有限公司
印　　刷：佛山市浩文彩色印刷有限公司
开　　本：787mm×960mm　1/16
印　　张：14.75
字　　数：295 千
版　　次：2023 年 12 月第 1 版
印　　次：2023 年 12 月第 1 次
定　　价：59.80 元

序　一

名不见经传的希拉姆学院因倡导“新文科”的理念为业界所关注。新文科之“新”本义是新技术革命背景下将新技术引入传统文科，使之能够适应学科内生性发展要求和社会对文科新的需要。

对中国而言，与中华五千年文明史相比，只有百年多历史的文科本身就比较新，无论是文学、历史、哲学等人文学科，还是经济学、法学、管理学、教育学等社会科学学科，从1898年京师大学堂的专业设置开始，基本上都移植于西方现代学科。且直到目前，许多学科仍在结合中国实际需要和学科历史进行着调整和优化。这样，中国新文科的“新”就具有双重含义，一方面，文科各学科的发展历史并不长，学科基础还比较薄弱；另一方面，文科中的所有学科又要积极迎接新技术革命带来的诸多挑战。正是在这样的背景下，教育部提出和规划了中国高校新文科建设。

不啻为一场学科观念、学科体制革命的新文科建设，虽然意义重大，但无论理论研究、制度设计还是具体实践，难度都非常大。因而，在全国高校中，新文科建设雷声大雨点小是普遍现象。不过，其中也有个别高校的新文科建设自觉意识较强，且进行了有益尝试。新疆大学的中国语言文学学科就是其中之一。

2022年7月，新疆大学中国语言文学学院举办了“新文科背景下中国语言文学学科建设高峰论坛”，邀请国内知名专家学者就学科建设改革方向征求意见并进行了广泛研讨。之后，新疆大学中国语言文学学院对新文科建设进行了规划并开始了探索，这部《“新文科”与汉语言文学专业毕业论文写作》就是其成果之一。

《“新文科”与汉语言文学专业毕业论文写作》由11篇本科生毕业论文构成，分上、中、下三编，涉及中国语言文学7个二级学科。这些论文反映了新疆大学中国语言文学学科在本科生毕业论文环节“新文科”建设的基本理念和具体实践。

中国语言文学是“文科”中的基础学科。新文科建设在借鉴传统文、史、哲不分家的理念基础上，一要在横向上与经、管、农、工、医等学科进行横向交融，二要在纵向上追踪新技术革命发展的历史足迹和最新进展，从而重新定位本学科的坐标。

事实上，“新文科”的发展趋向已经在中国“新文科”建设提出之前就出现了一些端倪，如“计算语言学”就将计算机技术与传统语言学完美地结合在一起，通过建立数学大模型，在文字识别、语音识别、不同语言比较、语料整合分析、计算机文本（语言）翻译等方面，使汉语言文字学、古典文献学研究跃升到新的高度。可以预见，将来在古文字识别等方面，会得益于计算语言学的发展而有重大突破。

当然，文学研究自身需要引入新技术革命的成果，需要与其他学科交融，但也不能忽视研究对象自身的“新文科”现象，如借助于互联网技术的网络文学对传统文学观念的丰富、新媒体时代文学经典的再生产与传播、消费等新现象，在“新文科”的视野下，都有不同以往的异彩纷呈。这背后，无疑是“新文科”理念的确立与实践的同频共振。

因此“新文科”引入了新技术革命的成果，推动了传统中国语言文学学科观念、知识生产范式的革命性变革，让我们对中国语言文学学科的发展前景充满了想象和期待，也打破了传统中国语言文学学科与其他学科的壁垒，给中国语言文学学科插上了翅膀。因此，《“新文科”与汉语言文学专业毕业论文写作》一书，可称为新疆大学中国语言文学学院“新文科”建设的一个台阶式的成果。

在该书即将付梓之际，受邹赞院长之邀，写下上面的文字，与其说是序，倒不如说是对他们在新文科建设方面付出的辛勤努力和取得的可喜成果的致敬。

李晓峰
2023 年 9 月 25 日

序　二

新文科显然已经成为学界及大众坊间高频率谈论的热词，有关新文科的思考与新时代学术体系、学科体系和话语体系建设有着密切关联。但应当明确的是，新文科既不能被简约化为一个终极目标，也不应被粗暴归类为某种考核标准或评价体系，它事实上是一种为文化强国战略培养高素质人文社科人才的状态或过程。究其实质，新文科在价值属性上倡扬家国情怀与人文精神；在学术品格上凸显“与时俱进、交叉融合”，积极回应新技术新媒介推动下的知识革命和范式转型，尝试打破传统意义上的学科壁垒，重视学科内部及学科之间的汇通融合；在现实目标上立足培养志趣高远、博学立行，“为天地立心，为生民立命，为往圣继绝学，为万世开太平”的社会主义事业建设者和接班人 。[①]

作为一项“未竟的事业”，新文科建设仍然并将长期处在“现在进行时”，宛若一根无形的指挥棒，引导并参与着文科人才培养的方方面面。毋庸讳言，文科因其与社会生产及科技进步之间的因果关联不如理工农医那般直接，更多是从精神而非物质层面推动社会进步，成果呈现形式以“无形”甚至“不可见”为主，因此在以数据考核为指挥棒的状况下，常常被冠以“软性学科”之名。古往今来，文人墨客以自嘲或他讽形式贬斥读书的论调不胜枚举：“宁为百夫长，胜作一书生”（杨炯《从军行》）、“请君暂上凌烟阁，若个书生万户侯”（李贺《南园十三首·其五》），诸如此类说法虽因处于特定语境而被赋予修辞意味，但某种程度上从功利主义和实用主义角度夸大甚至消极误读了文科的社会功用。孟郊《劝学》有云：人学始知道，不学非自然。任何一门知识的攫取都离不开“理论结合实践”，文科亦不例外，它从来未曾真正区隔于时代大潮及技术进步之外，而恰恰是以“剧中人”和“批判者”的双重姿态保持在场，一方面呼吁、推动技术进步，为人类幸福生活贡献力量；另一方面高度警惕、深入批判现代性所可能招致的发展主义危机困境。应当说，“新文科”之“新”，就在于要打破传统文科在人类认知领域中的刻板印象，主动回应数智时代的新技术、新问题与新思维，以激活人文学的想象力为动力要素，引导现代

---

① 笔者对“新文科”的理解，详见邹赞．跨文化之维：比较文学经典著作专题研究［M］．广州：暨南大学出版社，2022：序三．

社会分散游离的个体摆脱异化处境的围困，走出“社会水泥”的阿喀琉斯之踵。

新疆大学汉语言文学专业拥有悠久的历史传承和深厚的学科积淀，近百年来薪火相传，为党和国家培养了一大批甘愿“扎根边疆、奉献边疆”的优秀人才，形成了一套代际相传、特色鲜明的人才培养模式，2019 年成功入选国家首批一流本科专业建设点。基于以上对“新文科”的认知，我们确定了该专业本科毕业论文的基本要求：一方面考查学生对语言、文学、文献及历史文化知识的积累和掌握；另一方面检验学生运用基础理论解决实际问题的能力，尤其是通过四年本科学习获得的想象力和批判性思维的提升。因此，我们特别重视毕业论文的选题环节，采取“自上而下”与“自下而上”相结合的模式。所谓“自上而下”，即是借鉴国家社科基金模式发布“选题指南”，由本专业任课教师根据各门课程涉及的前沿议题，密切结合教师主持的各级各类科研项目，精心制定选题的方向性指南。所谓“自下而上”，亦即鼓励学生科学评估自身知识结构和兴趣爱好，自主提出毕业论文选题的初步想法，经与指导教师充分沟通交流之后予以确定。这样操作的意义在于，既能确保论文选题的科学性、前沿性及学术规范性，使之具备清晰的学科专业属性而不至于在各级盲审中被认定为“专业属性边界模糊”，又能尊重学生的创新思维，尤其是鼓励曾主持过各类大学生创新训练课题的学生依托前期研究积累，提出符合专业要求的论文选题。

就论文选题的实操路径而言，我们根据文学、语言及文化几大类别指导学生确定选题，这里着重谈谈文学类论文的选题细则：一是鼓励“小题大作”。作为学术研究的预备军，本科生的知识结构及学术准备尚不足以支撑宏大论题，诸如“唐诗的艺术特色研究”“二十世纪西方现代主义文学思潮研究”“中西诗歌比较研究”之类的题目就显得大而不当。相比之下，聚焦于某一文学或影视文本，选择从思想主题、叙事技巧或审美特质对其展开细致入微的文本细读与文化分析；或者从某一具体视角切入探析某位作家的创作特点、某种文艺思潮的发展脉络，如《刘亮程散文的“大地诗学”》《李娟散文的风景书写及其美学特色》《论霍尔文化理论在中国的译介与传播》；或者立足文化生产、文化情境、文化文本、文化消费这四个维度中的“一维”，对某一特定大众文化文本展开专题研究。诸如此类选题外延清晰、大小适中，非常贴合本科生的实际情况。

二是鼓励“旧题新作”。此处所谓“旧”并非“陈旧、过时”之意，而是特指已被反复研究过的经典文本，例如中国文学里的《诗经》、《离骚》、古典四大名著、鲁迅小说及杂文等，外国文学里的古希腊神话、但丁《神曲》、莎士比亚戏剧、勃朗特姐妹及其代表作，大众文化里的《三峡好人》《美国往事》《泰坦尼克号》等，学界有关此类文本的研究可谓汗牛充栋，但这并不说明这些文本没有意义增值空间。文本的经典性，恰恰在于其意义的生产性和开放性，以“可写的文本”而非“可读的文本”（罗兰·巴特）具体呈现。事实亦是如此，经典文本在不同时代或不同视角的观照下，能够始终焕发出崭新的姿态。因此，对经典文本的再解读，成为文学方向毕业论文选题的又一路径，例如从跨媒介视角考察《冰山上的来客》的文本经典化过程，从“图—文叙事”角度分析《红楼梦》的艺术特征，从跨文化角度分析《泰坦尼克号》上“不可见”的中国旅客，等等。

三是鼓励“新题新作”。这个年龄段的本科生是时代的弄潮儿，他们在互联网和自媒体沉浸的环境下成长，又能够敏锐攫取新媒体新技术带来的信息变迁与思维变革，成为新兴赛博文化话语①的接受者与操演者。因此，这种由技术变革所导致的知识转型，赋予了年轻一代进入和思考时尚话题的理想位置。这种思考已然超出了经典文本跨媒介改编的套路，而是将理论关注点由麦克卢汉、本雅明移向了唐娜·哈拉维、基特勒、韩炳哲，将思维路径由对现代性和发展主义的文化批判，转向深度考探不同媒介技术之间的链接向度，由技术主义进而探讨后人类社会的智能哲学与伦理生态。

近年来，新疆大学汉语言文学专业本科毕业论文一直保持较高的水准，不时会发现令人耳目一新之作，我们只能优中选优，精选出十几篇较有代表性的论文收入本书。这些论文选题涉及“中国传统文化与中国文学”“文艺学与比较诗学”“汉语言文字学与语言学”等领域。这些论文的优点主要包括：一是选题聚焦，具有鲜明的问题意识，从题目即可推究其研究目标。尤其值得一提的是，虽然同学们习惯于使用叙事学、文化研究等舶来理论阐释文本，但是其言说的位置、前提和宗旨，注重凸显中华文化的主体性，“中国视角”“中国气派”和“中国精神”始终保持在场。二是理论运用有效避免了“强制阐释”，论文以文本分析为逻辑主线，各种理论话语服务于文本解读的具体需求，与那种动辄“女性主义视域下的……”“从后殖民主义文化批评看……”之类生搬硬套西方理论的文章

① “在诸多新形式媒介的性质发生潜在转变的过程中，对于‘赛博文化’这一问题的兴趣爆点在全世界范围内已经出现并将持续下去”“新型‘虚拟社区’的出现提供了新的人际交往形式，该形式反过来又促成了新的文化话语的出现，而这一话语会引导、宣扬和深化人们对新型人际交往形式的理解。”参见［英］大卫·贝尔，等．赛博文化的关键概念［M］．郝靓，译．北京：北京大学出版社，2020：序言．

判然而别。三是兼顾文本的审美特质与社会文化向度，显现出鲜明的辩证思维。分析文学文本，着重发掘文本的“文学性”；分析影像文本，能够自觉规避套用文学理论，而是立足视听语言发掘影像的“电影性”或“电视性”。与此同时，论文均能够将文学/大众文化文本看作社会意识形态的表征样式，从“文化生产—文化传播—文化消费—文化再生产”这一整体流程中去考察文本所负载的社会文化意义，成为复杂性思维和批判性对话的“演武场”。正如前文所言，十余篇入选的论文不过是青山采翠，但仅仅这一隅风采，已然让我们感受到了青年学子们的丰富想象力和批判性思维。

邹　赞
2023 年 10 月 6 日

目　录

上　编
中国传统文化与中国文学

本书“上编”的四篇论文，选题涉及中华传统文化、现当代文学、民间文学等领域。其中，古丽茹合萨·扎米尔的论文认为孔子审美教育思想着意强化文艺在提升个人品味与素养、开启人智、凝聚共识方面的功能。孙伟光以词与诗文诸文体的关系为中心对秦观词展开研究。张静茹从叙事构成要素、叙事特征、叙事价值对红柯小说《乌尔禾》的叙事特色进行分析。郭茜茜从西王母人物形象、王母会君和王母开宴故事、蟠桃意象三个方面梳理了西王母故事在天山天池文学文本中的演变。

论孔子的审美教育思想

古丽茹合萨·扎米尔
中国语言文学学院汉语言文学 2016－3 班

绪　论

习近平总书记曾指出："中国共产党人始终是中国优秀传统文化的忠实继承者和弘扬者，从孔夫子到孙中山，我们都注意汲取其中积极的养分。"① 作为儒家学说的创始人，孔子的思想是儒家学说的重要组成部分，是中国传统文化中的精华，在世界文化体系中更是散发出耀眼的光芒。

在中国审美教育思想发展的历史长河中，孔子"对中国古代审美教育的创建，从理论到实践都做出了重要的历史贡献"②。其审美教育思想中的基本原则对任何时代的人群和现实生活都具有普遍的意义，正因为如此，孔子一直被誉为"圣人"。孔子在春秋时期形成的美育思想为中国美育思想的后期发展奠定了基础，对儒家文化，乃至中国传统文化的发展产生了深远的影响，其影响力甚至还传播至世界各地。

同样，孔子的审美教育思想在人类命运共同体中呈现出独特的光辉，展现出与西方美育思想的共通之处。这种共通之处体现在"他们的时代都赋予了他们安定人心的历史使命"③，但是因时代背景的不同，他们的审美教育思想又显现出一部分理论之差异。孔子审美教育思想所推崇的人格理想和境界，成为其进行教育的最终目的。他将自身最深沉的诗、礼、乐思想熔铸于审美教育思想中，三者相互发挥作用，在社会中形成德育、智育的效应，开拓生命的远景，成为值得当今学者深入研究的美育理论，为后代的教育领域提供了先例。正如学者评价所说，"孔子美育思想中蕴含的人文精神和整体意识，对现代美育理论的建构、发展有重要借鉴意义"④。

---

① 习近平．在纪念孔子诞辰 2 565 周年国际学术研讨会暨国际儒学联合会第五届会员大会开幕会上的讲话［N］．人民日报，2014－09－25（02）．

② 聂振斌．中国美育思想述要［M］．广州：暨南大学出版社，1993：39.

③ 尹纪美．孔子与苏格拉底道德教育思想比较研究［D］．青岛：中国海洋大学，2011：15.

④ 左蕾．孔子美育思想的现代阐释［J］．齐鲁艺苑（山东艺术学院学报），2004（2）：92.

一、孔子审美教育思想的基石

孔子的审美教育思想由教育、审美两部分组成，这就与一般意义上的教育活动不同，也比一般教育活动具有更强的感染性和教育性。孔子的审美教育思想强调通过以仁为核心的理论，辅以诗教、礼教、乐教进行教育，并在实践中加以贯彻，培养治国安民的“君子”。他的美育思想，由于教育内容的广泛性、教育对象的平等性和教育方法的灵活性，为统治阶级培养了一大批德才兼备的优秀人才，对其后的中国美育发展产生了深远的影响。

（一）以“诗、礼、乐”为主

在《论语·泰伯》中，孔子提出了“兴于《诗》，立于礼，成于乐”①一说，这是孔子对于君子素养之形成的表述，也是其审美教育思想的主要组成部分。诗、礼、乐三者构成有机统一的美育体系，将礼制和社会规范内化于心，外化于行，是孔子审美教育思想的总体框架。

诗、礼、乐之所以如此受孔子的重视，主要在于这三者在当时的社会和教育领域具有举足轻重的地位。为了培养“美”的形式，孔子强调了通过诗、乐这种人文产品进行培育，在接受诗的教化，帮助人们“兴起”情感之后，接着熟悉礼制，力求在礼教中“立身”，但因礼教内容的枯燥乏味，孔子指出要通过音乐的辅助，使礼制深入人心，从而可以“成于乐”。总体看来，这种教育内容相比于古代其他学者的成人方法更能和人天性中的情感原则相符，因此更容易被人们接受，更容易得到人们的认同，并能达到一种性情平和的生命之境界。所以，孔子所提倡的以美育形式展开的道德培育不失为一种极具成效的教育选择。

由此，孔子对“诗、礼、乐”之形成的三种描述，为人们准确的指明了仁德形成之路径。所谓“兴于诗”，是指开始于学习《诗经》。《诗经》之所以是诗教的首选教材，是因为儒家提倡“礼乐教化”，而《诗经》产生于周代，礼乐文化正是周代的文化支柱，因而从内容上来讲，《诗经》是“礼乐教化”的载体，在《大学》中孔子也在多处引用了《诗经》的语句来阐释礼教之理论。同时，诗歌也是古代统治者了解民众、观察民生的重要方式，因此《诗经》在儒家经典中占有举足轻重的地位。

可见，孔子十分重视诗中的知识性和体验性，并针对这一观点提出

① 傅佩荣．儒家哲学新论［M］．北京：中华书局，2010：158.

“诗，可以兴，可以观，可以群，可以怨”①，其中“兴”是指学诗者通过审美想象使情感得到陶冶和启发，使精神和心灵得到升华；“观”是指通过生动的艺术形象唤起人们的积极联想，使人们在这个过程中产生正确的价值观和审美观；“群”是指人们之间交往融洽，团结和谐；“怨”是指人们抒发对社会政治的不满之情，以达到性情的平和状态。总体看来，孔子诗教中对“诗”的处理并不是简单地保留其审美性，也不是像其他教育家那样仅把诗教的教育意义当作可有可无的工具，而是注重通过“诗”的美去激发人的情感，并在这种审美感受中抒情意志，令人自觉产生一种启智增识的道德情感，从而达到“迩之事父，远之事君；多识于鸟兽草木之名”② 的“广大其心，导达其仁”③ 的理想境界。不难看出，孔子诗教的主要任务就是启迪人、陶冶人，使学生在这种审美感受中达到人格的完善，从而促进他们的全面发展。

“立于礼”是指要在正确的社会生活礼仪规范中立身。从“礼”的内涵上来说，“礼不是圣人君王主观愿望的产物，而是根据人性、人情和人类社会生活的实际需要制定的”④。由古典文化礼制精神中的“知书达礼”可看出，儒家的礼教在古典社会道德文明的形成中具有重要的基础性作用。作为周礼的倡导者和拥护者，孔子将学“礼”融入教育体系中，提出“不学礼，无以立”⑤。从教育的角度上看，他的“礼教”主要是指德育；从其内容上看，孔子以“仁”丰富了“礼”的内容，这是他的政治理想与美育理想在“礼”中的充分展示。由此，“礼”作为一种社会规范，其调节社会关系的作用和目的就可以通过“仁”在人们身上的实践得到充分的发挥和实现。

最后“成于乐”，是指在音乐的教化中达到品格的完满。孔子把乐教纳入美育之中，可以说是中国第一个倡导和实施美育的人。在古代人民看来，“乐”首先是一种使人愉快的“物”，人们开心时可以和乐而歌，随乐起舞，发展至秦汉时期，儒家指出音乐对人有潜移默化的教化作用，认为音乐“作为艺术作品的‘物’，会比其他外物（自然事物、社会事物）具

---

① 方韬．论语全解［M］．南京：南京出版社，2018：219.

② 方韬．论语全解［M］．南京：南京出版社，2018：219.

③ 方韬．论语全解［M］．南京：南京出版社，2018：220.

④ 刘文萍．“兴于诗，立于礼，成于乐”：孔子诗乐思想研究［D］．石家庄：河北师范大学，2010.

⑤ 刘永红．礼乐教化与情绪感化：先秦儒家与古希腊哲人美育方法之比较［D］．长沙：湖南师范大学，2010.

有更大的感染力。”[①] 由此得出，音乐教育不仅能引起学生思想感情的波动，还能使学生从音乐教育中享受和培养美与善的情感。针对音乐的分类，孔子通过整理《诗经》提出“郑声淫，佞人殆”[②]，排除了一切对培育人审美素质产生负面影响的音乐，其主要目的是通过有益的音乐使人的本性达到完善，由此通过教育将一切外在规范转化为人的内在意识，进而实现人与社会的和谐统一。

孔子的“诗、礼、乐”思想既体现出了其深刻的教育内涵，也体现出了其深层次的道德原则。三者相辅相成，旨在经过诗教的教化、礼教的匡正与乐教的熏陶，从外到内对人进行潜移默化的规范化教育，引导人性，进而培养出内涵美好的高尚人格，由自然状态进入仁德状态，达到“仁”的最高境界，表现出孔子至高的理想人格。

（二）以“仁”为核心

孔子在《论语》中 8 处针对“仁”进行了解答，而“仁”字共出现了 109 次。总的来说，孔子的“仁”主要有三种含义：一是泛爱，即“仁者爱人”，这包括对所有人的爱，对人的生命的爱，对他人的尊重，等等；二是“天下归仁”的政治理想，具有和谐社会的政治目标；三是追求仁爱，实现无私，即“杀身成仁”。

由于春秋时期战乱频发，人心惶惶，人们的精神状态受到了重创，因此孔子在总结前代统治者思想精华的基础上提出了“仁”的观点，指出“克己复礼为仁”[③]，强调人们应该用克制和礼让来缓解社会冲突，“按照修身、齐家、治国、平天下的人文发展逻辑，阐明人自身、人与人、人与社会的关系”[④]。在孔子的作品中，有很多篇幅都谈到了“仁”的问题，但是根据语境的差异，孔子的讲述也不尽相同，这也与他因材施教的教学方法有关，如：仲弓问仁，孔子曰“在邦无怨，在家无怨”[⑤]；樊迟问仁，孔子曰“爱人”[⑥]；子张问仁，孔子曰“能行五者于天下，为仁矣”[⑦] 等。以上种种回答，都是孔子针对不同语境、不同情况、提问者不同性格而做出的回答。由此可见，孔子思想体系中“仁”这一理念的内在意蕴是十分深厚

---

① 刘永红．礼乐教化与情绪感化：先秦儒家与古希腊哲人美育方法之比较［D］．长沙：湖南师范大学，2010.

② 周满江．从诗教与乐教看孔子的美育思想［J］．桂林市教育学院学报，1994（3）：4.

③ 方韬．论语全解［M］．南京：南京出版社，2018：149.

④ 项波．论古代孔子仁学思想及当代现实意义［J］．黑河学院学报，2018（7）：188.

⑤ 方韬．论语全解［M］．南京：南京出版社，2018：151.

⑥ 方韬．论语全解［M］．南京：南京出版社，2018：160.

⑦ 方韬．论语全解［M］．南京：南京出版社，2018：217.

的。从内容上看，孔子所讲的“仁”是由个人品德修养到政治责任担当的提升过程，是由爱自己到爱天下人的推衍。将其切入生活实际，可以看出“仁”在社会生活中的重要地位：首先，从“里仁为美”来讲，可见“仁”有对人进行品格教化的作用。如故事“孟母三迁”，孟子的母亲为了使孩子拥有一个良好的受教育环境，不断地举家搬迁，最后搬到了学宫旁，于是孟子在学宫的学习氛围下学会了朝廷礼节，在良好的环境中受到教化，最终成为名人。因此，孔子强调要靠近有仁德的人，多与仁德之士相处，这样才能受其优秀品质的影响而改正自身的陋习，向“美”的方向发展。其次，从国家治理来讲，“工欲善其事，必先利其器。居是邦也，事其大夫之贤者，友其士之仁者”①。这里是说，治理国事的人必须同仁德之士交朋友，因为仁德之士可以为治国者提供善策与妙计，并使治国者受其品质的影响成为仁君，进而受到百姓的拥护。最后，从安定秩序的层面来讲，“唯仁人放流之，迸诸四夷，不与同中国”②。若有小人造成了社会的混乱，引起民众的不满，有仁德的统治者就会对小人强制流放，防止国家陷入慌乱之中。因此，统治者保持仁德有利于维护国家的稳定，形成祥和的社会氛围。

孔子以“仁”为核心的审美教育思想，在潜移默化中给人们注入了一种“仁”之精华，旨在通过对其人格上的培养，促使其在生活中的行为符合礼的规范，并向善发展，即“在德育中融入审美的因素，在美育中适当注入道德内涵，才能达到完美的人生境界”③。孔子将其“仁”的理论融入诗教、礼教、乐教中，通过文化教育、道德教育、艺术教育来完成他的审美教育任务，达到他的审美教育目的——培养“文质彬彬”的仁人志士。

（三）以启发式为手段

孔子在教育学生的过程中，常常通过举一反三的方法进行引导，由此来调动学生学习的积极性和主动性，他认为如果学生自己不愿意动脑思考，就不能进行教育了。孔子在《论语·述而》中提到：“不愤不启，不悱不发，举一隅不以三隅反，则不复也。”④ 这是孔子实施美育的手段和方法。

---

① 方韬．论语全解［M］．南京：南京出版社，2018：195.

② （春秋）孔子及其弟子．大学·中庸（青少版）［M］．李君兰，译注．北京：作家出版社，2015：63.

③ 彭修银，张宏亮．论先秦时期儒道美育思想的特质及其当代意义［J］．陕西师范大学学报（哲学社会科学版），2010，39（5）：129.

④ 方韬．论语全解［M］．南京：南京出版社，2018：89.

孔子针对“启发式”教学方法的具体内容做了详尽的描述。其中，“愤”是指学生经过自主思考理解了理论中的一部分含义，但他们依然会感到疑惑，于是就会急于让老师解释清楚。孔子认为，在这时候老师只需要指点迷津，学生就会恍然大悟，从而达到极好的教学效果。如果学生还没有迫切的求知欲，学生就是被动地接受知识，这一情形下的教学效果是不佳的。“悱”是指学生经过思考想把自己对理论的理解用自己的话表达出来，可又找不到合适的词，非常焦急。老师只有在这个时候给学生作指导，才能对他们有所帮助。其他时候，老师不需要告诉学生如何表达他们的想法。“举一隅不以三隅反，则不复也”，即是说，教给他知识的某一方面，他却不能由此推知其他方面，在这种不能对知识融会贯通的情况下，就不用再教他了。如果学生对老师所讲的知识点无法理解透彻，很容易出现死记硬背的教学效果。

从现有读本我们可以总结出，孔子通过启发进行美育的方法有诗词式、举例式和比德式三种。首先，诗词式是孔子普遍采用的教学方法，即在与学生进行谈话的过程中，通过诗词歌赋对学生进行启发，如：“子曰：‘由也，女闻六言六弊矣乎？’对曰：‘未也。’”[①]“六言六弊”是古代的成语，孔子通过成语对学生进行启发，告诉子路为人应树立的仁、智、信、直、勇、刚六种品德和应避免的愚、荡、贼、绞、乱、狂六种弊病，因子路缺乏好学精神，所以孔子说了这番话，以启发子路的自觉性。其次，举例式教学方法是孔子教学中较为成功的教学方法，也是影响当今教育的教学形式之一。如子贡寻求孔子的评价，孔子答道：“女，器也……瑚琏也。”[②] 孔子用“瑚琏”比喻子贡是个有用之才，但是离君子的最高标准还有距离，可以使子贡在修身方面得到更为精确的指导。最后是比德式，“比德”一词提出于春秋战国时期，是指一种自然美观点，即将自然物体的某些特征与人的某些道德品质进行比较，从而使自然物的属性人格化，如孔子曾提出“知者乐水，仁者乐山”[③] 一说，通过用自然美进行比附的方法向学生阐述智者和仁者之区别，避免了枯燥地直接揭晓哲理，有助于学生结合生活中的真实体验理解知识和真理。

综上可见，孔子的启发式教学法主要在于强调培养学生主动思考和拓展知识面的能力，形成自主分析、自主思考的解决问题的能力。由于孔子在审美教育的过程中有效地运用了这种启发指导的教学原则，在交谈中融入诗词的启迪、生活中具体物象的举例和自然物的比德，使他的学生们往

---

① 方韬．论语全解［M］．南京：南京出版社，2018：218.

② 方韬．论语全解［M］．南京：南京出版社，2018：57.

③ 方韬．论语全解［M］．南京：南京出版社，2018：84.

往能够通过一个知识点举一反三、触类旁通，从而在学习过程中全方位地获取知识，成为德才、政治、诗文兼备的人才。

二、人类命运共同体中的孔子审美教育思想

纵观人类教育发展的历史长河，审美教育贯穿人们审美实践的始终。从世界范围来看，先秦和古希腊都是中西方美育思想的源头，这一时期先秦儒家和古希腊几位哲学家的思想极为活跃。在东方，对于审美教育思想的理解以孔子为代表，他从以“仁”为核心的角度出发，从诗教、礼教、乐教三方面展开，以达到培养人、完善人的目的。在西方则以古希腊三贤为代表，他们从统治者的利益角度出发，十分重视文学和音乐的教育作用，强调人享受理智的快乐。但是我们发现，东西两方针对审美教育的见解虽然表象有差异，但其内在关于美育的理论具有相似之处。因此，从审美教育这个问题出发，对孔子与古代西方学者关于审美教育思想的理论进行系统论述是十分有意义的。

（一）“仁者爱人”的启蒙价值

“仁”作为一种道德范畴，是从古至今的教育家一贯秉持的教育原则。为了达到人格的和善，东西方各大学者将这一观点贯穿于自己的教育理念之中，旨在通过各自不同的教育方式和教育内容，使人们在性情平和的状态下，达到人格完满的境界。纵观世界范围内的“仁”之思想内涵，可以发现，它不仅可以通过自身的陶冶打动而形成，还可以在人与人之间的相互关系中得到体现。

在中国古代，“仁”作为人们基本的道德理念，是受当时各阶层所重视的。孔子思想中的“仁”是由“人”派生的同源词，本质意义也就是“人”，即“仁者，人也，亲亲为大”①。《论语·颜渊》中，樊迟问仁，孔子回答说“爱人”。这句话被研究者们视为孔子对“仁”内涵最直白的阐释。这种理念是在三种最基本的社会关系中体现出来的，在血缘关系中以“孝”为主要特征，在非血缘关系中表现为“忠”和“泛爱众”。孔子在《论语·学而》中提到：“孝弟也者，其为仁之本与。”② 在他看来，“仁”与“孝”是有关系的，“子曰：‘入则孝，出则悌，谨而信，泛爱众’”③。

---

① （春秋）孔子及其弟子．大学·中庸（青少版）［M］．李君兰，译注．北京：作家出版社，2015：172.

② 方韬．论语全解［M］．南京：南京出版社，2018：2.

③ 方韬．论语全解［M］．南京：南京出版社，2018：8.

孝悌是人之本，在家做个好孩子、好兄弟，在外就能做个诚信的人，因此孝悌之心对于仁爱之心的培养是至关重要的；又曰："事君，能致其身。"[①]在春秋时代人们心中，父母和君王是有着崇高的地位的，由此强调下臣要对君王尽忠，才能构成和睦的君臣关系，有利于维护统治阶级的稳定；最后，"泛爱众"主要体现在君民关系中，"泛爱众，而亲仁"[②]，在孔子看来，广泛地去爱民众，可以形成和谐的君民关系，进而有利于国家的治理，这表明爱民众的重要性。

综上，我们可以发现，孔子的"仁者爱人"思想所"爱"之人的范围逐步扩大，由"亲亲"向"泛爱"推衍，接着这种泛爱就会推衍到宇宙中的一切物质，最终达成身心和谐、家庭和谐、社会和谐与天人和谐的境界，表现了"'以人为本'的价值观，从而在一定程度上体现了人民性"[③]。这在世界美育思想范围内来讲，倾向于一种最基本的人格培养理念。

古希腊时期的"仁爱"思想偏向于人与人之间的相互吸引和相互友爱，是一种特定的人际关系中产生的"仁爱"。这种"仁爱"最初受当时的公共政体和政治生活的影响，反映的是一种"私有者之间的自由和联合"，因此"所有权、所有制关系是古希腊以公民为基本身份的友爱的基础"[④]。例如，亚里士多德的友爱理论根据人与人之间的差异将友爱分为三类：实用的、快乐的、德性的友爱。其中，实用的、快乐的友爱是一种自私又狭隘的友爱，都是以某种利益与愉悦感为目的；而德性的友爱则纯粹是以善为目的的友爱，是人与人之间相互被彼此德性吸引而产生爱。综上，我们可以发现，孔子的仁爱思想和亚里士多德的友爱论都是强调人与人之间互相关爱，为对方着想。其不同之处在于，亚里士多德的友爱观体现的是一种利益性和目的性。哲人柏拉图的"爱"与"友爱"也呈现出不同的理论光彩，这主要集中体现在其作品《会饮篇》中。柏拉图强调，"友爱"是一种德行，是为了弥补自身的不完满，在追求美的过程中而产生的。由于在古希腊时期，"追求美与追求善几乎共同支配着生活的原则"[⑤]，因此这种"友爱"具有高尚的指向，是一种"抛弃其他现实当中

---

① 方韬．论语全解［M］．南京：南京出版社，2018：9.

② 方韬．论语全解［M］．南京：南京出版社，2018：8.

③ 徐小跃．《论语》：仁者爱人［J］．新世纪图书馆，2015（2）：10.

④ 刘学坤．论古希腊时期友爱观之特质和成因［J］．山西高等学校社会科学学报，2017，29（7）：99.

⑤ 刘学坤．论古希腊时期友爱观之特质和成因［J］．山西高等学校社会科学学报，2017，29（7）：98.

的羁绊，对纯粹的美的理念的追求”①，它爱的是自己所缺乏的东西，因此想弥补这一空缺，才会去爱。柏拉图的“友爱观”与以往哲学家大不相同，充满了抽象性色彩，但同样具有指导性的现实意义。

古罗马西塞罗的友爱论则认为友爱是一种人与人之间的相互接近，是一种自然而然产生的情感，但是缺乏道德的维护，容易因社会环境的变化而改变。与亚里士多德的观点类似，西塞罗认为“友爱是一种不同人之间身上的美德的共鸣”②，在他眼里，美德创造了友爱，美德在出现时会发出自己的光芒，看到另一个人发出同样的光芒时就会相互吸引，友爱便油然而生，从而达到善的目的。

古代西方哲学家针对“仁爱”或“友爱”提出的美育见解呈现出多种多样的景象，从现有理论中可以发现，中西方针对“仁爱”或“友爱”这一理论所提出的观点都是从人性的角度出发所提出的“爱”之定义，力求人与人之间的相互关爱和相互吸引，是一种趋于和谐的社会心理模式。这种理论不仅在审美教育领域具有崇高的地位，在道德理论方面也具有研究价值。

（二）乐教的美育方式

乐教是艺术教育中最核心的部分，是各个教育家最重视的教育理念。在日常生活中，音乐总能在陶冶人的性情、启发人的情感上起到独一无二的重要作用，“音乐的作用从人们对自然、对生活、对生产活动的歌颂与表现，被转移到教化民性上来，这突显出统治阶级乐教思想背后对‘乐’本体所寄予的文化意识和精神内涵”③。因此，东西方各教育家都重视用音乐进行教育，反对只重形式的学习，把体验和陶冶情感作为教育的中心，从而乐教的地位也就表露出来了。

孔子十分重视乐教。他将“成于乐”置于审美教育的最后一步，也是整个审美教育过程中的关键一步。在《论语》中提到 46 次“乐”，其中 22 次用于音乐，他认为“乐中的生活能超脱一切物质和精神的羁绊，能使人到达自由的审美生活境界”④。由于在先秦时期封建礼制对人的天性造成一种压抑的状态，而孔子出于对自然人性和生理欲望的肯定，把音乐教育作为主要的审美教育方式，指出“益者三乐，损者三乐。乐节礼乐，乐道

---

① 黄庭梓．西塞罗的友爱论研究［D］．昆明：昆明理工大学，2019：17.

② 黄庭梓．西塞罗的友爱论研究［D］．昆明：昆明理工大学，2019：23.

③ 张宇辉．中国乐教的历史传统、现状与价值取向［J］．乐府新声，2019，37（1）：12.

④ 田小军．孔子乐教思想与古希腊乐教思想试比较［J］．中央民族大学学报（哲学社会科学版），2008，35（1）：99.

人之善，乐多贤友，益矣。乐骄乐，乐佚游，乐宴乐，损矣”[①]，提倡通过有益的音乐对人们进行教育。孔子将音乐作为教育方式的重要性在于：首先，音乐能使人心情愉悦，让人愉快地接受礼的教化，“成于乐”这句话就已显示出了音乐的感染性特征，说明对音乐进行欣赏可以培养高雅的审美品位和完善的人性，使“自然人”成长为“完善的人”；其次，音乐的性质对人的内涵的养成具有较大影响，如“尽善尽美”的音乐能使人向善的方向发展，因此，孔子反淫乐的目的是希望“善”乐能引导学生走上仁德的道路，防止学生堕落。

综上，我们可以发现，“所谓乐教就是让学生将整个身心都融入以仁与礼为核心的乐的和谐之中，让人的精神、道德原则与艺术境界融而为一，达到‘随心所欲而不逾矩’的极高境界”[②]。由此看来，音乐教育能使人达到纯美的艺术境界，这种境界就是传统文化中的理想人格状态。

古希腊时期的哲学家们虽流派众多，但是都百喙如一，都重视音乐的作用。音乐不仅在培养审美情操方面被运用了起来，在教育领域也开始备受重视。从古希腊神话起，人们就已经开始重视音乐，例如神话故事中讲到，俄耳甫斯因失去欧律狄刻而终日郁郁寡欢，因此时常会弹起竖琴，唱着优美的悲歌，此时森林的野兽和小鸟都会围成一圈来倾听他美妙的歌声。由此可以看出，早期人们认为，音乐具有陶冶情操的作用。此后，毕达哥拉斯学派认为音乐是和谐的，它可以净化人的灵魂。与古希腊神话不同的是，他们认为音乐具有道德教化作用，这是西方对音乐理论研究的进一步推进。这种思想发展至柏拉图又有了新的内容，他指出，需要以游戏和音乐作为教育儿童的手段，音乐的内容要有益于儿童的身心健康。这一理论对西方音乐的功用性提供了新的理论，人们开始将音乐和教育结合在一起，对人进行潜移默化的培育。此后，亚里士多德也认为音乐具有净化心灵和陶冶心智的作用，但是与以往哲学家不同的是，他认为不同的对象应该听不同的乐调，如达到教育目的要听合乎道德的乐调，达到心情愉悦要听愉快的乐调等。

古罗马时期的音乐教育思想与古希腊时期一脉相承，同时也增加了文艺领域的新内容。伊壁鸠鲁学派认为，类似音乐这种艺术内容，都是出自人们对实际生活的需要而被创造出来的，“从认识上的感觉论和伦理上的快乐主义出发”[③]，潜移默化地影响人们的心灵。修辞学家朗吉努斯则认为，音乐能够激发高尚的本质而打动人们的情感，进而可以净化社会的风

---

① 方韬．论语全解［M］．南京：南京出版社，2018：120.

② 周满江．从诗教与乐教看孔子的美育思想［J］．桂林市教育学院学报，1994（3）：6.

③ 钟仕伦．西方美育思想简史［M］．北京：中国社会科学出版社，2007：51.

气，建设崇高的社会。这种音乐教育思想着重于社会的角度，与以往哲学家们的音乐教育思想相比，具有更高层次的追求。这种音乐教育思想延续至昆体良又有了新的内容。昆体良认为，学习音乐能够使人们体验到诗歌的节奏与韵律。这是一种上升到文艺层面的教育形式，在古罗马时期可谓是独树一帜。

纵观西方音乐教育思想的发展，我们可以发现，古代西方着重将陶冶人的情操和培养人的心智作为乐教的目的，以在潜移默化中启迪人为主要教育途径。古代西方音乐的内涵也和当代不同。在当代，音乐的教育意义主要以其哲理内涵为基础，德国著名思想家康德认为，“音乐的根基是‘诸如感觉的美的游戏’或‘快适的诸感觉的自由活动’”①，从哲学的角度揭示了音乐的内在本质。因此，从当代的角度来看，音乐具有教育、娱乐、审美享受的功用，包含了促进“人们追求情感饱满和高度合理相辅相成的审美理想”②。

综上，我们可以发现，古代东西方哲学家都强调了乐教在审美教育中的重要作用，都主张乐教对情感的陶冶和激励作用，以及对教育内容的辅助作用。作为处在举足轻重地位的美育方法，乐教的影响是深远的、不可磨灭的。

（三）美育的功利性

在古代，只要是从事社会工作的文人、学者，都是服务于统治者利益的。他们将自己的工作重心偏向了政治，为了实现统治阶级的利益而服务，他们都希望社会处于一种有序的状态，以便社会按照其既定的目标发展。这种美育在形式上是主观的，在内容上却是客观的。从世界视角来看，古代东西方各学者的审美教育思想都是以功利性为最终目的而进行的，这在人类命运共同体下，呈现出相似的“大同”之社会目标。

在先秦时期，周代的礼仪制度是孔子一生最为提倡的，他经常梦见周公旦，将继承周公的事业作为自己毕生的任务，因此，这也就成了孔子进行美育的目标，即审美教育为政治服务。在礼崩乐坏、政治动荡的社会背景下，孔子期待一位贤明政治家的出现，来稳定当时混乱的社会。由此，

---

① 殷诚．当代西方音乐教育哲学研究的现状及发展［J］．佳木斯职业学院学报，2015（5）：58.

② 殷诚．当代西方音乐教育哲学研究的现状及发展［J］．佳木斯职业学院学报，2015（5）：58.

孔子提出“修身，齐家，治国，平天下”①，将政治教育贯穿在其审美教育的始终。姜殿坤指出：“其原创性美育思想是以政治教育为主干，寄意于圣人、君子、士，乃至于普通自由民通过‘大美育’以节欲制情、理政治国，并按社会伦理政治规则与人交往，推动人的发展和社会进步。”② 由此看来，孔子审美教育思想的意义不仅在于为统治阶级输送贤明人才，还在于使百姓在礼乐的熏陶中能够规范自身，从而接受统治阶级的管理。在这种和谐的社会氛围下，政治也能逐步走向正轨，孔子所继承的礼乐事业也可以指日成功。

除了孔子之外，国外许多哲学家的审美教育思想也是以政治功利性作为最终目的而提出的，根据社会背景的不同，他们针对的统治阶级的利益也不同。古希腊的审美教育思想就是其中一例。由于古希腊的文化盛行于奴隶制社会，因而其美育思想也是建立在奴隶制基础之上的，其大多神话故事中刻画了诸多统治者的形象，如克洛诺斯、宙斯等。古希腊三贤之一柏拉图所设想的“理想国”主要站在了奴隶主的角度，他强调在“理想国”中的诗歌、音乐、话剧等文艺作品必须符合统治阶级的要求，必须为国家的政治服务，否则必将被逐出“理想国”。另一位古希腊贤哲亚里士多德认为，审美教育同城邦的长治久安和人生的终极目标紧密相连，因此，要搞好城邦管理，必须重视公民的道德教育。为此，他提出了一条适度的教育原则，他认为“每一种技艺之做好它的工作，乃是由于寻求居间者并以它为标准来衡量其作品”③。这同孔子的“中庸”④ 思想十分相似。亚里士多德旨在寻求品德的居间者并以它为标准来衡量其美德，从而使人在学习过程中可以达到品德的完满，促进社会氛围的和谐。

除了古希腊，作为中世纪波斯著名诗人的萨迪也有以政治功利性作为目的进行审美教育的作品。他多用回顾历史的方法和比拟的手法，通过诗歌教育人们正确处理人民与人民、人民与社会、人民与国王之间的关系，最具代表性的诗句有“暴君绝不能为王，豺狼绝不能牧羊”⑤。如同孔子的政治思想受统治者们重视一样，萨迪的作品在中世纪的波斯帝国广受国王

---

① （春秋）孔子及其弟子．大学·中庸（青少版）［M］．李君兰，译注．北京：作家出版社，2015：1.

② 姜殿坤，王凌皓．孔子原创性美育思想理论及实践探析［J］．社会科学战线，2011（3）：206.

③ 北京大学哲学系外国哲学史教研室．古希腊罗马哲学［M］．北京：商务印书馆，1982：320.

④ （春秋）孔子及其弟子．大学·中庸（青少版）［M］．李君兰，译注．北京：作家出版社，2015：77.

⑤ ［伊朗］萨迪．蔷薇园［M］．张鸿年，译．湖南：湖南文艺出版社，2006：24.

们的赞赏，并被当作治国理政的重要范本。

总而言之，在古代无论东方还是西方，这种政治功利性原则贯穿在学者审美教育思想的始终，从统治者阶级利益出发，并为实现社会政治的稳定而服务。从这一视角来看，古代各学者的审美教育思想是极其具有历史意义的。

三、孔子审美教育思想与当代文化价值观培育

中华文化蕴含着中华民族最深刻的精神之向往，是中华民族具有悠久历史和不断前进的重要养分。在当代，文化的广阔内涵影响着一代又一代的中华民族，尤其是以儒家思想为核心的美育思想，为世世代代人民文化价值观念的培育起着重要的启迪与教化作用。要使中华民族博大精深的文化思想与当代中国实际相结合，同现代社会相协调，就要将这种思想贯穿到社会的建设中，贯穿到价值观的培育中，要以文、以德、以艺服人，培养出一代又一代优秀、积极、向上的社会主义新人。

（一）审美教育思想与当代教育

在当代，审美教育，即美育，是实施德智体美劳素质教育中相当关键的组成部分，根据美育的特点，它可以与其他几门学科融合，推进其他学科功用的施展。从教育的整体功效来看，审美教育在其中扮演着辅助与推动作用，主要通过在教育过程中激发学生产生美的感受，使学生与教育的具体内容产生共识，从而产生一种愉悦感，由此来激发学生追求美的热情，学生就会在愉快中完成学习，正如孔子所说：“知之者不如好之者，好之者不如乐之者。”[①] 这种“乐之”能激发人的内在理性和想象力，从而促进个性的创造和发展，接受教育内容的灌输。

不难发现，在大学生德育、智育、体育、劳育中引入美育，可以弥补教育的不足。具体来说，美育能够在潜移默化中感染人、陶冶人，它可以通过灵活多变的方式，将枯燥古板的知识内容通过生动的媒介表现出来，让广大学生在欣赏美的过程中接受教育，激发起他们追求美的积极性，继而使其树立正确的三观。正如现在的社会主义核心价值观之歌，其正是通过美的形式，即艺术的形式对人们进行教育，使人们能在享受美的过程中接受社会主义核心价值观的教育，从而将24字都牢牢记在心里，进而规范自身的行为，争做合格公民。美育可以将单调的知识生动地表现出来，使学生

① 方韬．论语全解［M］．南京：南京出版社，2018：83.

在轻松活泼的氛围中进行学习，充分发挥了美育潜移默化、寓教于乐的教育作用。

2018 年 9 月，习近平总书记在全国教育大会上第一次提出要高度重视五育的全面发展。此后，美育成为教育方针的内容之一，甚至在德、智、体、劳等课程中也贯穿了起来，使寓教于乐成了当代教育的重要方法。教育水平的提升和发展，都源自美育作用的发挥。由此可见，在当代教育中重视审美教育思想是十分有必要的。

（二）审美教育思想与和谐社会

孔子生活的春秋时期是战争频繁、礼乐衰落、社会动荡的时代，百姓生活不得安宁，诸侯之间争霸不断。在这种动荡不安的社会背景下，孔子有着自己理想中的“大同”社会，“莫春者，春服既成。冠者五六人，童子六七人，浴乎沂，风乎舞雩，咏而归”①，这不仅是一种社会理想，也是人们对社会道德的要求。由此我们不难发现，孔子开展美育一方面是为了培养具有高尚人格的学生，以便他们将来能从政，或者说成为国家的栋梁之材；另一方面，是要教化民众，让他们变得文质彬彬，通过尽善尽美的文艺形式，培养民众和谐高尚的品格与修养，从而使整个社会政通人和。孔子这种充满政治理想的审美教育思想对我们后代进行社会文明建设、构造和谐社会具有深远的意义。

在当代，这种构建和谐社会的审美理想被融入了文艺作品中，即用优秀的文艺作品打动人、陶冶人，用文学作品中所蕴含的高尚道德情操塑造人。只有这样，才能使我们的社会氛围得到进一步美化。正如马克思所说：“社会的进步，就是人类对美的追求的结晶。”② 人们接受内容“尽善尽美”的作品的熏陶，自然而然就会形成一种追求美的思想倾向，从而付诸实际行动，从而推动整个社会文化建设的发展，使社会氛围向着祥和的方向发展。

这就要求我国广大的文艺工作者在文艺作品中明确一种“和谐社会”的价值观念，不断提高作品的思想性和艺术性，从而在社会主义和谐社会的建设中起到举足轻重的作用。习近平总书记指出，要引导广大文化文艺工作者“用健康向上的文艺作品和做人处事陶冶情操、启迪心智、引领风尚”③。这就告诉我们，在当代进行审美教育需要通过优秀的作品，传达其

① 方韬．论语全解［M］．南京：南京出版社，2018：145.

② 寸开．美育思想的产生及意义［J］．陕西教育（高教版），2013（7）：49.

③ 习近平．举旗帜聚民心育新人兴文化展形象更好完成新形势下宣传思想工作使命任务［N］．中国青年报，2018-08-23（01）．

内在的美学思想，使其在社会中形成良好的号召力。正所谓“为时代画像、为时代立传、为时代明德”，在正能量作品内涵的熏陶下，坚定我们的理想，为建设和谐社会而努力。

（三）审美教育思想与中国梦

在春秋时代，孔子的政治理想就是实现“大同”。在现代，我们的政治理想，就是实现中国梦。要实现中华民族伟大复兴的中国梦，就必须要做到国家富强，民族振兴，人民幸福。其所包含的内容小到人民个人幸福美好生活的建设，大到整个国家繁荣稳定的社会建设。将这些内容贯彻到审美教育领域，就是要将中国梦运用到美育的过程中来，从立德树人的目标到对美好生活的向往，方方面面都包含在其中，旨在将国家建设得繁荣昌盛。由此看来，美育被赋予了振兴祖国伟业的重要意义。这种带有中国梦色彩的美育内容在现实生活中十分多见。例如我们可以发现，各大高校会不定时举办有关“中国梦”的文艺活动，旨在通过多种方式向学生传达中国精神和中国力量，使学生在心中对中国梦具有深刻的认识，从而内化于心，外化于行。从审美角度上讲，这些活动能够使人拥有完善的性格、更远大的人生理想和更崇高的精神境界，不仅是个人的幸福，也是国家的幸福；从实践的角度上讲，会使学生将中国梦的内涵付诸实际行动，在一言一行中彰显爱国主义的力量，从而肩负起实现中国梦的伟大重任。

从中国梦的立场上看，当代美育以培养和完善人为教育内容，以造就一大批有理想、有担当的社会主义新人为最终目标，弘扬中华精神，凝聚中国力量，传播中华文化。将美育事业与复兴伟业结合起来，有利于中国梦思想在社会中的弘扬和传播，更有利于复兴伟业的推进，进而为时代做出贡献。

结　语

习近平总书记指出，包括孔子思想在内的中华优秀传统文化中蕴含着解决当代人类面临的难题的重要启示。由此看来，孔子不仅是东方的孔子，也是世界的孔子。对孔子的思想理论进行研究有利于考察人类命运共同体中“和而不同”文化底蕴的真正内涵，有助于促进人们对当今时代的认知，从而加深对社会主义文化建设的深度理解。

孔子的审美教育思想作为孔子思想理论的组成部分，是当代美育思想体系中的重要内容，对后代的教育事业、社会建设、价值观的培育都起到了举足轻重的作用。他将广博高深的中华文化通过诗的感化、礼的教化和乐的潜移默化灌入受教育者的头脑中，以培养健全的理想人格作为旨归，以最终实现人与人、人与社会以及人与自然的和谐，实现人类精神文明的提升和发展作为目的，从而使人改进自身的行为，向“美”的仁人志士的方向发展。这对当代教育者进行教育，当代民众构建和谐社会，推进复兴伟业具有较大的影响力。

本文认为，当代的审美教育思想是将文化观念上的思想通过多种多样的美育形式进行教育和传达，使社会中的每一个人都成为受教育者，从而使其将正确的思想观念付诸行动，为构建和谐社会凝聚力量。时代呼唤美育。将孔子审美教育思想付诸现代美育体系，对于当代文化价值观的培育具有十分重要的借鉴意义。

参考文献

[1] 北京大学哲学系外国哲学史教研室编译．古希腊罗马哲学［M］．北京：商务印书馆，1982.

[2] 寸开．美育思想的产生及意义［J］．陕西教育（高教版），2013（Z2）．

[3] 方韬．论语全解［M］．南京：南京出版社，2018.

[4] 傅佩荣．儒家哲学新论［M］．北京：中华书局，2010.

[5] 姜殿坤，王凌皓．孔子原创性美育思想理论及实践探析［J］．社会科学战线，2011（3）．

[6]（春秋）孔子．论语［M］．北京：中国纺织出版社，2015.

[7]（春秋）孔子及其弟子．大学·中庸（青少版）［M］．李君兰，译注．北京：作家出版社，2015.

[8] 刘维杰．马克思主义与中国道路：访北京大学国际关系学院潘维教授［J］．中共中央党校（国家行政学院）学报，2019（23）．

[9] 刘文萍．“兴于诗，立于礼，成于乐”：孔子诗乐思想研究［D］．石家庄：河北师范大学，2010.

[10] 刘学坤．论古希腊时期友爱观之特质和成因［J］．山西高等学校社会科学学报，2017，29（7）．

[11] 刘永红．礼乐教化与情绪感化：先秦儒家与古希腊哲人美育方法之比较［D］．长沙：湖南师范大学，2010.

[12] 陆贵山，周忠厚．马克思主义文艺论著选讲［M］．北京：中国人民大学出版社，2011.

[13] 马克思恩格斯列宁斯大林著作编译局．马克思恩格斯全集［M］．北京：人民出版社，1957.

[14] 聂振斌．中国美育思想述要［M］．广州：暨南大学出版社，1993.

[15] 彭修银，张宏亮．论先秦时期儒道美育思想的特质及其当代意义［J］．陕西师范大学学报（哲学社会科学版），2010，39（5）．

[16] 齐慧．人类命运共同体理念的生动实践［N］．经济日报，2020－05－08（12）．

［17］［伊朗］萨迪．蔷薇园［M］．张鸿年，译．湖南：湖南文艺出版社，2006.

［18］田小军．孔子乐教思想与古希腊乐教思想试比较［J］．中央民族大学学报（哲学社会科学版），2008，35（1）.

［19］王帆，凌胜利．人类命运共同体：全球治理的中国方案［M］．长沙：湖南人民出版社，2017.

［20］王伟光．不断接受马克思主义哲学智慧的滋养［N］．经济日报，2020－04－15（11）.

［21］习近平．在文艺工作座谈会上的讲话［M］．北京：人民出版社，2015.

［22］习近平．举旗帜聚民心育新人兴文化展形象更好完成新形势下宣传思想工作使命任务［N］．中国青年报，2018－08－23（01）.

［23］徐小跃．《论语》：仁者爱人［J］．新世纪图书馆，2015（2）.

［24］尹纪美．孔子与苏格拉底道德教育思想比较研究［D］．青岛：中国海洋大学，2011.

［25］张宇辉．中国乐教的历史传统、现状与价值取向［J］．乐府新声，2019，37（1）.

［26］张玉能．马克思主义文论教程［M］．2版．武汉：华中师范大学出版社，2010.

［27］中共中央宣传部．习近平新时代中国特色社会主义思想三十讲［M］．北京：学习出版社，2018.

［28］钟仕伦．西方美育思想简史［M］．北京：中国社会科学出版社，2007.

［29］周满江．从诗教与乐教看孔子的美育思想［J］．桂林市教育学院学报，1994（3）.

［30］左蕾．孔子美育思想的现代阐释［J］．齐鲁艺苑（山东艺术学院学报），2004（2）.

指导老师：李先游

秦观词初探

——以秦观词与诗文诸文体关系为中心

孙伟光

中国语言文学学院汉语言文学 2017－1 班

绪　论

研究秦观者，多从其诗或词单方面入手，综合秦观多种文体来探索的寥寥无几，而且多是从“诗似小词”入手探讨秦观词和诗的关系，如 2005 年梁德林《秦观“诗如词”论》、2013 年刘秀娟《秦观“诗似小词”论》①、2014 年王晓骊《期待视野的形成与失落：秦观“诗似小词”评价的接受学考察》② 等；或是从赋入手对秦观的词或诗进行从形式到内容的分析，如 1997 年徐培均《试论秦观的赋作赋论及其与词的关系》③、2004 年张丽华《秦观赋论与诗词创作》④ 等；还有一部分是通过其诗文词创作对秦观的人格或某一时期的心境进行分析，如 2006 年刘会想《论秦观的人格个性及其诗词文创作》⑤、2014 年邓建《秦观流寓雷州诗文的情感心态》⑥、2020 年鹿晓桐《贬谪初期秦观诗词创作探析》⑦、2018 年涂凌弈《无奈归心，暗随流水到天涯：论秦观贬谪时期的心态变化及创作》⑧ 等。真正对秦观不同文体的作品的关系进行分析研究的，就只有 2006 年李弢

---

① 刘秀娟．秦观“诗似小词”论［J］．濮阳职业技术学院学报，2013，26（4）：92－94.

② 王晓骊．期待视野的形成与失落：秦观“诗似小词”评价的接受学考察［J］．晋阳学刊，2014（1）：29－34.

③ 徐培均．试论秦观的赋作赋论及其与词的关系［J］．中国韵文学刊，1997（2）：11－17.

④ 张丽华．秦观赋论与诗词创作［J］．中国矿业大学学报（社会科学版），2004，6（3）：91－95.

⑤ 刘会想．论秦观的人格个性及其诗词文创作［D］．上海：华东师范大学，2006.

⑥ 邓建．秦观流寓雷州诗文的情感心态［J］．江汉论坛，2014（6）：87－90.

⑦ 鹿晓桐．贬谪初期秦观诗词创作探析［J］．哈尔滨职业技术学院学报，2020（5）：166－170.

⑧ 涂凌弈．无奈归心，暗随流水到天涯：论秦观贬谪时期的心态变化及创作［J］．安康学院学报，2018，30（6）：45－50.

《秦观诗词比较研究》[1]，其对秦观诗和词的题材、艺术特色和历代评论进行研究、2006年牛卫东《秦观诗歌研究》[2] 第四章对秦观诗词艺术风格和相互影响以及各自的独立性方面做了研究。今日笔者试从词出发，对其词和诗、词和文之间的关系问题作一个宏观的探讨。

分析一个作家，要把他所有类型的创作放在一起综合来看，才能得出公允的结论，不然专论其诗或者专论其词，就如同盲人摸象，得到的认识只能是片面甚至是错误的。比如秦观，世人皆知其“诗似小词”，却不知他的诗自有风格，在他的词与其诗文之间存在着什么样的联系，厘清这种关系能够帮助我们更全面、更准确地认识秦观其人其作。而在秦观的所有创作中，以词成就最高，历代评家多有论及，如纪昀拿秦观和苏轼、黄庭坚进行对比，说秦观的诗不如他们，但词却在他们之上。[3] 王世贞《弇州山人词评》云：“少游词胜书，书胜文，文胜诗。”[4] 所以笔者决定以词为中心开展研究。笔者的研究将以徐培均校注的《淮海居士长短句》和徐培均笺注的《淮海集笺注》为主要参考资料进行。

一、秦观词概况

（一）秦观词传世情况述论

秦观，字太虚，高邮人，学者称淮海先生，生于北宋皇祐元年（公元1049年），卒于元符三年（公元1100年），享年五十二岁。元丰八年（公元1085年），因慕马少游之为人，改字少游，后人多以少游称之。《宋史》卷四百四十四《文苑六》有传。有《淮海集》《淮海居士长短句》传世。

徐培均校注的《淮海居士长短句》分上中下三卷共收词七十七首，另有补遗、存疑两卷。杨世明笺注的《淮海词笺注》亦分上中下三卷，与徐本同，另有补遗一卷和存疑词汇录。周义敢、程自信、周雷编注的《秦观集编年校注》卷三十七至三十九按年代分为熙宁年间至元丰年间、元祐年间、绍圣年间至元符年间三卷共计八十二首，另有卷四十“他集互见存疑”一卷。龙榆生点校的《淮海居士长短句》分上中下三卷，与徐本同，另有补遗一卷，无存疑。徐本补遗三十四首；杨本补遗四首，皆见于徐

① 李敳．秦观诗词比较研究［D］．福州：福建师范大学，2006.

② 牛卫东．秦观诗歌研究［D］．郑州：郑州大学，2006.

③ （宋）秦观．淮海居士长短句［M］．徐培均，校注．上海：上海古籍出版社，1985：270.《四库全书总目提要》云：“观诗格不及苏黄，而词则情韵兼胜，在苏黄之上，流传虽少，要为倚声家一作手。”

④ （宋）秦观．淮海居士长短句［M］．徐培均，校注．上海：上海古籍出版社，1985：295.

本；周本补遗五首（未单列），亦见于徐本；龙本补遗二十八首，其中《生查子·远山眉黛长》徐本考为晏几道词，《忆王孙·芳草萋萋忆王孙》《柳梢青·岸草平沙》《蝶恋花·钟送黄昏鸡报晓》见于徐本存疑卷，《蝶恋花·晓日窥轩双燕语》《桃园忆故人·碧纱影弄东风晓》徐本所无，因龙本仅列词于上，未附笺校考释，而徐本笺校考释周详，故以徐本为主。

在北宋，词虽然已经成为一种独立的文体，但还没有被普遍承认为"正统"文学，所以北宋文人的词一般不收入全集，如欧阳修《平山集》、晏殊《珠玉集》、苏轼《东坡词》，以及秦观《淮海居士长短句》，都是诗文集外单行的。宋人对词的非"正统"文学观念，不仅影响到词的保存与流传，而且也影响了词的年代背景考证，这一现象在秦观的词中非常明显。据徐培均校注的《淮海居士长短句》，秦观共存词112首，其中年代可考的有58首，仅一半多一点，其中还有不少并没有确定的年代记载，只能略做推测。

秦观的诗词创作大约是同时并举的，词《沁园春·宿霭迷空》《品令·幸自得》和《御街行·银烛生花如红豆》都疑为熙宁年间所创作，诗《田居四首》《送孙诚之尉北海》《新开湖送孙诚之有龙见于东北因成绝句》为熙宁中前期作品。据《淮海先生年谱》记载：

> 熙宁七年甲寅，先生年二十六。闻眉山苏公轼为当时文宗，欲往游其门，未果。会苏公自杭州倅徙知密州，道经维扬，先生预作公笔语题于一寺中，公见之大惊。及晤孙莘老，出先生诗词数百篇，读之，乃叹曰："向书壁者，必此郎也。"遂结神交。①

这说明熙宁七年（公元1074年）秦观已经开始诗词创作，且成果已然不少。然而秦观存诗三百余首，存词仅百余首，且方岳《秋崖集》卷三十八《跋陈仲平词》云："山谷非无词，而诗掩词；淮海非无诗，而词掩诗。"② 这说明在方岳看来秦观的词比诗水平更高，而事实上也正是如此，但结果却是存词数量远远少于存诗，除了受"词非正统"的观念影响，对词的保存不像对诗歌那样用心外，恐怕还因为秦观词有不少是应曲坊而作，如毛晋《淮海词·跋》所说："但少游性不耐聚稿，间有淫章醉句，辄散落青帘红袖间，虽流播舌眼，从无的本。"③ 因此词章散落，难以收

① （清）秦镛编，秦瀛重编．淮海先生年谱［M］//吴洪泽，尹波．宋人年谱丛刊：第5册．成都：四川大学出版社，2003：3176.

② 周义敢，周雷．秦观资料汇编［M］．北京：中华书局，2001：132.

③ （明）毛晋．宋六十名家词：淮海词：跋［M］．上海：上海古籍出版社，1989：88.

集。不过这类词，即便搜集起来也未必有多大艺术成就，正如陈廷焯所说：“少游名作甚多，而俚词亦不少，去取不可不慎。”①

（二）秦观词的艺术特色

吴梅《词学通论》：“迨苏轼则得其大，贺铸则取其精，秦观则极其秀，邦彦则集其成，此北宋词之大概也。”② 准确道出秦观词的特色。叶嘉莹认为秦观是一个“逆溯之回流式的重要作者”③，因其作为苏轼的弟子却不随苏轼“一洗绮罗香泽之态”④ 而回归《花间》的旧传统，“却并不是一成不变的回归，而是在回流中掌握了更为醇正的词之本质的特色”⑤，所以叶嘉莹认为秦观词“有一种对词之本质重新加以认定的意义”⑥。

1. 题材选择

在词的创作上，秦观严守“诗庄词媚”的界限，在创作中仍然表现那些男女情爱，伤春悲秋的主题，与乃师苏轼“以诗为词”的做法迥异。秦观与苏轼皆有大量的词用于交际，据彭文良统计，“（苏轼）与男性酬唱往还的词作占词集的40.7%”⑦，可见其把词当作诗一样用于同亲朋好友的交往上，秦观虽也用词来交际，但酬赠对象多为女子，如《满庭芳·山抹微云》，《词苑丛谈》卷三云：“按‘山抹微云’，少游客会稽，席上有所悦，所赋《满庭芳》词也。”⑧ 与苏轼有很大不同。婉约派前辈词人柳永同样以为女子写词著称，但秦观与之相比仍有很大不同，这种不同表现在女子的身份上，柳永所赠多为青楼妓馆中的风尘女子，而秦观所赠乃是在达官显贵宴席上陪酒的歌姬。这也是秦观对自我士大夫身份的认定，给女子赠词并非专意为女子所作，只是他交游时附带的产物，正如前文所说“席上有所悦，所赋《满庭芳》词也。”

2. 词心

“冯煦《蒿庵论词》：‘……予于少游之词亦云：他人之词，词才也；少游，词心也。得之于内，不可以传。’”⑨ 关于词心，叶嘉莹认为是秦观善于传达一种最为柔婉精微的心灵感受。正如周济所说：“少游最和婉醇

---

① （清）陈廷焯．白雨斋词话［M］．北京：人民文学出版社，1959：14.

② 吴梅．词学通论［M］．上海：复旦大学出版社，2005：49.

③ 叶嘉莹．唐宋词名家论稿［M］．石家庄：河北教育出版社，2001：124.

④ 四川大学中文系唐宋文学研究室．苏轼资料汇编［M］．北京：中华书局，2004：303.

⑤ 叶嘉莹．唐宋词名家论稿［M］．石家庄：河北教育出版社，2001：123.

⑥ 叶嘉莹．唐宋词名家论稿［M］．石家庄：河北教育出版社，2001：124.

⑦ 彭文良．苏轼诗词比较研究［D］．长春：吉林大学，2010.

⑧ （宋）秦观．淮海居士长短句［M］．徐培均，校注．上海：上海古籍出版社，1985：40.

⑨ （宋）秦观．淮海居士长短句［M］．徐培均，校注．上海：上海古籍出版社，1985：307.

正……少游意在含蓄，如花初胎，故少重笔。”① 这样的艺术风格是同他清新自然仿若天成的语言表达分不开的，在他的词中，一言一语皆有妙用。如《浣溪沙·漠漠轻寒上小楼》：

漠漠轻寒上小楼，晓阴无赖似穷秋。淡烟流水画屏幽。
自在飞花轻似梦，无边丝雨细如愁。宝帘闲挂小银钩。②

“寒”是“轻寒”，而且还是“漠漠”的“轻寒”，这直接给人一种空旷冷寂的感觉。“阴”是“晓阴”，“晓阴”还“无赖”，这时秦观已经把情感传达出来了，这样空旷的环境，这样坏天气的早晨，就让人感觉很不舒服，接下来“似穷秋”，明明是春天却似“秋”，而且还是“穷秋”，这种语调正与前四字传达的情感相合。

“淡烟流水画屏幽”一句直给人一种清冷的感觉，更加强了“似穷秋”的感受。下面的比喻是最妙的，别人都把无形的东西比作有形的，秦观却反其道而行，把有形的“飞花”“丝雨”比作无形的“梦”和“愁”，这样一来情感的传递非得心授不可，决计无法口传。最后一句“宝帘闲挂小银钩”中的“闲”字也是点睛之笔，前面所有的事物都是由这个字而来，非有闲时不能有这样细微的体察，非有闲情不能体会这些细微的情感。

3. 语言风格

晁无咎云：“近来作者，皆不及少游。如‘斜阳外，寒鸦数点，流水绕孤村’，虽不识字人，亦知是天生好言语。”③ 这是当时人们对秦观词的评价，重点不在于“好”，而在于“天生”，“天生”二字道出了秦观的语言平淡质朴、不事雕琢，仿若上天生成的一样。李清照曾批评秦观：“秦词专主情致而少故实，譬如贫家美女，虽极妍丽丰逸，而终乏富贵态。”④ 李清照的批评其实是不妥当的，这只能反映她和秦观在学养和观念上的差异，李清照的词固然美，但如秦观这种所谓“贫家女”之词也自有一番清水芙蓉的天然美感。这正是他的词受散文创作影响的表现，词又叫做“诗余”，词之为体与诗更为相近，正显出秦观这种散文化表达的难能可贵。而且秦观词语句贴合韵律，读起来也有一种音乐的美感，叶梦得说：“秦观少游亦善为乐府，语工而入律，知乐者谓之作家歌。”⑤

---

① （清）周济．宋四家词选［M］．徐培均，校注．上海：古典文学出版社，1958：2.
② （宋）秦观．淮海居士长短句［M］．徐培均，校注．上海：上海古籍出版社，1985：83.
③ （宋）赵令畤．侯鲭录［M］．北京：中华书局，2004：205－206.
④ 周义敢，周雷．秦观资料汇编［M］．北京：中华书局，2001：82.
⑤ （宋）叶梦得．石林燕语　避暑录话［M］．上海：上海古籍出版社，2012：137.

二、秦观诗概况及其与词的关系

（一）秦观诗的创作概况

秦观一生诗作颇丰，据徐培均《淮海集笺注》记载，《淮海集》有古体诗、近体诗共十卷，后集有诗三卷，补遗有诗一卷，共计四百三十余首，其中年代失考的仅十余首。

秦观诗的创作可以登第为界分为两个时期，前期生活以赴试、漫游、居家读书为主，生活比较平静，其心理压力较小，创作以在游玩中写下的酬唱诗为主，这些诗兼有酬唱和记游两种功能。据《淮海先生年谱》记载，第一次出游：

> 熙宁九年丙辰，先生年二十八。同孙莘老、参寥子访漳南老人于历阳之惠济院，浴汤泉，游龙洞山，谒项羽祠，极山水之盛，得诗三十首，《汤泉赋》一篇。①

游历过程中与孙莘老和参寥唱和，如《次韵参寥莘老》《和孙莘老游龙洞》《次韵莘老初至汤泉二首》等。第二次出游：

> 元丰二年己未，先生年三十一。正月十五日，作《五百罗汉记》，将如越省大父承议公及叔父定于会稽，会苏公轼自徐州徙知湖州，遂与偕行，过无锡，游惠山，和唐人韵三首，苏公及参寥子同赋。又会于松江，至吴兴，泊西观音院。端午日，同公遍游诸寺，寻别苏公，至德清道中作诗还寄，遂如越……秋后一日，同参寥子月夜杖策度风篁岭，谒辩才法师于潮音堂。作《龙井题名记》，又别作《龙井记》。乃东游鉴湖，谒禹庙，憩蓬莱阁。是时给事广平程公辟领越州，先生相得甚欢，多登临酬唱之什。②

这一次游历颇为复杂，先是和苏轼，然后和参寥，最后又和程公辟，写下的诗篇也更多，仅和程公辟唱和的就有近二十首，如《次韵公辟闻角有感》《次韵公辟会蓬莱阁二首》《游龙瑞宫次程公韵》等。此外还有一

---

① （清）秦镛编，秦瀛重编．淮海先生年谱［M］//吴洪泽，尹波．宋人年谱丛刊：第5册．成都：四川大学出版社，2003：3176.

② （清）秦镛编，秦瀛重编．淮海先生年谱［M］//吴洪泽，尹波．宋人年谱丛刊：第5册．成都：四川大学出版社，2003：3178.

些田园诗，如《田居四首》等。

而秦观自元丰八年（公元1085年）登焦蹈榜进士后，就被卷入政治风云，虽然生活无忧，但精神上颇受打击，故而诗歌创作多了些惆怅抒怀的内容。如在作于元祐三年（公元1088年）春的《次韵太守向公登楼眺望二首·其二》中发出“试问李斯长叹后，谁牵黄犬出东门?”① 的感慨。但在此时其诗歌的妩丽仍然存在，如《次韵太守向公登楼眺望二首·其一》：

茫茫汝水抱城根，野色偷春入烧痕。千点湘妃枝上泪，一声杜宇水边魂。

遥怜鸿隙陂穿路，尚想元和贼负恩。粉堞女墙都已尽，恍如陶侃梦天门。②

而在绍圣初秦观南贬之后，其诗的创作较前期则有了更大的变化，在绍圣元年（公元1094年）到元符三年（公元1100年）这几年间创作内容发生了更大变化，交游诗大大减少（仅《赠苏子瞻》《南都新亭行寄王子发》《送酒与泗洲太守张朝清》三首），抒怀诗成为这一时期的主要创作，如《精思》《文英阁二首》《无题二首》《自警》等。这一时期所抒发的情感也更加深沉，如《无题二首·其一》：

君子有常度，所遭能自如。不与死生变，岂为忧患渝。

西伯囚演易，马迁罪成书。性刚趣和乐，浅浅非丈夫。③

虽然是以周文王和司马迁的事迹勉励自己要超脱、要达观，但其抒发的却是对生死的忧患。

（二）秦观词与诗的关系

秦观诗的创作相对来说是比较单纯的，总的来说就一点——士大夫形象。无论是和诗赠友还是情感表达，皆和词有明显的差别，唯有在风格上，词和诗才显现出相似性。

1. 题材选择的互补

从前文所说的“词不入集”的现象就可以看出，宋人对词和诗的态度

① 徐培均．淮海集笺注［M］．上海：上海古籍出版社，2010：381.

② 徐培均．淮海集笺注［M］．上海：上海古籍出版社，2010：379.

③ 徐培均．淮海集笺注［M］．上海：上海古籍出版社，2010：1354.

是很不同的。从其创作的题材选择就可以略窥一二。钱钟书认为，从唐宋两朝的诗词创作来看，爱情这个题材先是大都从古体诗转移到近体诗，继而由近体诗大部分又转向了词。在宋朝，那些悲欢离合的恋爱生活几乎不出现在他们的诗中，如范仲淹的诗，没有一个字涉及儿女私情，而他的《御街行·秋日怀旧》一词就有"残灯明灭枕头欹，谙尽孤眠滋味；都来此事，眉间心上，无计相回避"这样婉约的措辞，缠绵的情调。在封建社会，情爱被看作是上不得台面的东西，甚至还会受到打击，文人自然不屑于用诗这么庄重的文体去表现那么"轻浮"的题材。北宋风气如此，秦观自然也不例外，"同《淮海词》相比，秦观诗中的爱情题材显得太少，百不二三"①，仅有《遣朝华三首》《赠女冠畅师》《赏酴醿有感》等几首较为突出。其实不仅是爱情，但凡是和女子感情相关联的情绪，文人们大多都不会放在诗中表现，人们只有在词中才能看到缠绵的爱情、春去的哀伤等。而这些题材在词中大放光彩，秦观词作中有近八成都是在表现男女情爱、春秋之思，著名的有《鹊桥仙·纤云弄巧》《千秋岁·水边沙外》等。

秦观一生为交际写下了大量诗词，诗中以"次韵""送""和""答"等为名的诗有一百余首，将近全诗总数的三分之一，而词中也有"年时今夜见师师"②（《一丛花·年时今夜见师师》）的句子。即使同在交际方面，秦观所做的诗词也是有很大不同的，诗大多是同亲朋师友的酬唱赠别之作，如《次韵莘老初至汤泉》《次韵参寥见别》《别子瞻》《答龚深之》《睡足寮寄震鼎二弟》等，词则为席上樽前答酬美人之作，如《绿窗新话》所载：

> 秦少游寓京师，有贵官廷饮，出宠姬碧桃侑觞，劝酒惓惓，少游领其意，复举觞劝碧桃。贵官云："碧桃素不善饮。"意不欲少游强之。碧桃曰："今日为学士拼了一醉。"引巨觞长饮。少游即席赠《虞美人》词曰："碧桃天上栽和露。不是凡花数。乱山深处水萦回。借问一枝如玉为谁开？轻寒细雨情何限。不道春难管。为君沉醉又何妨。只怕酒醒时候断人肠。"③

颇有雅诗酬君子，佳词赠美人的意味。

2. 风格的相似

秦观的诗和词在风格上是比较相似的，如《王直方诗话》云："东坡尝以所作小词示无咎、文潜。曰：'何如少游？'二人皆对曰：'少游诗似

① 徐培均．淮海集笺注［M］．上海：上海古籍出版社，2010：10.
② （宋）秦观．淮海居士长短句［M］．徐培均，校注．上海：上海古籍出版社，1985：28.
③ （宋）秦观．淮海居士长短句［M］．龙榆生，点校．北京：中华书局，1957：67.

小词，先生小词似诗。’”秦观诗与词风格相近主要是通过语言、表现手法和内容的相似表现出来的。

秦观诗的语言同词一样平淡、自然、有韵味，如《泗州东城晚望》：

渺渺孤城白水环，舳舻人语夕霏间。林梢一抹青如画，应是淮流转处山。①

后两句像是两个人在说话，一人问：“林梢处那一抹青色是什么啊?”另一人随口接道：“应该是淮河拐弯时候的那座山吧。”如《踏莎行·雾失楼台》结句“郴江幸自绕郴山，为谁流下潇湘去”②，像是作者在自言自语，又像是在发问，“郴江你绕着郴山不就行了吗？流下潇湘去干什么呢?”同样是平常说话一样的语言，都能给人以无穷的韵味。

秦观的诗在表达上也比较含蓄蕴藉，如《秋日三首·其二》：

月团新碾瀹花瓷，饮罢呼儿课楚词。风定小轩无落叶，青虫相对吐秋丝。③

前面记事：喝茶、教子；后面写景：秋风、青虫。看上去都是平常琐事和常见景物，但在这些事物背后蕴含的正是作者闲适的心情。

秦观善于描写精微细小的事物，如诗《秋日三首·其二》的结句“青虫相对吐秋丝”写青虫吐丝；再如词《迎春乐·菖蒲叶叶知多少》的开篇“菖蒲叶叶知多少，惟有个、蜂儿妙。雨晴红粉齐开了，露一点、娇黄小。”④ 写蜜蜂采粉。

从上文中他专意着眼细小精微的事物表现春秋季节的特点的手法来看，其诗的整体气质也是比较婉弱的。如南宋敖陶孙在《臞翁诗评》中说：“秦少游如时女步春，终伤婉弱。”⑤ 继而元好问在《论诗绝句》说：

有情芍药含春泪，无力蔷薇卧晚枝。拈出退之山石句，始知渠是女郎诗。⑥

---

① 徐培均．淮海集笺注［M］．上海：上海古籍出版社，2010：422.

② （宋）秦观．淮海居士长短句［M］．徐培均，校注．上海：上海古籍出版社，1985：69.

③ 徐培均．淮海集笺注［M］．上海：上海古籍出版社，2010：438.

④ （宋）秦观．淮海居士长短句［M］．徐培均，校注．上海：上海古籍出版社，1985：53.

⑤ 周义敢，周雷．秦观资料汇编［M］．北京：中华书局，2001：119.

⑥ 姚奠中．元好问全集［M］．太原：山西古籍出版社，2004：270.

以近乎谩骂的方式给秦观贴上了“女郎诗”的标签。

3. 情感表达的互补

秦观是读书人，受儒家思想影响很深，自然也是怀有“穷则独善其身，达则兼济天下”理想的，在被南贬之后，秦观已然不能“兼济天下”，只好退而求其次，求个“独善其身”了，于是他在诗中处处表现出归隐的志向，这也是属于士大夫的体面。如《赴杭倅至汴上作》：

俯仰觚棱十载间，扁舟江海得身闲。平生孤负僧床睡，准拟如今处处还。①

再如《处州水南庵二首·其二》：

此身分付一蒲团，静对萧萧玉数竿。偶为老僧煎茗粥，自携修绠汲清宽。②

这两首诗皆表露出归隐向佛的姿态。

但秦观毕竟还是个词人，他的情感是复杂的，他的神经是敏感的，虽然儒家思想要求儒士“哀而不伤”，即不能表露过多的情感，抒发真情却是词人的追求，所以他那些极度悲伤、极度愁苦的情感就要通过词来表达，即所谓“把身世之感打入艳情”③。如《江城子·西城杨柳弄春柔》“便作春江都是泪，流不尽、许多愁”④、《风流子·东风吹碧草》“谁念断肠南陌，回首西楼”⑤、《千秋岁·水边沙外》“春去也，飞红万点愁如海”⑥ 等。

由于秦观个人气质更贴合当时人们所认为的词的正体风格，而其诗的风格又和词相似，这正是他的诗招致批评的原因。但秦观毕竟还是一个正统文人，严守词和诗的分野，因此在题材和情感表达上，词和诗是有很大不同的，如果说诗主要展现他作为“士人”的形象，而词则更多展现他个人的情感生活。

---

① 徐培均．淮海集笺注［M］．上海：上海古籍出版社，2010：1402.
② 徐培均．淮海集笺注［M］．上海：上海古籍出版社，2010：456.
③ （清）周济．宋四家词选［M］．上海：古典文学出版社，1958：2.
④ （宋）秦观．淮海居士长短句［M］．徐培均，校注．上海：上海古籍出版社，1985：45.
⑤ （宋）秦观．淮海居士长短句［M］．徐培均，校注．上海：上海古籍出版社，1985：22.
⑥ （宋）秦观．淮海居士长短句［M］．徐培均，校注．上海：上海古籍出版社，1985：63.

三、秦观文的概况及其与词关系

（一）秦观文的创作概况

据徐培均《淮海集笺注》记载，《淮海集》存赋七篇，进策三十篇，进论二十篇，论八篇，传四篇，说四篇，表二十篇，启二十八篇，简十篇，文二十一篇，青词一篇，疏十篇，志铭十篇，赞四篇，跋十四篇，状八篇，书七篇，记十一篇，序十篇，哀挽三十一篇，“后集”“补遗”增补杂文三十九篇。

秦观作文虽多，但像表、启、行状之类的公文和应酬之文占了大半，并无特别的文学价值。不过除了那些公文和应酬之作，秦观的朋友对秦观的散文评价非常高。陈师道在《答李端叔书》中说“少游之文过仆数等”①，张耒在《跋吕居仁所藏秦少游投卷》中说：“少游平生为文不多，而一一精好可传。”② 同时宋人认为秦观为文章法严谨，文笔华丽，长于议论，文风劲健。陈善《扪虱新话》记载：

吕居仁尝言：“少游从东坡游，而其文字乃自学西汉。以余观之，少游文字格似止此，所进论策，辞句颇若刻露，不甚含蓄。若以比坡，不觉望洋而叹也，然亦自成一家。”③

这些评价多是对秦观散文中的策论文所发，策论文当是秦观文的主体部分，在《淮海集》中有十一卷之多，超过散文总卷数的三分之一。

元祐三年戊辰，四十岁。先生被召至京师应制科，进策三十篇、论二十篇。④

他的“进策”文是认真研究历史、观察社会之后从政治、经济、军事、吏治等各个方面提出了一整套的政治见解。政策方面的有《国论》、《主术》、《治势》（上、下）、《法律》（上、下）等，在新旧党争中，他采取折中的态度；经济方面的有《财用》（上、下），能够跳出重义轻利的腐

---

① （宋）陈师道．后山居士文集（卷第十）［M］．上海：上海古籍出版社，1984：529.

② （宋）张耒．张耒集：下册［M］．李逸安，等点校．北京：中华书局，1999：825.

③ （宋）陈善．扪虱新话［M］．济南：山东人民出版社，2018：76.

④ （清）秦镛编，秦瀛重编．淮海先生年谱［M］//吴洪泽，尹波．宋人年谱丛刊：第5册．成都：四川大学出版社，2003：3178.

儒桎梏，正确地看待国家的经济问题；军事方面的有《安都》、《将帅》、《奇兵》、《谋主》、《兵法》、《盗贼》（上、中、下）、《边防》（上、中、下），提出对西夏轮番出击等行动计划；吏治方面的有《任臣》（上、下）、《朋党》（上、下）、《官制》（上、下），他重奇才，并且提出无论什么样的政策，关键在于什么样的人去执行。他的“进论”文是对晁错、韩成玄、石庆等二十个历史人物的论说，论述他们的功过得失，以期对上有所启发。

然而秦观终究是受儒家思想影响，论政时难免有求官的心思，言及国事，有些明显是附会之言，如明李濂评论《安都》说：“按少游此议盖附会本朝而为之说，可谓失计之失矣，非中正之见也。”① 而且秦观毕竟是纯粹的文人，论及军国大事虽然意气风发、理据严明，却仍不免纸上谈兵，正如宋人杨时所说：“秦少游进卷论所以御戎……大抵今之士人议论，只是口头说得，施之于事，未必有效。”② 但在今天，我们去分析秦观的这些作品，主要还是从艺术上进行，如近人林纾所说：“读之颇有英爽之气”③，“行文自饶英气”④，“文随引随结，气定神闲。末端奇峰陡起，始折入田丰，气力极伟。”⑤ 这些才是我们今天分析的重点所在。

秦观的赋也有极高的艺术水平，但他自身却对赋并不甚上心，在他看来：“作赋何用好文章，只以智巧饤饾为偶丽而已。”⑥ 秦观存赋甚少，大概就是由于他自身对赋的小视，尽管如此，他的赋水平也是极高的。李廌说：“秦少游论赋至悉，曲尽其妙。”⑦ 他的《黄楼赋》，苏轼推崇尤甚，在诗《太虚以黄楼赋见寄，作诗为谢》中说“雄辞杂今古，中有屈宋姿”⑧，谓秦观有“屈宋姿”。林纾也说：“‘哀弹豪吹’以下四语，真掇得宋玉之精华，自是才人极笔。”⑨ 而秦观散文中最有特色的则是简这一部分，这是秦观写给至交好友的私人信件，相互之间非常随意，所以更能体现秦观为文最真实的面目。其他如赋或策论，都是拿出去给人看的，免不了刻意雕琢、精心谋划，唯有这种私人信件，往往不讲求文采，故而肆意挥洒，最能体现秦观最真实的写作水平和写作风格。如《与孙莘老学士

① 徐培均．淮海集笺注［M］．上海：上海古籍出版社，2010：528.
② 徐培均．淮海集笺注［M］．上海：上海古籍出版社，2010：674.
③ 徐培均．淮海集笺注［M］．上海：上海古籍出版社，2010：557.
④ 徐培均．淮海集笺注［M］．上海：上海古籍出版社，2010：654.
⑤ 徐培均．淮海集笺注［M］．上海：上海古籍出版社，2010：718.
⑥ （宋）李廌，朱弁，陈鹄．师友谈记［M］．北京：中华书局，2002：21.
⑦ （宋）李廌，朱弁，陈鹄．师友谈记［M］．北京：中华书局，2002：18.
⑧ 徐培均．淮海集笺注［M］．上海：上海古籍出版社，2010：10.
⑨ 徐培均．淮海集笺注［M］．上海：上海古籍出版社，2010：10.

简》，短短三百余字，言及六七件小事，语言简短有致，林纾评曰："晋人小简，多言俗事，而偏不俗，由胸次高尚耳。此书乃酷类晋人。"①

（二）秦观词与诸文的关系

文是一个比较笼统的说法，它包括策论、启、表等公文性质的文章，也包括像简这样的私人书信。在这些不同种类的散文之间，亦有不同的表达倾向，公文更多的是突显士大夫身份，简则更注重私人化的表达。因此，其与词的关系也更为复杂、更为琐碎。

1. 题材选择的互补

秦观散文的创作非常丰富，而且多是公文性质的文章，这些站在士大夫立场上的创作，就与词的个人化表达形成了天然的对立。在题材选择方面，词和诸文相较来说可谓是风马牛不相及。唐韩愈提出"文以载道"，而秦观在进论《论韩愈》中对韩愈评价甚高：

> 此成体之文，韩愈之所作是也……总而论之，未有如韩愈者也……呜呼，杜氏、韩氏，亦集诗文之大成者欤……夫所谓文者，有论理之文，有论事之文，有叙事之文，有托词之文，有成体之文。②

秦观把文体分为五种，直说在"成体之文"这一类中，没有能超过韩愈的，这说明秦观对韩愈的文章非常推崇，那么对于韩愈"文以载道"这一说法也应当是认可的。其实在秦观所分的这五类文体中，"论理之文""论事之文""成体之文"都可以视为载道之文。对于载道这样神圣的事业，在词尚未被正视的北宋，是不可能通过词来完成的。而像爱情、春秋之思这样的题材也断然不会进入用以载道的文章的创作领域。前文曾说，秦观词有近八成都是在表现男女情爱、春秋之思，从这个角度说，秦观的散文与词在内容表现上是互补的，且秦观的书信文章等也都是与师友交流，因此也可以说其散文与词在交际对象上具有互补性。因此可以说，秦观词和散文在题材选择上是互补的。

2. 风格的互补与一致

正如前文所说，由于其散文的多样性，其与词的关系也就更为复杂，在总体气质上，词与散文形成一定的互补，而在自然流畅的语言和善用比喻的表现手法上又呈现出一致性。

---

① 徐培均．淮海集笺注［M］．上海：上海古籍出版社，2010：999.

② 徐培均．淮海集笺注［M］．上海：上海古籍出版社，2010：751－752.

策论可以说是秦观散文的主体部分，其策论颇具英气，据王敬之《小言集·宜略识字斋杂著》所载：“元祐邑贤中，惟少游进策谈兵。”① 熙宁五年（公元1072年）秦观作《郭子仪单骑见虏赋》，时年二十四岁，正是意气风发的时候，当有报国从军之志，故有此慷慨之语。秦观在熙宁年间所作的词有三首：《沁园春·宿霭迷空》咏春，《御街行·银烛生花如红豆》闺怨，《品令·幸自得》用方言俗语写青楼歌女，皆为婉约之作。如《郭子仪单骑见虏赋》的慷慨意气，正与其词的整体气质形成互补，不然，秦观身为男儿，却屡作婉弱语言，终是奇怪。

秦观的散文创作不重辞藻的堆砌，而是顺其自然，正如乃师所言“常行于所当行，常止于不可不止”②，重文意的自然流露，以达意为先。如《李陵论》：“盖陵尝将八百骑，深入匈奴二千余里，过居延北，不见虏，还；又尝将轻骑五百，出敦煌至盐水，迎二师，未闻困绝。”③ 未加雕饰，以简单质朴的语言将李陵前两次出征的经过清晰地表现出来。他的这种自然流畅的朴拙语言正与词中的“天生好言语”如出一辙。

秦观为文善用比喻，往往生动形象，有事半功倍的效果，如《人才》中用不同种类的木材来比喻各种各样的人才，用木材之于房屋来比喻人才之于国家，比喻简单有趣又贴合主题。《财用》（下）用治水来比喻理财，言“横赋强市，取之于百姓”犹“增缮堤防，决之于邻国”④ 都只能取得眼前的利益，并不是妥善的解决方法，直击问题要害。在秦观的词中，其比喻也多有妙用，如《千秋岁·水边沙外》“春去也，飞红万点愁如海”⑤，把愁比作海，让人直观地感受他的深重愁绪；再如《鹊桥仙·纤云弄巧》“柔情似水，佳期如梦，忍顾鹊桥归路”⑥，把柔情比作水，把佳期比作梦，准确把握住了这两者的特质。

3. 后期文与词抒发情感的一致

绍圣元符年间，这一时期的秦观散文创作数量锐减，只有《祭洞庭文》《梦中题维摩诘像赞》《答丁彦良书》《自作挽词》《和陶渊明归去来辞》等寥寥数篇。大概是远谪之后亲友离分，音书难通，而公文性质的文章，自然是没有机会也更没有心思去写。这一时期秦观为文亦悲切动人，尽言身事，如《与某人简·元明侍讲》短短八十余字，连发四问，正如其

---

① 徐培均．淮海集笺注［M］．上海：上海古籍出版社，2010：619.

② （宋）苏轼．苏轼文集［M］．孔凡礼，点校．北京：中华书局，1986：2069.

③ 徐培均．淮海集笺注［M］．上海：上海古籍出版社，2010：695－696.

④ 徐培均．淮海集笺注［M］．上海：上海古籍出版社，2010：601.

⑤ （宋）秦观．淮海居士长短句［M］．徐培均，校注．上海：上海古籍出版社，1985：63.

⑥ （宋）秦观．淮海居士长短句［M］．徐培均，校注．上海：上海古籍出版社，1985：55.

中所言“此中如井底，无从知也”[①]，自身虽仍欲承士大夫之志关心大事，却因身在天边而无从得知了。《和陶渊明归去来辞》，虽写归隐之志，却仍有极大悲感，如“依先茔而洒扫”一句，可知这归隐一点都不轻松，哪如陶渊明“策扶老以流憩”一样自在！而元符三年于雷州作的《自作挽词》，哀戚更甚于“东坡量移廉州，六月二十五日过雷州，与少游相会。”[②] 时所作的《江城子·南来飞燕北归鸿》《青门饮·风起云间》等词，自言：“昔鲍照陶潜自作哀挽，其词哀。读予此章，乃至前作之未哀也。”[③] 由于生活的重压、理想的破灭，使得秦观这一时期的悲伤情绪达到了极点，即令此时所出一言、所写一字无不与此相关，可以说，在这一时期，秦观的散文与词在情感表达上是一致的。

4. 词受散文影响产生的特点

北宋，词的散文化是一种趋势，在秦观的词中亦有较明显的散文化痕迹，这主要表现在句法和章法上。

从句法上讲，词的句式以长短不一实现了对五五相对的五言体诗、七七相对的七言体诗的突破，本身就是一种散文化的表达，正如李东宾在《词体语言研究：以语言形态和言说方式为中心》中所说：

> 当然，词体句法的形成不可能按照语言学家的理念而设计实施，乃是由燕乐曲拍的“乐节”而定，但是它所表现出来的语言形态特征和构造原则，却暗合了汉语“句读”之法的基本精神。[④]

秦观词中也大量存在几个短句构成一个意义贯通的整句的现象。如《望海潮·奴如飞絮》中“微月户庭，残灯帘幕，匆匆共惜佳期”[⑤] 用三个短句较为详细地记述了一件在晚上约会的事。再如《风流子·东风吹碧草》中“东风吹碧草，年华换，行客老沧洲”[⑥] 用三个短句讲述了一件外贬的事。此皆是散文句法。如此句式在文章中随处可见，如《雪斋记》中：

> 始言师开此轩，汲水以为池，累石以为小山，又洒粉于峰峦草木之

① 周义敢，程自信，周雷．秦观集编年校注［M］．北京：人民文学出版社，2001：677.
② （宋）秦观．淮海居士长短句［M］．徐培均，校注．上海：上海古籍出版社，1985：47.
③ 徐培均．淮海集笺注［M］．上海：上海古籍出版社，2010：1323.
④ 李东宾．词体语言研究：以语言形态和言说方式为中心［D］．天津：南开大学，2009.
⑤ （宋）秦观．淮海居士长短句［M］．徐培均，校注．上海：上海古籍出版社，1985：11.
⑥ （宋）秦观．淮海居士长短句［M］．徐培均，校注．上海：上海古籍出版社，1985：22.

上，以象飞雪之集。①

用五个短句说出了雪斋的建造过程。

从章法上讲，自晚唐后，词本身有着一种上片布景、下片抒情的结构方式，北宋的柳永以赋入词更拓展了词的铺叙功能。秦观运用此法并显示出自己的特点，如《沁园春·宿霭迷空》：

宿霭迷空，腻云笼日，昼景渐长。正兰皋泥润，谁家燕喜；蜜脾香少，触处蜂忙。尽日无人帘幕挂，更风递游丝时过墙。微雨后，有桃愁杏怨，红泪淋浪。风流寸心易感，但依依伫立，回尽柔肠。念小奁瑶鉴，重匀绛蜡；玉笼金斗，时熨沉香。柳下相将游冶处，便回首，青楼成异乡。相忆事，纵蛮笺万叠，难写微茫。②

上片先写天不是很好，云彩很厚，又写燕子筑巢，蜜蜂采蜜，因为没人把帘子挂起来，就感到有风吹来，接着下过雨后，桃杏花上的雨珠落下，像是在垂泪一样。下片便写想起了佳人往事，通过对往事的追述来表达自己有情难述的模糊心迹。在铺叙中，秦观执着于对原因的叙述，而且往往是以极简单的语言完成，词与散文有类似的铺叙手法，如散文《龙井题名记》第一段：

龙井有辨才大师，以书邀余入山。比出郭，日已夕，航湖至普宁，遇道人参寥，问龙井所遣篮舆，则曰：“以不时至，去矣是夕……”③

寥寥数语连写三重原因：有人相邀，这是游龙井的动机；然而出城的时候天已经晚了，这是夜游的条件；由于天色已晚，龙井派来迎接的人已经回去了，这是夜游的直接原因。回看词中，叙述更为简洁，如“燕喜”是因为“兰皋泥润”，可以看出这是春天，正是燕子筑巢的时候，泥土湿润，燕子衔来筑巢方便许多，所以会“喜”；紧接着“蜂忙”是因为“蜜脾香少”，蜜脾就是蜂房，蜜脾香少说明蜜少，蜜少则需要蜜蜂努力采集花粉酿蜜，所以会“忙”。

秦观词与散文的关系是比较复杂、比较琐碎的，尤其是风格上，虽然表面气质上呈现出互补的姿态，但在语言和手法等具体方面则能发现其与

① 徐培均．淮海集笺注［M］．上海：上海古籍出版社，2010：1219.

② （宋）秦观．淮海居士长短句［M］．徐培均，校注．上海：上海古籍出版社，1985：12

③ 徐培均．淮海集笺注［M］．上海：上海古籍出版社，2010：1226.

词的一致。在后期的散文中，无论是给别人写的书信还是给自己写的挽词都是个人化的表达，正与词的抒情表达形成了一致。而在形式上，北宋词的散文化趋势也在秦观的词中得到了体现。

结 语

在一个作家的所有创作中，他的每一种文体的创作都不是孤立的，其在不同文体间的创作必然有着联系。

通过对秦观词的介绍，我们知道秦观词的酬赠对象为宴席上的歌姬，其词作的特色表现为对细节的把握、精妙的比喻和平淡自然的散文化语言。在后面词与诗文的对比中，可以发现：在题材选择上，无论是酬赠对象还是表现内容，词和诗文皆呈现出互补的状态；在风格上，词和诗文的语言皆有平淡自然的倾向；在手法上，诗偏重对细微事物的描写，且具有含蓄蕴藉的特征，正与其词相近，而词与散文则同样具有善用比喻的特征，不过在整体气质上词与散文却呈现出互补的状态；在情感表达上，诗仍坚守士大夫立场“哀而不伤”，而其词和散文则毫无顾忌地宣泄他的悲感情绪。

从对这些不同文体关系的梳理探究中，我们发现秦观虽然在用词的创作抒发私情的过程中，表现出作为文人对当时的社会思想压抑私情表达的大胆反抗与个性，但在文体观念上则是传统的：对他来说诗是体面，是其士大夫身份的象征，而词是最私人化的表达，文则居于两者之间——公文性质的更近于诗，个人化的写作则近于词。通过对秦观不同文体创作关系的探讨，不但有助于我们更全面、更准确地把握秦观的文学创作特点，也使我们对秦观有了新的更深入的认识。

参考文献

[1]（宋）秦观．淮海集［M］．影印本．北京：国家图书馆出版社，2003.

[2] 徐培均．淮海集笺注［M］．上海：上海古籍出版社，2010.

[3]（宋）秦观．淮海居士长短句［M］．徐培均，校注．上海：上海古籍出版社，1985.

[4]（宋）秦观．淮海居士长短句［M］．龙榆生，点校．北京：中华书局，1957.

[5] 杨世明．淮海词笺注［M］．成都：四川人民出版社，1984.

[6] 周义敢，程自信，周雷．秦观集编年校注［M］．北京：人民文学出版社，2001.

[7] 叶嘉莹．唐宋词名家论稿［M］．石家庄：河北教育出版社，2001.

[8] 吴梅．词学通论［M］．上海：复旦大学出版社，2005.

[9] 秦宝庭．淮海集研究：淮海集版本研究［M］．北京：线装书局，2016.

[10] 唐圭璋．宋词四考［M］．南京：江苏文艺出版社，1959.

[11] 牛卫东．秦观诗歌研究［D］．郑州：郑州大学，2006.

[12] 李莈．秦观诗词比较研究［D］．福州：福建师范大学，2006.

[13] 宋雪松．秦观散文特色初探［D］．长春：东北师范大学，2006.

[14] 李东宾．词体语言研究：以语言形态和言说方式为中心［D］．天津：南开大学，2009.

[15] 刘薇．秦观诗歌创作论［D］．武汉：华中师范大学，2003.

[16] 徐培均．试论秦观的赋作赋论及其与词的关系［J］．中国韵文学刊，1997（2）.

[17] 邓乔彬．秦观“词心”析论［J］．文学遗产，2004（4）.

[18] 刘尊明．20世纪秦观词研究的定量分析［J］．中国韵文学刊，2001（2）.

[19] 刘勇刚．论秦观的策论［J］．北京大学学报（哲学社会科学版），2013，50（6）.

[20] 诸葛忆兵．秦观俗词论略［J］．北京大学学报（哲学社会科学版），2014（3）.

指导老师：段海蓉

红柯小说《乌尔禾》叙事特色分析

张静茹

中国语言文学学院汉语言文学 2017－1 班

绪　论

红柯，当代作家。他先后获得首届冯牧文学奖、首届中国小说学会长篇小说奖、第二届鲁迅文学奖、第九届庄重文文学奖等多项大奖，他还被誉为“驰骋在丝绸古道上的骑手”“马背上的作家”。1986 年从宝鸡师范学院毕业之后，红柯心怀美好梦想前往新疆，在伊犁州技工学校做语文老师，对新疆有着深厚的情感。此后，他所创作的小说大都以边地作为写作背景，以新疆人民作为写作题材，他用独特的、超脱凡俗的想象力和诗意化的语言为我们呈现出一幅幅优美的新疆风情画卷。

红柯的长篇小说《乌尔禾》是一部描写新疆生活的力作，主要讲述了在新疆乌尔禾这个地方，海力布叔叔具有神话色彩的生活，兵团小伙王卫疆、杀羊人朱瑞以及名叫燕子的女子之间的爱情纠葛，还有在乌尔禾辛勤奋斗的军垦人民的故事。红柯运用传说与生活、现世与想象相融合的手法，加之诗性的想象力，为读者们呈现出一个神奇、充满灵性的新疆。《乌尔禾》是红柯二十年写作生涯的高峰，历经十八年才写成，被询问原因时，红柯认为，长时间的积累对于长篇的创作是很重要的，就像上菜一样，最好的总是放在最后才上。

（一）选题缘由

作为一个新疆人，笔者对于书写新疆的小说作家怀有很大的兴趣，而红柯的写作手法以及风格在西部文坛中独树一帜，他充满诗性的想象力以及浪漫的笔触十分吸引我。并且，《乌尔禾》描绘了一幅广阔的边地现实生活画卷，红柯用细腻的手法将他对于大自然万事万物的喜爱与崇敬在小说中淋漓尽致地展现出来。在他的笔下，一切生物都是有灵性的，正是这种灵性和西部独特的神秘色彩触动了我，让我有想要更进一步研究的想法。

（二）研究目的及意义

1. 研究目的

《乌尔禾》向我们展现了一个多姿多彩的新疆，是红柯二十年写作生涯的高峰，他在草原、大漠、羊群、石人像等自然风景中注入了饱满的热情。本文将通过文本分析法对红柯小说《乌尔禾》进行细致研读，首先分析《乌尔禾》的叙事策略，接着探究《乌尔禾》的叙事特征，最后研究《乌尔禾》的叙事价值，从这三方面阐释《乌尔禾》的叙事特色。

2. 研究意义

《乌尔禾》自发表以来，就受到学界的广泛关注，其是研究红柯小说叙事艺术的典型范本。在前人研究的基础上对《乌尔禾》展开研究，有助于我们更好地把握红柯总体的小说叙事风格与价值，更加直观地感受新疆的人文风情，对西部文学有更深一步的了解。从叙事策略、叙事特征以及叙事价值这三方面对《乌尔禾》进行分析研究，有助于我们把握红柯小说叙事个体命运所蕴藏的时代、文化内涵，并且对于厘清当代文学创作具有一定的理论指导意义和参考价值。

（三）研究综述

红柯被誉为“西域的歌者、灵魂的诗人”，文坛对他的创作给予了很高的评价。《乌尔禾》自发表后，就一直广受学者的研究。本论文通过对文献资料的搜集与整理，发现目前学者的研究主要从以下几个方面展开：

第一类研究人性之美、生命之美。陈静《追寻绝域之大美：红柯西部小说论》提到了红柯的西部小说是关于新疆的小说，在红柯的笔下，人和动物的淳朴天性被描写得淋漓尽致。红柯相信爱与梦的存在，追求绝域之美。杨亚娟《纯美的自然　永恒的人性：论红柯小说的当代价值》指出红柯用诗意的语言与浪漫的文字书写大美新疆，优美的大自然、纯真的人民都是红柯描写的对象。朱云《人性·文化·底层：红柯西域小说论》揭示了红柯是西域小说的代表作家之一，他笔下独特的西域世界显示出了西域壮美的人性和绚烂的文化，并且体现出一种浪漫主义的特质。余琪《评红柯长篇小说〈乌尔禾〉》指出红柯笔下的乌尔禾人与自然和谐共生、彼此相容，人们敬爱自然，人的生命、人性中伟大的一切都充满了神性的光辉。

第二类研究叙事艺术。陈晓辉在《红柯小说的叙事空间》《红柯小说的叙事模式》以及《红柯小说的叙事艺术》中表示，作为空间型作家的红柯把新疆作为写作的一个立体空间，用空间思维安排故事的发展脉络，并且运用并置、回环等空间叙事手段建构叙事空间，使小说变得空间化。并且，陈晓辉运用叙事学的理论分析红柯小说的叙事模式，进一步探究红柯小说的艺术性。廖高会《名词、意象和诗意生成：论红柯小说的叙事策略》对红柯小说的叙事手法进行分析，名词的重复和涌现、意象的连缀与聚合、时空的分割与统一以及主体性的追求与彰显共同形成了红柯小说的独特魅力。苏哲《红柯小说空间叙事研究》从红柯小说空间叙事研究的可行性、空间叙事理论、审美价值等方面对红柯小说的叙事艺术进行研究。

第三类研究文本底蕴。李想《丝路视野下的红柯小说研究》以马克思主义文艺理论为指导，以历史唯物主义和辩证唯物主义为方法论，探究丝路视野下的红柯小说创作。张旭《构建精神家园：红柯小说论》提到红柯小说对构建民族灵魂和精神家园具有重要意义。红柯的小说包含了敬畏苍天、天人合一的生命意识与血性阳刚的精神气质，红柯希望通过他的小说将新疆的血性重新灌入到中原文化的血脉当中。朱云《人性·文化·底层：红柯西域小说论》中写到红柯所描绘的西域世界受到“底层写作”的渗透，作品中带着浓厚的现实关怀。

上述三方面研究为学界推进对《乌尔禾》的分析提供了颇有价值的参考，对于本文前两个部分的研究也有一定的借鉴意义。但是前人对于《乌尔禾》的研究大多以红柯所想要表达出的对自然的赞叹与崇敬、对纯美人性的呼吁为出发点，分析红柯的写作思想，而研究《乌尔禾》叙事特色的比重较少。本文将从以下三部分对《乌尔禾》的叙事特色进行分析：首先探究叙事策略，其次探究叙事特征，最后分析叙事价值。本文在探究《乌尔禾》呈现独特生存体验、建构理想精神家园的基础上，体现出拓展诗性叙事空间与表现地域文化内涵的叙事特色。

一、《乌尔禾》的叙事策略

“所谓叙事，即采用一种特定的言语表达方式——叙述，来表达一个故事。”[①] 所谓叙事策略就是通常所说的对话口径、思辨脉络，或主题分割步骤切入点，又称视点、叙述角、观察点。它一般存在于故事文学中，例如戏剧或者小说。简单来说，叙事策略可以被理解为讲故事的方法和切入点。

《乌尔禾》之所以生动自然，得益于红柯独特的写作技巧。红柯对于人物命名的变化有其特点，多重叙事视角及非线性的叙事结构使得原本平

① 徐岱．小说叙事学［M］．北京：商务印书馆，2010.

平无奇的事物变得更加鲜活、立体，给人以新奇的感觉，同时也使得作品更加丰富多彩。

（一）叙事构成要素——人物命名多变

人物是叙事内容的三要素之一，在分析小说叙事结构时对人物的分析十分必要。“在小说中，叙事总是与叙人难舍难分，叙事的目的是叙人；反过来也一样，只有写好了人，我们才能更清楚地体会到‘事’的存在魅力。”[①] 而人名是人物必不可少的属性，对小说中人物的命名体现了作者对于人物塑造的深思熟虑，也从侧面体现作者想在小说中表达的主题。在文学作品中，人名拥有更多的含义，也许体现人物的性格，也许反映人物的命运。红柯在《乌尔禾》中对人物的命名是多变的，本文将从三个人物的命名展开分析。

1. 海力布

海力布原来不叫海力布，他是从朝鲜战场上活下来的战斗英雄，原名刘大壮。人如其名，刘大壮身材高大，做事果断，有一身的力气，好像从来不会疲倦。因为是最后一批撤出朝鲜的，刘大壮只能到农七师最边缘的乌尔禾团场。像所有军垦战士一样，连队想为刘大壮找一个伴侣，但刘大壮因看见女护士死在了自己的眼前而留有阴影，并且他的面容饱经战火摧残，所以一生未娶。没有家庭的牵绊，刘大壮便把所有的精力都奉献给团场。他养出的羊都白白胖胖，流露着幸福的神态；他能听懂鸟儿的语言，将风暴来临的消息传给牧民们；任何动物只要有不舒服的地方，他都能一眼看出来；为了邻居王栓堂和张惠琴的生活，他自愿代替他们俩前往最艰苦的牧场……他就像蒙古族的民间传说人物海力布一样，有着乐于助人的善心和无穷的力量。渐渐地，人们忘记了他的名字，后来连他的姓都忘记了，只称他为海力布。

海力布是军垦人民的一个缩影，在千千万万的援疆战士中，有太多人被忘记了姓名，消失在历史的长河之中。但是，每个人都是独一无二的英雄，在那段艰苦的岁月里，他们奉献了自己的青春，甚至宝贵的生命。虽然海力布的称呼只有一个，但人人都能成为他，红柯将海力布的称谓赋予刘大壮，体现了红柯对军垦人民深深的尊敬与赞扬。

2. 张惠琴

《乌尔禾》中对王卫疆的母亲有很多称呼。她第一次出现时，红柯称其为“大活人”。“海力布叔叔接着就摸到了一个滚烫的大活人，这个大活

---

① 赵炎秋．叙事情境中的人称、视角、表述及三者关系［J］．文学评论，2002（6）：128.

人以为是自己的丈夫下半夜回来了，就肆无忌惮地抱住丈夫”[①]，海力布叔叔半夜走错地窝子，上了陌生人的床，他并没有马上认出床上的人是谁，在这种情况下吓傻了，吓呆了，文中的“大活人”正巧应了这样尴尬的景，应了这种呆傻的状态。而后红柯以“女人”称呼她，“近在咫尺的女人比他更呆傻”[②] 表明了这个“大活人”的身份：女人。女人在意识到自己搂住的人并不是丈夫后，拉紧被子，又羞又急；女人在丈夫送给自己一面镜子后，经常看镜子，透过镜子看月光、看白兔，女人还保留着少女心，还有着年轻女人的娇羞与灵巧；女人爱着她的丈夫，她热情拥抱着丈夫，奉献自己的一切。后来女人有了孩子，成了“妻子”。“妻子会扩大到满满一锅吃好几天”[③]，“妻子二十六七岁了，丝毫没有放松对房子的渴望”。妻子孕育了一个小生命，想要给自己未来的孩子更好的生活，对房子渴望至极，可是他们两口子运气太差，总分不上好房子，这让妻子很失望。妻子在有了孩子后成为“母亲”，对家庭有了更深的责任，相夫教子，这是妻子应该做的。“张惠琴”是王卫疆母亲的名字，“张惠琴考虑好了，提出先见一下未来的丈夫”[④]，“这个张惠琴呀是个有主意的人”[⑤]，那时的女人还是个年轻的、来到新疆不久的姑娘，充满着朝气，同时又很聪慧。人如其名，张惠琴是一个有主意的人。红柯在文中不断地以“女人”“妻子”“母亲”来称呼张惠琴，在特定的时间阶段用特定的称呼，表明张惠琴在不同时期的身份。

3. 燕子

不仅是张惠琴，后面情节中出现的燕子也有不同的称呼，“刚开始是佳话，大家都称赞小丫头聪明，能写这么多字”。在燕子小时候，大家都称她为“小丫头”，小丫头机灵又可爱，爷爷奶奶很喜欢她。长大之后，她就被称为“燕子”，“燕子来奎屯上学之前已经相当成熟了”，“已经长成姑娘的燕子不止一次地从马掠过草地的姿势中萌发出少女的无限向往”[⑥]。燕子已经不再是个小姑娘了，她渐渐长大成人，有了自己的思维。

还有燕子的“爷爷”“奶奶”，在后文中回忆时又被称为“男人”“女人”。根据情节的发展、人物身份的转变，红柯给予了这些人物不同的名字。当文中出现这些称呼时，我们也能清楚地分清每个人物。这种对于名

① 红柯．乌尔禾［M］．上海：上海文艺出版社，2013.
② 红柯．乌尔禾［M］．上海：上海文艺出版社，2013.
③ 红柯．乌尔禾［M］．上海：上海文艺出版社，2013.
④ 红柯．乌尔禾［M］．上海：上海文艺出版社，2013.
⑤ 红柯．乌尔禾［M］．上海：上海文艺出版社，2013.
⑥ 红柯．乌尔禾［M］．上海：上海文艺出版社，2013.

字多变的安排，使得红柯的小说更富有亲切感。而正是因为这种亲切感，使得红柯的小说更好地呈现出直接的社会关系，形成红柯独特的个人风格。

（二）多重叙事视角

“叙事视角是一部作品，或一个文本看世界的特殊眼光和角度。”① 当一位作家想要塑造一个故事世界时，不可能将客观世界原封不动地搬到纸面上，而是要通过某个视角，将自己在客观世界的所见所闻转化为叙事世界中的语句来书写。叙事视角不同，即便是同一个故事，也会有不同的呈现效果。《乌尔禾》的多重叙事视角分别为儿童视角、内视角与外视角、固定视角与流动视角。

1. 儿童视角叙事

“儿童视角指的是小说借助儿童的眼光或口吻来讲述故事，故事的呈现过程具有鲜明的儿童思维的特征”②，以儿童的视角去看、去描述一个成人的生活空间，从而呈现出别具特色的童趣世界。儿童时期是每个人人生中必然经历的一段过程，是最纯洁、最无瑕的。儿童逻辑性不强，看到什么就认为是什么，所体现出的思维是简单的、单纯的。红柯用一种充满灵性的目光看待身边万物，去描写，去抒情，给读者一种独特的审美体验。

红柯用儿童的视角看自然，自然界的万事万物都充满着童趣与灵性。“草原上的月亮那么大，跟高车的大木轮子一样轧过来，爬上山顶，静悄悄地照着窗户。”③ 红柯善于运用拟人和比喻的修辞，将风、月亮都赋予人的性格，他将自然界的一切联系起来，形成一个整体。用儿童的目光、儿童的思维去看、去想，不仅使文章的文辞句子充满生机，更让读者仿佛置身于小说中的世界，用童心接受世界，回归童年。在红柯的笔下，风是会吼叫的，是会发怒的；月亮是安安静静的，像车轮一样大；鸟儿们是唱着歌的；石像是面带笑容的……红柯将人和自然放在同一平面，自然与人相融合，生命回归本源。这种儿童视野中所呈现的一切，富有生命的动感，是温暖而明亮的。

红柯用儿童的视角看人。在幼时的王卫疆的眼中，海力布叔叔是一个神一般的存在。当年幼的王卫疆坐在海力布叔叔的肩头到达他家后，海力布叔叔把床靠近窗口的地方留给了王卫疆，还在上面铺了羊羔皮子。海力

① 杨义．中国叙事学（图文版）［M］．北京：人民出版社，2009.

② 吴晓东，倪文尖，罗岗．现代小说研究的诗学视域［J］．中国现代文学研究丛刊，1999（1）：67－80.

③ 红柯．乌尔禾［M］．上海：上海文艺出版社，2013.

布叔叔还教王卫疆学会了骑马。在红柯的笔下，王卫疆跟着海力布叔叔生活的日子里总是充满快乐与刺激的挑战：海力布叔叔带着王卫疆去草原上看草原少女的石像，给王卫疆讲述石像的故事；将一匹红色的小马送给王卫疆，并让他独自骑回家；给王卫疆传授杀羊的技巧……海力布叔叔将许多欢乐带给王卫疆，陪伴了王卫疆的整个童年，使这个兵团少年茁壮健康地长大。在王卫疆心中，海力布叔叔是不可或缺的存在。

红柯在小说中运用儿童视角叙事，小说文字充满童趣。而我们也可以通过儿童视角看到红柯的内心深处。红柯用儿童的目光书写世界，是想要追求人性中的美好。世间有善有恶、人心难测，但是在儿童眼中，这些恶都被过滤掉了。红柯肯定小说人物身上所有的美好品质，美好的人性离不开童心，儿童的世界才是我们应该追求的纯洁、简单、美好的世界。

2. 内视角与外视角

“在第三人称叙事中，外视角指的是故事外的叙述者用旁观眼光来观察，内视角指的是叙述者采用故事内人物的眼光来观察。”① 外视角比较客观冷静，而内视角比较主观，带有感情色彩。红柯小说《乌尔禾》中，内外视角相互交叉出现，使小说层次更丰富。

小说开头部分便采用外视角进行叙事，红柯以叙述者的身份站在故事之外，向我们介绍了乌尔禾的地况和海力布名字的由来，客观具体，不带有感情色彩。“像海力布叔叔这样的光棍兵团有好几千……有自身的原因，也有环境的因素。”在讲述新疆军垦战士的婚姻状况时，红柯也是以叙述者的角度，将当时的真实情况书写出来。“讲这个故事的时候王卫疆也没想明白，王卫疆 23 岁了”②，红柯在描写王卫疆回想往事的时候也身处故事之外，用叙述者的口吻客观平淡地讲述。

而内视角在小说中有较多的体现。“天从高处亮，地面黑乎乎，羊眼睛亮亮的，带着绒毛，好像在隧道的尽头那么遥远，猛一下就亮了。”③ 王卫疆和羊群待在沙漠里冻得瑟瑟发抖时，他和羊群挤在一起，身上就有了热气。红柯以王卫疆的角度看羊，羊仿佛吃到的不是草，而是沙漠中的星星，羊的眼睛透露出毛茸茸的光芒，照亮了周围的黑暗。

红柯用内视角与小说中的人物融合在一起，用他们的目光叙事，对内心活动进行细致刻画，使小说人物性格形象更加鲜明，也让人更有种亲近感；而使用外视角叙事使得红柯的叙述更客观、简单，也能使读者看到真实自然的西部风情。

① 申丹．叙事学理论探赜［M］．台北：秀威出版，2014：131.
② 红柯．乌尔禾［M］．上海：上海文艺出版社，2013.
③ 红柯．乌尔禾［M］．上海：上海文艺出版社，2013.

3. 固定视角与流动视角

所谓固定视角是“观察点固定在某一或某些位置上不能任意移动”①。而流动视角与之相反，是指叙述者引导读者们与书中的人物采用同一视角进入叙事世界，当叙述视角的主体发生变化，叙述者与读者的视角也随之变化。在《乌尔禾》中，有固定视角的叙述，也有流动视角的体现。

在小说后半部分，红柯讲述了燕子爷爷奶奶相遇相爱的过程，用了很长的篇幅进行叙述。女人跟随着驼队路过沙漠腹地的村庄，看见了在破烂小院里的粗壮的汉子。汉子大口咀嚼着如鸡蛋般大的羊肉和洋芋，对驼队里脸红心跳的俊俏女人毫不在意。女人对汉子一见钟情，后来驼队发生战争，女人失去了情人后，在骆驼和驼队的男人目光中越过一个又一个沙丘，追寻自己的幸福。红柯在讲述这个故事时，将视角一直固定在燕子奶奶身上，通过这个角度书写这段令人感叹的爱情。

“她的目光就看到了窗外，她就看见一群天鹅啊啊叫着飞到天那边去了……目光就更遥远了……慢慢地变成了白点子……燕子放下杯子。”② 红柯在写到燕子坐在单位的小房子里，拉开窗帘往远处看，便看见了一群天鹅飞过；再往远处看，看见了天山脚下成群的畜群；茶水早已被燕子喝干，茶叶都被燕子吸到了嘴里，燕子终于放下了杯子。红柯先将叙事角度放在燕子的目光中，看到了近处的天鹅；接着让视角流动起来，看见了遥远天山和洁白的畜群；又突然拉近视角，以旁观者的角度写燕子喝茶的动态。

红柯对固定视角和流动视角的运用使小说内容的层次更加丰富，叙事视角的固定和流动使情节有张有弛，使得小说的叙事层次更加丰富，让读者有耳目一新的感觉，增添了小说的意蕴。

红柯小说《乌尔禾》多重视角相互融合，儿童视角使文字生动活泼，富有童趣；内外视角不停变换，丰富人物形象；视角的固定与流动更增添了小说的内涵，使人回味无穷。

（三）非线性叙事结构

“作为讲述的形式，叙事是存在于时间之中的：叙事需要时间来讲述，叙事讲述的是时间中的时间序列。”③ 一般来说，“线性叙事”被认为是按照时间向度来安排情节发展的，由“开端—发展—高潮—结尾”按顺序组

① 赵炎秋．叙事情境中的人称、视角、表述及三者关系［J］．文学评论，2002（6）：128.

② 红柯．乌尔禾［M］．上海：上海文艺出版社，2013.

③ ［美］詹姆斯·费伦，彼得·J. 拉宾诺维茨．当代叙事理论指南［M］．申丹，马海良，宁一中，等译．北京：北京大学出版社，2007：205.

成；而“非线性叙事”，就是打破“线性叙事”这条时间线进行叙事。红柯是空间叙事的高手，他善于突破按照时间叙事的传统叙事模式，将空间作为小说进行的基础，形成一种非时序的写作风格。红柯认为：“小说家的胸中一定要有这种辽阔的大地意识，消失一些河流，又让另一些河流涌出地面，空间感对小说是极其重要的。”① 本文将从叙事时间、空间以及叙事话语的重复论述《乌尔禾》的非线性叙事结构。

1. 叙事时间的倒错

叙事时间也叫“文本时间”，是故事的内容在小说中呈现出的时间状态。“时间倒错可以在过去或未来与‘现在’的时刻，即故事的时刻隔开一段距离，我们把这段时间间隔称为时间倒错的跨度。”② 红柯注重小说中人物的情绪变化，小说情节也随着主人公的情绪起伏而展开，整体表现出感性大于理性的思维。因此，红柯的小说出现一种时间倒错的现象，事情不会按照一条线发展下去，而是在某一节点穿插着其他事情的叙述。在《乌尔禾》中，当王卫疆的母亲从别人进错地窝子的慌乱中平静下来时，她看见了小圆镜子，想起了丈夫对她说的镜子的由来。红柯在描写完女人从慌乱归于平静后，没有按照时间的发展顺序马上说接下来发生了什么，而是接着女人的所见所想，讲述了镜子的来源。还有后面燕子叠纸羊的情节，燕子在上班时用办公室的废报纸叠船，被主任发现训了一顿，不过主任是个慈祥的老太太，感觉把燕子说重了，便从柜子中取出旧账本和燕子一起叠纸。两人后来叠了一大堆纸羊，并小心翼翼地将它们收好。下文并没有写接下来两人发生的故事，而是跳转到燕子叠纸之前，向水渠里扔石头，又去找了王卫疆的事。红柯以扭转了时空、脱离了时间的发展模式，使得小说在许多地方出现时间的错位，让小说内容更加丰富。

红柯摆脱按照时间发展顺序的线性叙事模式，采用时间倒错的手法，淡化情节，注重情绪的抒发和表达，不追求小说情节发展的脉络，也不追求故事的跌宕起伏，而是把着眼点放在生活中某个横截面或者情绪的转折点上构建小说的空间结构，使小说更贴近生活，让人有种亲近感。

2. 叙事空间的挪移

时间和空间是一切物体存在的方式，尽管概念不同，但是时间与空间是互相依存、密不可分的。故讨论了小说叙事时间之后，对空间的把握也至关重要。红柯是空间叙事的高手，在他的小说中，他通过感觉表现出一种广阔的、宏大的、开放的空间。

---

① 红柯．敬畏苍天［M］．上海：上海人民出版社，2002：291.

② ［法］热拉尔·热奈特．叙事话语　新叙事话语［M］．王文融，译．北京：中国社会科学出版社，1990：24.

在小说中，“即使在同一个地域空间内，不同的地点空间也会对故事情节和人物命运产生不同的影响，使作品呈现出不同色调”①。红柯通过对叙事空间的挪移，书写出人物在不同空间下命运的转变。描写燕子的身世时，红柯通过小皮箱展开叙述，燕子的亲生母亲将燕子放在皮箱里，便失魂落魄地追赶最后一班车。收土豆的夫妇捡到燕子并收留了她，后来燕子在一家又一家之间辗转，来到了沙漠深处。住在沙漠里的爷爷奶奶收养了她，将她抚养成人，燕子在这里度过了快乐的童年时光。后来燕子到托里县城上中学，接着又去了奎屯，遇见了王卫疆，与之相爱。再后来王卫疆在五公里路口开了一间修理铺，燕子也因这个契机与朱瑞相识，并离开了王卫疆，和朱瑞在乌鲁木齐买了房子定居下来准备结婚。装修新房时，燕子遇见了她这辈子一直都在寻找的、和健壮的公羊一样美丽的男子，她便离开了朱瑞，和那位送货的小伙子结了婚，过上幸福的生活。

可以看出，燕子的生活与爱情随着空间的挪移发生了变化，从小提箱到沙漠腹地，燕子有了一个完整的家；因为到了奎屯，她才遇见了王卫疆；因为去了修理铺，她才遇见了朱瑞，又因为去了乌鲁木齐而遇见了最后的丈夫。红柯用空间的变化推动燕子的生活和感情经历的变化，使小说富有独特的叙事空间，变得更加完整、生动、真实。

3. 叙事话语的重复

在《乌尔禾》叙事时间的颠倒与叙事空间的挪移中，还存在叙事话语的重复，希利斯·米勒在《小说与重复》中指出，小说中的重复现象大体归为三类：细小之处的重复（语词）、一部作品中的事件与场景的重复、一部作品与其他作品在事件上的重复。

在《乌尔禾》中，语词的重复比较多见。“爷爷走过来时燕子快没气了。爷爷不知道他头顶上的镜子，爷爷胳窝里夹着一颗大西瓜，爷爷连瓜蔓都带过来了，好像抓了一个盗马贼，五花大绑上了沙包，爷爷给西瓜松绑”②，在这短短的几句话中，出现了很多次的“爷爷”，作为主语的“爷爷”，每出现一次，他的形象也跟着丰满了一次。作为主语的人的名称不停地出现，将每一句话分割成很小的片段，这种方式使得小说中原本平面的人物变得更加鲜活、更加立体。红柯通过这样的叙事方式，让小说中的“人”更加突出其主体性，体现出红柯对于生命个体的尊重以及对生命尊严的呼唤。

红柯的笔下也有语句的重复，在王卫疆第一次看海力布叔叔杀羊时，

---

① 杨义．中国叙事学（图文版）［M］．北京：人民出版社，2009.

② 红柯．乌尔禾［M］．上海：上海文艺出版社，2013.

"断了气的羊好像没有死；羊眼睛睁着，好像有一种幸福的神态"；在爷爷要杀了捡来的放生羊时，燕子对爷爷说羊死了，爷爷说"羊死不了，我们把它吃了，它就死不了，它命长着呢"；朱瑞终于成了他梦想中的好把式时说"羊就不怕死了，羊是活的，杀了它，它还是活的"①。在小说中，经常出现"羊是不会死的"这种话语。无论是燕子的爷爷还是朱瑞，在他们眼里，杀的羊都是不会死的。这里不仅体现出荒漠人家认为羊具有神性，羊被人吃了就是永生的，也体现出红柯对于自然的崇敬，这是一种超越生死的召唤。

其次是事件或场景的重复。在《乌尔禾》中，草原石人像出现过不止一次，"到哈萨克人放牧的地方，竟然有草原石人像"，"石人像在草原缓坡的上面……青色的女人石像猛然出现在大地的高处"。② 海力布叔叔将张老师放在草原上时石人像也出现了。这些带有神话色彩的石人像在文中反反复复地出现，表达着红柯对于草原、对于西北这片神秘土地充满的灵性的尊重与崇敬。石人像有男有女，代表着一个个凄美的爱情故事，红柯也借由石人像诉说自己对于伟大爱情的赞美。不只是草原传说石人像，还有维吾尔族民歌《黑眼睛》："我的黑黑的羊眼睛，我的生命属于你，让一切厌世的人们，做你忠实的情人!"③ 在男人们护送张老师回家时，在张老师给女儿赵晓梅诉说这段经历时，在王卫疆和赵晓梅约会时，身后的石头羊又唱起《黑眼睛》；在朱瑞想到燕子与他人结婚、给燕子送羊当新婚礼物伤心难过时，脑海里又想起《黑眼睛》。代表爱情的《黑眼睛》穿插在《乌尔禾》之中，让小说具有了音乐性，同时更能体现出红柯对于爱情以及自然的无限向往。

最后是《乌尔禾》与其他作品在事件上的重复。在红柯的笔下，"羊"这个意象不是第一次出现了。《美丽奴羊》中红柯将着眼点放在"羊"身上，羊是自然之灵的化身，象征着纯洁和神性的美。而《乌尔禾》中，红柯又将"羊"作为主要意象，不止一次安排关于放生羊的情节。海力布叔叔带着年幼的王卫疆将羊放生，并告诉王卫疆"羊和鸟儿一样，放出去，他们就自由了……"④；王卫疆自己提前把羊放生了，这是海力布没有预想到的；燕子见到了王卫疆的放生羊，她的心中不停叫着，无声地叫着。这远远超出了她的期待；每到秋季，王卫疆总是在草原深处将羊放生；放生羊出现在了燕子的作文里；在王卫疆和燕子的对话中，王卫疆告诉燕子自

① 红柯．乌尔禾［M］．上海：上海文艺出版社，2013.
② 红柯．乌尔禾［M］．上海：上海文艺出版社，2013.
③ 红柯．乌尔禾［M］．上海：上海文艺出版社，2013.
④ 红柯．乌尔禾［M］．上海：上海文艺出版社，2013.

己就是放走羊的人，两人的感情进一步升温。小说的后面还出现过很多次放生羊，这里多次出现放生羊的情节所突出的“羊”不仅代表着现实中的羊，也代表着乌尔禾的人民。

红柯两部小说中都提到了“羊”，在他心里，“羊”是温柔的、善良的，但当它们走出羊圈、走进广大的戈壁时，它们又是坚韧的。红柯书写羊，既表达了对羊的赞叹，同时也体现了对西部人民的歌颂。西北部的荒凉磨炼了羊的意志，同时也磨炼了人的意志，正是这种艰苦的环境造就了西部人民的坚毅。

人物命名多变、多重视角的运用和打破时间的非线性叙事共同构成了小说《乌尔禾》的叙事策略，红柯在刻画人物时用名字体现人物的血缘、社会关系；视角的切换不仅使小说叙述方式新颖，更丰富了小说的层次；而非线性叙事的结构表现出红柯超强的空间叙事能力，带给读者不一样的阅读体验。

二、《乌尔禾》的叙事特征

红柯关于新疆的创作，最明显的特点就是诗意的风格。在红柯的笔下，万事万物充满了诗意，充满了灵性。红柯用极其诗意化的叙事手法描绘乌尔禾这个美丽的地方，讲述美丽的故事，体现了他对生命的敬畏以及对诗意世界的向往。本文将从叙事风格以及叙事意象出发论证《乌尔禾》的叙事特征。

（一）浪漫诗意的叙事风格

1. 通俗灵动的语言

红柯说过，文学是语言的艺术。一个作家对于语言的运用方式以及风格会成为这个作家的标签。红柯小说的语言通俗易懂，同时充满着灵性，在他的笔下，日常生活的方方面面都色彩斑斓，生动具体，引人入胜。

在《乌尔禾》中，红柯经常使用新疆本土方言，例如“儿子娃娃”“丫头子”“巴郎子”等词汇，使得小说朴实通俗的同时，更增添了新疆独特的风情。对于人物的名字，红柯也是将寓意包含其中，如主人公王卫疆，其名意为保卫边疆、建设边疆；再如海力布叔叔，不论是原名刘大壮，还是后人对他的称呼“海力布”，都有强壮有力、英勇无畏的意思。红柯没有为人物起多么复杂的名字，恰是这些简单的名字，更能体现出红柯对于新疆、对于广阔西部的赞扬与美好的愿望。

《乌尔禾》的语言既通俗，也富有灵动的气息。王德领曾评价《乌尔禾》的语言“诗意盎然，非常美，美得恬静、自然”①。红柯十分善于运用比喻、比拟的修辞手法，使得文章在富有诗意美的同时，也能让读者感受到更深一层的意蕴。“出来的是一条白色的小蛇，跟银链一样在草丛里一闪一闪。”② 红柯将白色小蛇比喻成银链，形象地将小蛇的模样描写出来，充满诗意的想象。“云朵把天空擦得干干净净，草地就更干净了。”③ 红柯将人的动作赋予云朵，天空被云朵擦得干净，草地与天空相呼应，也显得广阔，这种拟人的手法让读者有了耳目一新的感觉，不自觉陷入红柯优美的文字当中。

红柯的小说是美的，他的文字带我们领略了生活中的喜怒哀乐、酸甜苦辣，通俗的语言让我们身临其境，感受红柯所想要表达出的对于生活的热情；充满诗意的语言更激发了读者无限的想象力，让读者在想象与现实之间驰骋飞翔。

2. 虚实相生的意境

“所谓虚写是指使用间接手法，通过描绘环境，渲染气氛，或刻画其他人物的言行，以便更加鲜明地描摹中心人物的精神风貌及性格特点；而实写则是直接通过人物自身的外貌、言语、行为等来揭示其心理特征。”④ “实”指的是真实的场景或者故事情节，“虚”指的是由真实的场景或者故事情节所引发出来的审美想象的空间，二者相互作用、相互影响，以求得实中有虚、虚中有实的境界。红柯在小说中采用虚实结合的手法，使文章更加具有诗意，开拓读者的审美想象空间，增强阅读的趣味。

在小说中，张老师和老赵吵架后，海力布把张老师放在草原上让她拔草发泄。草原当中突然出现了青灰色女人石像，石像朝着张老师慢慢走去，直到走到了张老师的身边，张老师都没有发现，还在拔草，嘴里还诅咒着自己的丈夫。可在草原的传说当中，每个石像都有一段爱情故事，这些女人石像对自己的丈夫充满着崇拜之情，当然听不得这些对男人恶毒的诅咒，便和张老师动手扭打在一起。在石像看来，张老师缺少柔情，于是大地的波涛就涌过来了，涌到张老师的身上，男人们跪了下来，随着大地的波涛起伏。石像举起手抚摸张老师，这个女人便柔软起来了。红柯将这一幕写得极具诗意，草原人视草为命根子，男人们在被风吹动的草原中下跪，女人则在草原中消散了怒气，变得柔和。石像是没有生命的，没有思想，也不会活动，可在红柯的笔下，它们也具有了生命。张老师拔草碰上

① 王德领．日常生活的诗意表达：关于红柯近期小说的对话［J］．小说界，2008（4）：43.

② 红柯．乌尔禾［M］．上海：上海文艺出版社，2013.

③ 红柯．乌尔禾［M］．上海：上海文艺出版社，2013.

④ 魏德山．记叙文写作中的虚与实［J］．文学教育（上），2009（5）：49.

了石像，红柯却说是石像向张老师走近，并抚摸了她，这些都是红柯充满诗意的想象。红柯描写了真实的草原，也描写了具有神话色彩的石像，将不会动的、没有生命的石像赋予了人的情感。现实与传说相结合，虚实相生，呈现出草原的广阔，同时也向我们表达出红柯心中对大自然的敬意、对神性世界的向往。

小说中的虚实相生所营造出来的意境，丰富了小说的审美想象空间，使红柯达情更加深刻；虚与实的结合，让小说的结构更加紧凑，层次分明。红柯通过实景抒发心中所想，使小说诗化，富有意蕴，从而达到"言有尽而意无穷"的表达效果。

3. 展现浪漫的色彩

红柯是一个具有浪漫个性的人，心中有一份去外面看看的冲动，正好政府号召去西部，毕业之后他便带着那一份对美好世界的向往，怀抱着诗人的梦想来到了新疆。红柯小说《乌尔禾》中所体现的浪漫色彩，不仅体现出浪漫主义中的自由与情感的直接表达，同时也植根于新疆这片广阔的土地。这种浪漫色彩源于他内心深处对于自然的崇拜、对于神性的憧憬，还源于多姿多彩的西部世界带给他的不一样的生活体验。曹文轩说："异域情调十分容易使人产生神秘感，我们称之为具有浪漫主义色彩的作品，几乎大多数都是写边地生活的。"① 西北的异域文化、异域风情让红柯流连忘返，回到陕西之后仍着力于西部文学创作。

红柯善于营造一种梦幻和想象的氛围，他笔下的人、物生活在其中，呈现出一种超越现实的安逸与和谐。这些带有想象色彩的人或物脱离了现实生活的枷锁，带有神性的光辉，红柯用独特的诗意语言描写，使读者并非单纯地用理性目光、理性思维去看、去分析，而是用心去体验他在小说中所创造的精神家园，用心感受每一个人、每一样物。《乌尔禾》是浪漫的，海力布叔叔能听得懂鸟儿的对话，提醒牧民有灾难发生；他宰羊时，羊心甘情愿地走过来让他宰杀，还流露着一种幸福的神态；他醉酒后倒在石头边睡觉，一条蛇盘踞在他的身上为他带去凉爽。这种人物本应只会在神话故事中出现，但红柯将他作为一个活生生的人放在自己的小说中，不仅使得这个人物形象很丰满，还使得小说的情节充满诗意，新颖而生动，令人过目不忘。

还有燕子的爱情，她与王卫疆相爱是因为小时候接到了王卫疆的两只放生羊，与朱瑞相爱是因为朱瑞杀羊的技术令她折服，而最后选择与送家具的小伙子结婚，是因为小伙子与燕子少女时代时所幻想的放羊的马背少

① 曹文轩．中国八十年代文学现象研究［M］．北京：人民文学出版社，2010：212.

年相符合。燕子在结婚前离开了王卫疆，选择朱瑞，又在与朱瑞结婚之前选择了送家具的工人，在小说中，燕子是一个浪漫的人，她追求自由，随心而行。她选择伴侣的标准都和“羊”有关，幼时的放生羊已在她心中塑造出不可磨灭的幻想，这在现代社会中是让人无法想象的事，没有人会真的因为“羊”而选择自己的伴侣，但这段与现实世界所不相符的爱情理论，也恰恰是这段爱情的浪漫所在。

红柯小说《乌尔禾》中所呈现的灵动语言、诗意风格和浪漫色彩，不仅体现出浪漫主义中的自由与情感的直接表达，同时也植根于新疆这片广阔的土地。这种浪漫色彩源于他内心深处对于自然的崇拜、对于神性的憧憬，还源于多姿多彩的西部世界带给他的不一样的生活体验。

（二）寓意独特的叙事意象

“中国叙事学是一种高文化浓度的文学，这种文化浓度不仅存在于它的结构、时间意识和视角形态之中，而且更具体而真切地容纳在它的意象之中。”① 研究叙事文学必须把意象作为一个着眼点进行分析，才能全方位理解作者心中所想、笔下所写。《乌尔禾》中的叙事意象主要分为以下两类：

1. 动物意象

在《乌尔禾》中，羊出现了很多次。羊是温顺的，在放羊人心烦意乱或感到害怕时，头羊会找到他并卧在他的身旁温暖他的身体；在王卫疆到海力布家后，两只小羊羔像能看懂王卫疆的心思一样，拥着他到山顶去陪伴着他。所谓“一方水土养一方人”，新疆的自然环境造就了这里人们朴实敦厚的性格，乌尔禾的人民也像羊一样善良。大家为了不伤害海力布被战争伤害过的心，一直默默守护着海力布心中对于白衣护士的美好回忆；海力布为了能让邻居王栓堂和张惠琴好好生活，主动找到连长将他们俩的名字划掉，写上自己的名字，前往牧业连；刘师傅在王卫疆和燕子安家之后带着一家子看望王卫疆，还带来几把椅子和桌了，帮助王卫疆减少装修压力；在燕子离开王卫疆和朱瑞之后，这两个男人不但没有找燕子麻烦，反而为她着想，将房子归到了她的名下。乌尔禾这个地方养育着善良的人民，他们拥有高贵的灵魂和自然纯真的本心，神性的光辉在他们的身上不断放出光芒。

羊也是坚韧的。在酷暑难耐的高温天气下，羊要独自穿过戈壁滩和沙漠，路上还会遇见饥饿的狼群。狼都快被太阳融化了，而羊还要继续向前

① 杨义．中国叙事学（图文版）［M］．北京：人民出版社，2009.

走，穿过沙漠到达绿洲。西北艰苦的自然环境使羊变得坚毅，同样也磨炼了人的意志。在兵团开拓的初期，人们只能住在闷热的地窝子里，住宿条件十分艰苦。海力布叔叔身上正体现出西北汉子独特的精神与气质：受伤时拿白酒就往身上抹；干活时一声不吭，连老鹰落在他身上都感觉不到；力气大得像头牛，独自前往条件最艰苦的牧场放羊也能活得自在。还有为兵团建设作出贡献的刘师傅、连长等，他们为祖国边疆作出了巨大贡献，面对困难毫不畏惧，他们的身上有着西部人民的血性与刚烈。

在《乌尔禾》中，不只有羊的意象，还有兔子的意象。在蒙古语中，“乌尔禾”意为“套子”。在乌尔禾这片绿洲上，有很多的野兔，都不用铁夹子、陷阱，只需要简简单单的套子，就能抓住野兔，这也是“乌尔禾”地名的由来。在海力布叔叔进错地窝子后，红柯对于落在窗台的月光有一段细致的描写：“月亮也就是一只小白兔，兔子是月亮的核……月亮就被剪碎了，月亮里的兔子就蹦出来了。”① 月光摇摇晃晃，落在窗台上像一只小兔子，这兔子也呈现了地窝子中女人的内心。因为惊慌失措，心就如跳动的兔子一样蹦来蹦去，停不下来。

在张惠琴怀孕后，一只兔妈妈出现在她的地窝子旁，她们属于同类，都是母亲，都需要阳光。“兔妈妈笑了，兔妈妈浑身打战……兔妈妈幸福得发抖，奶水足得不得了，超过以往任何时候。”② 张惠琴做了母亲，在她眼里，生过小兔子的母兔身上带有母性的光辉，连太阳都比不上这种光辉，张惠琴眼中充满着向往和羡慕。这段文字看似在描写母兔的形态，其实映射了怀孕的张惠琴的形象，母性使张惠琴看待万事万物都充满着神性，她和母兔一样，享受着阳光的沐浴，感受着肚子里小生命的跳动。张惠琴每天都和母兔一起晒太阳，还让丈夫王栓堂一起照顾母兔，兔子的机巧善良在张惠琴身上体现出来。母兔意象所映射的不只张惠琴，还有广大在乌尔禾怀孕的母亲。

2. 民俗意象

红柯将新疆作为故事背景进行创作，在写作的过程中，他接触并了解到许多新疆本地民族的文化。在《乌尔禾》中，红柯写到了有关哈萨克族起源的神秘传说。卡勒恰哈德尔战争失利，身负重伤流落在荒凉的戈壁滩上，奄奄一息。这时天空飞来一只美丽的白天鹅停在他的身边，它给卡勒恰哈德尔几滴口涎，并将他带到湖边。卡勒恰哈德尔喝了几口水，感觉身上的病痛全部消失了，突然白天鹅摇身一变，成了一位美丽的少女，和卡

---

① 红柯．乌尔禾［M］．上海：上海文艺出版社，2013.

② 红柯．乌尔禾［M］．上海：上海文艺出版社，2013.

勒恰哈德尔结为夫妻，并生下了一个男孩取名为“哈萨克”。红柯在小说中穿插少数民族的传说故事，不仅丰富了小说的文化内涵，还体现了红柯对于西部文化的赞美。

作为《乌尔禾》的长篇主题歌，《黑眼睛》也被红柯安排在小说的情节之中，这首歌有一种神秘的力量，赵晓梅第一次听到时就被深深地震撼。她把当时最流行的邓丽君的歌带送人，不再唱歌，变成了一个安静沉稳的姑娘。有人说她恋爱了，只有她自己知道这首《黑眼睛》给她带来多大的影响，她在青春花季听过许多歌，有一首《黑眼睛》足矣。红柯在小说中多次写到这首歌，既增添了小说的音乐性，使小说读起来更加灵动，又体现出红柯对于西域独特文化的崇尚和对诗性精神的抒发。

红柯所写到的歌谣不只《黑眼睛》，还有蒙古族歌谣《波茹来》。这是燕子奶奶在沙漠流传的众多歌谣中最喜欢的一首，讲述的是一位姐姐含辛茹苦地养育着自己的妹妹，盼望着她长大的故事。奶奶觉得燕子就是歌谣中的波茹来，甚至比波茹来还要悲惨，当爷爷拉着牛车将燕子带到村里时，奶奶喊着喊着就情不自禁地唱出《波茹来》。而蜷缩在皮袍子底下不愿出来的燕子头一次听就知道这首歌唱的是自己，便从皮袍子里钻出来了。《波茹来》的内容真切自然，感人肺腑。红柯将这些歌谣放在小说中，使读者在阅读小说的过程中更直观地感受西部世界的独特神秘色彩，丰富小说的意境，营造出一种异域风情。

在西域这片神秘的土地上，存在的意象与内地的大不相同。红柯关注到西部世界中最具特色的事物，将他们浓缩进一部部小说之中，这些意象体现了红柯对于新疆文化的尊重与赞叹，同时也升华了小说主题，增添了小说魅力。

通俗灵动的语言、虚实相生的意境和浪漫色彩的展现共同构成了红柯诗意化的叙事风格，红柯用诗性的文字描绘新疆的万事万物。而动物意象和民俗意象更是增添了小说独特的地域风情，为读者打开西部世界的大门。

三、《乌尔禾》的叙事价值

文学来源于现实，又高于现实。它作为一种审美意识形态，有现实中的意义，同时也有自己的艺术追求，是创作者主观精神与现实客观世界的统一。红柯在新疆接受西部文化的洗礼，他认为，西部的一切都是具有灵性的。红柯成为现实与想象之间的使者，用笔书写着心中对于自然、对于生灵的敬畏。本文将从内容、形式及文化三方面分析《乌尔禾》的叙事价值。

（一）叙事内容价值

1. 呈现独特生存体验

红柯笔下的新疆很美，广阔的天地、辽阔的草原、壮美的山河，都令人心旷神怡；但更美的是红柯笔下的西部儿女，在这山水间生活的人们，没有经历现代社会快节奏的侵蚀，表现出的是至纯至美的人性。红柯不再像早年写短篇小说《跃马天山》《黄金草原》时那样钟情于英雄人物，满篇都在抒发自己的豪情壮志，而是将目光聚焦在普通的小人物上，记录他们朴实无华的生活，描写普通人家的喜怒哀乐。《乌尔禾》中的王卫疆、燕子、朱瑞都是普普通通的人，他们不像马仲英那样能够绝处逢生，器宇不凡，他们身上也有小人物的局限性。红柯在描写这些人物时，不再用理想主义逃避现实，而是真真切切地将他们所经历的事写出来，让读者见证他们的成长。这些小人物、小事件都取自现实，而正是这些小溪流，最终汇聚在一起，成了一条巨大的洪流，奔腾不息。

红柯致力于表现文学之美，他用文字表现西部世界雄壮、广阔的自然天地和纯真、朴实的人文风情。红柯对于西部的描写来源于他的现实体验，西北的人民具有血性、热情好客，正如《乌尔禾》中的海力布和刘师傅，他们的身上带有西部人民豪爽的天性。《乌尔禾》以新疆边地作为故事背景，加之西部独特的神话传说赋予了小说神秘气息，小说中充满着人与人之间、人与自然之间的包容与仁爱，一切和谐共生。

2. 建构理想精神家园

“不管新疆这个名称的原初意义是什么，对我而言，新疆就是生命的彼岸世界，就是新大陆。”① 新疆对于向往浪漫和自由的红柯来说是一个完美的写作天地。随着城市化不断加快，中国社会中出现了很多“快餐”文化，它们迎合着大众的审美，失去了文化育人的本质。红柯看见科技的高速发展带给人们的无穷无尽的便利之外，还发现人们在这种快节奏中渐渐变得麻木，迷失自我，失去了初心，人欲、物欲横流。于是红柯在他的小说中不断地呼吁寻求本心，想要建立一个理想的精神家园。红柯来到遥远的西部，受到这片神秘土地的洗礼，他被西部的人们身上那种热情好客、淳朴自然的人性所感动，在小说中用文字将其表达出来。红柯十分喜欢乌尔禾，在这片被戈壁环绕的绿洲里，人们勤勤恳恳、安居乐业，路上的车和两旁的树都令红柯觉得美不胜收。在《乌尔禾》中，红柯着力描写了当时人们居住的地窝子，因为这是当地独特的居住建筑，地窝子处在辽阔的

---

① 红柯. 西去的骑手［M］. 上海：上海文艺出版社，2013.

天与广阔的地中间，加深了西部人民与自然之间的联系，体现出人与自然和谐共生的美好。王卫疆的母亲怀孕时，经常同一只雌兔一同出去晒太阳，感受作为母亲的喜悦，和野兔和睦共处；燕子的爷爷奶奶在晚年时收养了被遗弃的燕子，对她疼爱有加，竭尽所能照顾着燕子，告诉燕子她是个漂亮的孩子、是个乖孩子，将燕子当作他们的亲孙女抚养成人；朱瑞一直梦想成为杀羊的好把式，在前期杀羊时看见羊痛苦的样子还流过眼泪，他受到王卫疆的启发后不停地锻炼自己，终于做到杀羊时让羊露出幸福的神态，成了好把式。红柯写这些人物，不仅是讲述他们的故事，更是通过他们身上至纯至美的人性，反映西部人民身上存在的美好本性，表现红柯对于理想家园的憧憬与向往。

市场经济快速发展，人与人之间因为利益冲突产生了严重的信任危机。在人际关系逐渐紧张的时代，面对现代都市中的人性危机，红柯极力呼吁寻求淳朴自然的人性之美，在小说中凸显自然与人之间的和谐共生，通过文学作品去唤醒人们心底对于美好生活、自然本心的热爱与尊重，为人们回归精神家园指出一条道路。

（二）叙事形式与文化价值

1. 拓展诗性叙事空间

红柯在诗意想象和浪漫书写的基础上，将自己在新疆十年的生活经历和所见所想通过笔表达出来，现实与想象、传说与生活相互交融，他用动人的笔触描绘新疆巍峨壮阔的天山、葱郁秀丽的峡谷、纯白震撼的冰川、一望无际的草原。他用诗意的语言叙述新疆的故事，因为地处边疆，西部许多美丽的自然景观未遭到现代社会建设的冲击，仍然保留着原始的、未经改造的大美。在浪漫主义者红柯看来，这些都是治愈心灵的良药、灵魂安宁的家园。在红柯这里，新疆的风土人情是一个抒发感情的窗口，他的小说大都取材于新疆，体现出他对于回归自然的渴望。

红柯独特的叙事策略和充满诗意的叙事特征在他的每本小说中都有呈现，这不仅形成了他特有的叙事特色，还丰富了西部文学的创作形式。红柯的空间叙事突破了传统的时间叙事结构，人们渐渐看到了空间叙事独特的魅力之处，丰富了西部小说的创作形式。从整个西部文学的创作内容来看，红柯的小说是一股涓涓清流。在城市的喧嚣与浮华之中，在当时人们对新疆的印象还停留在落后愚昧之时，红柯的文字为我们展示了一个纯净明朗、生动灵性的大美新疆，打破了人们很长一段时间以来对新疆的偏见。红柯通过小说将一个相对陌生的西部世界呈现在读者的面前，刷新了整个文学界对西部文学的看法。

2. 表现地域文化内涵

新疆作为中国多民族、多语言、多宗教地区的代表，受到许多学者的研究。在悠久的历史长河中，新疆沉淀了深厚的少数民族文化，各种丰富绚丽的民族特色文化在这片沃土上生根发芽，共同构成了多姿多彩的新疆。本地作家对于新疆的特色风土人情常有涉及，红柯作为在新疆生活十年之久的作家也毫不例外，他的小说中有许多西部风情的体现。

在红柯的《乌尔禾》中，有很多对于新疆少数民族文化的描写，红柯深知异域文化与传统文化的不同之处，用充满灵性的、神奇的笔法为我们呈现出西部世界的神秘色彩和独特的人文景观。敬畏天地、“逐水草而居”的游牧文化；富有传奇意蕴的民族传说；好听、具有感染力的民族歌谣……红柯在新疆生活的十年时光中认真了解少数民族文化，将其融入他的小说创作当中，为读者们展现了浪漫诗意的新疆大地。

他的小说主人公大都是富有西部浪漫色彩的英雄人物，例如《乌尔禾》中的海力布，能听懂动物的对话，能够预测风暴的来临；《西去的骑手》中的马仲英，十七岁入伍参军，带领军队作战；《金色的阿尔泰》中的营长，带领部下开垦荒原。这些带有英雄色彩的人物体现出新疆人民特有的血性方刚，具有象征意义。红柯还喜欢将新疆的地名作为书名进行写作，如《金色的阿尔泰》《额尔齐斯河波浪》《霍尔果斯》《乌尔禾》等。红柯立足于北疆的阿尔泰、喀纳斯湖、霍尔果斯等地，将它们作为小说的书名，这彰显出新疆作为红柯的第二故乡在他心中的地位。

红柯喜欢新疆的一切，以至于回到故乡仍在创作有关新疆题材的小说。红柯对于西部的执着源于他所看到的现实世界：西部是荒凉的，但在这荒凉中生活着一群坚忍不拔的人。兵团子弟在新疆这片土地上挥洒自己的汗水，用双手建设美丽的西部边疆，红柯来到新疆后喜欢新疆的人民，因为在他们身上，他发现了一种同内地人民不一样的血气方刚。红柯从生活中寻找素材，在伊犁任教期间，他不停地听学生们分享着家乡的故事，不断地到各个地方看当地人民的生活方式。红柯笔下的许多人物都是从现实中而来：《乌尔禾》中不怕辛劳、把一生都奉献给草原的海力布；从小在地窝子中长大、为新疆建设作出贡献的王卫疆；响应祖国号召来到西部的张惠琴……红柯从身边的人和事中提取素材，将他们写进一个个故事。红柯把一个个兵团子弟放入自己的小说之中，赋予他们英勇而无畏的精神。不光是这些具有突出特点的主人公，红柯的作品还通过小人物映射了一个群体。在《乌尔禾》中为来往车辆解决问题的刘师傅代表着广大为新疆建设贡献自己毕生所学的技术工人，车、电视、桌椅板凳等都需要这样技术高超的人们来修理。还有，王卫疆的母亲张惠琴正是军垦女性的映射，那时的人们响应政府的号召，万里迢迢来到新疆，其中有很多的女性吃苦耐劳、勤俭节约，她们虽然不能像男人们一样干很多重体力活，但是她们用灵巧的双手为冲锋在前的男人们创造更多的必需品，是男人们最坚强的后盾。女性也能顶起一片天，红柯对于女性的描写，表达出他对这些为西部建设奉献一生的女性最崇高的敬意。一代代兵团人民挺进沙漠边缘和戈壁荒地，建设美好家园，为新疆的发展、各民族团结奉献着自己的青春，贡献着自己的力量。红柯将这些真实地记录下来，写进小说中，将兵团事迹通过书本带到全国各地。

结　语

红柯以独特的叙事策略进行创作，加之善用诗性的想象力和生动的笔触，向我们展示出一幅又一幅美丽的西部风景画卷。红柯对于人物命名、叙事视角以及叙事结构的安排展现出他独特的叙事特色，他的叙事结构超越了普通的时间顺序，在广阔的空间中叙事，更能体现红柯对于空间的把握与运用。诗意的叙事风格让红柯的小说语言通俗灵动，意境虚实相生，呈现出一种浪漫的色彩。多种意象的使用不仅增添了红柯小说的文学性，民族歌谣的穿插还增添了红柯小说的音乐性，让人们在看故事的同时体验西部独特的异域风情。红柯将个人对西部人文风情的喜爱融入其中，使得文本更加生动，也使读者更能体会他的内心世界，身临其境，用心感受他创造出的理想的精神家园。并且，红柯的空间叙事不仅体现了他的写作特点，还丰富了西部小说的叙事结构，对于地域文化的描写也体现出他对于新疆的热爱。新疆地大物博，红柯在众多西域文化的影响熏陶下创作出的西部小说都富有鲜明的个人特色，对西部人民的赞扬与敬佩也体现在他的文字之中，让人回味无穷。

参考文献

［1］徐岱．小说叙事学［M］．北京：商务印书馆，2010.

［2］红柯．乌尔禾［M］．上海：上海文艺出版社，2013.

［3］杨义．中国叙事学（图文版）［M］．北京：人民出版社，2009.

［4］吴晓东，倪文尖，罗岗．现代小说研究的诗学视域［J］．中国现代文学研究丛刊，1999（1）.

［5］申丹．叙事学理论探赜［M］．台北：秀威出版，2014.

［6］赵炎秋．叙事情境中的人称、视角、表述及三者关系［J］．文学评论，2002（6）.

［7］［美］詹姆斯·费伦，彼得·J. 拉宾诺维茨．当代叙事理论指南［M］．申

丹，马海良，宁一中，等译．北京：北京大学出版社，2007.

［8］红柯．敬畏苍天［M］．上海：上海人民出版社，2002.

［9］［法］热拉尔·热奈特．叙事话语　新叙事话语［M］．王文融，译．北京：中国社会科学出版社，1990.

［10］王德领．日常生活的诗意表达：关于红柯近期小说的对话［J］．小说界，2008（4）．

［11］魏德山．记叙文写作中的虚与实［J］．文学教育（上），2009（5）．

［12］曹文轩．中国八十年代文学现象研究［M］．北京：人民文学出版社，2010.

［13］红柯．西去的骑手［M］．上海：上海文艺出版社，2013.

指导老师：周秀英

天山天池作品中的西王母故事流变及其旅游开发价值研究

郭茜茜
中国语言文学学院汉语言文学 2016－1 班

绪　论

天山天池是新疆重要的 5A 级景区，也是国家级重点风景名胜区，具有世界级可供观赏的自然风光和丰富多彩的景观资源，同时有着悠久的历史文化，其中流传的西王母故事历久弥新，成为天山天池文学创作中独具特色的部分。研究新疆天山天池的西王母文化不仅能将自然景观与人文景观结合起来，也能将天山天池的文化独特性展现出来，从而更好地推动新疆经济文化社会发展。

西王母文化在十几年前热度较高，但学者多从文献学或考古学的角度进行探究，文学研究角度则比较少见。截至 2020 年 5 月，在中国知网上以“西王母”为关键词，笔者搜索到相关论文 1 760 篇，但是以“新疆西王母”为关键词只能查找到 17 篇相关研究。在知网上以“天山天池文化”为主题搜索出的文章共有 35 篇，且多从旅游文化或景区生态角度切入。关于天山天池文化研究的深度还有待挖掘，还未能给予天山天池文化全面的开发。综上可以看出，虽然天山天池文化和西王母文化都被学界关注，且作为传说中西王母居住地之一的天山天池与西王母这两者之间具有很深的联系，但是天山天池中的西王母文化却没有被深入研究。目前，学界对于西王母文化多有研究，最具代表学者如杜文平，他着重于研究西王母故事的文本演变，试图从西王母信仰的演变中了解中国古代的政治社会背景、民间通俗文化和文学艺术的发展，他研究的方向是以西王母故事相关文本为基础，深层探讨文学文本与文化内蕴之间的互动关系。关于新疆西王母文化研究，近年来最具代表性的学者是石河子大学的吴新锋老师，他充分开展民间田野文学调查，主要研究地域性的西王母神话故事并致力于探索西王母故事在当代发展的可能性。

笔者基于文学专业所长，力图更好梳理西王母故事在天山天池的文学意义。自十余年前"人文天池"大型丛书出版后，天山天池的人文资源得到了全方位的挖掘和梳理，这为本文从文学角度研究西王母故事在天山天池的流变提供了一个很好的研究基础。本文试图通过整理天山天池中与西王母故事相关的文学文本，梳理西王母故事中各要素的流变过程，进一步发掘西王母故事各要素的文化内涵，提升天山天池的文化品位，实现生态天池与人文天池的结合，更好地推动天山天池的旅游开发。

本文采取的主要是实证主义与分析主义相结合的研究方法，首先进行文献考证，搜集整理天山天池中的西王母故事文本；进而通过文献阅读，梳理天山天池中的西王母故事文本演变，对比人物、故事类型、意象在文本中的演变；最后通过西王母故事在天山天池的流变，从人物、故事类型、意象入手，推动天山天池的旅游文化建设。

一、西王母故事在天山天池文学中的呈现

西王母故事历史悠久，在新疆天山天池有着深厚的历史基础和群众基础，天山天池的旅游发展在很大程度上也得益于本地区的西王母传说。纵观天山天池的地域性文学作品，直接描写西王母故事或间接引用西王母故事的占据了很大比例，可以说，西王母故事一直存在于天山天池的集体记忆和文学记忆之中。

西王母故事在天山天池中的文学记载具有一定的数量，在体裁上，既有诗歌，也有散文；在创作群体上，既有名家作者、专业学者，也有普通游客；在思想内容上，既有对西王母的讴歌赞美，也有对西王母和周穆王爱情的追忆，还有借西王母故事表现天山天池自然美景和社会时代变迁的。从古至今，一部分作家、读者、诗人、旅客在游览天山天池的同时了解到西王母的故事传说，从而赋诗作文，留下了许多文学作品。很多人通过作品中所描写的天山天池美丽的自然风景，从而到此拜访神话传说中西王母曾经居住过的瑶池，近距离接触神仙的生活，追忆西王母与周穆王的爱情。由此，西王母故事在天山天池中的文学呈现很大程度上依赖于西王母故事在天山天池的不断传承。梳理西王母故事在天山天池中的文学文本，有利于更好地理解西王母故事在天山天池的流变轨迹，从而更大程度地开发西王母故事的文化价值。

（一）中国古代文学中的西王母故事

天山天池的西王母文学创作是以古代的西王母故事为基点发展的，正是由于有了中国古代西王母故事，才形成了后世独特的天山天池西王母文学创作。

天山天池文化起源于神话，正是当地流传的西王母神话孕育了后世的天山天池诗歌文化和散文文化。可以说，西王母故事在天山天池中的文学呈现也主要表现为诗歌和散文。西王母故事最早见于甲骨文的记载，后来见于部分历史典籍，例如《山海经》《穆天子传》《淮南子》《庄子》《汉武故事》等。可以说，西王母故事发源于先秦时期，在两汉时期得到了初步的发展，后经唐宋不断成熟，最终在明清时期走向了完善。在其发展初期，虽然人物、故事情节都很简单，却为后世的创作提供了范式，成为后世西王母文学创作灵感的源泉。杜文平在《西王母故事的文本演变及文化内涵》中提到先秦的西王母故事时说道："若从文学之源与流的角度来看这个问题，正是由于有了这个时期粗糙的、朴拙的故事梗概和广阔的叙事留白，才有了后世道徒文人'各取所需'式的西王母新传说的杜撰。若从艺术色彩来看，先秦文献中保留的西王母故事就已具有了浓厚的浪漫主义和神秘主义色彩，经由两汉时期多种艺术形式的演绎，这个故事的适应性更广了，几乎可与任何一种艺术形式相结合。"① 因此，正是因为有最原始的西王母神话故事，才出现了后世丰富多彩的西王母文化作品。西王母文学创作的源头来自《穆天子传》，它记载了周穆王率领六师、驾八骏西巡至西王母之邦，然后在瑶池同西王母宴饮，其间两人歌谣相对，直至最后分别的故事。可以看出在《穆天子传》的记载中，虽然情节比较简单，但是后世西王母故事的主要人物西王母和周穆王已经出现，并且初具后世西王母故事类型的结构，既包含西王母会君的故事结构，又包含西王母开宴的故事结构，成为后世西王母创作的主要学习典范。在中国古代的西王母文学创作中，有不少影响深远的诗篇，例如李白的《古风其四十三·周穆八荒意》、李商隐的《瑶池》，它们都在西王母文学创作中留下了浓墨重彩的一笔。

中国古代的西王母故事作为西王母文学创作的源头，在后世的文学创作中不断发展传承。

（二）20世纪中国文学中的西王母故事

西王母故事在天山天池的文学创作中代代相传，最终形成了内容丰富、多元一体的西王母文化，20世纪的天山天池创作主要体现在散文和诗歌两方面。

在散文写作方面，刘鹗的《新疆天池》、黎东方的《天池游记》、魏中天的《天山瑶池记游》、乔迈的《新疆天池》、马书田的《仙国第一夫

---

① 杜文平．西王母故事的文本演变及文化内涵［D］．天津：南开大学，2014.

人》、阎顺和杨云良的《神话·民族风情》、碧小家的《圣洁的瑶池》、田卫疆的《〈穆天子传〉，最早的西行记》、陈霞的《打造千年的名片》、毛毛的《天池内部的剖面图》、张小芹的《天池，我心中的少女湖》、刘力坤的《天山天池的魅力（外一篇）》、华莎的《天池浪花是蓝的》、紫霞和金浩的《天池》、新疆妹（笔名）的《天池与西王母的故事》、闻浩的《相约天池》、纪臻的《西王母留下的残香》、赵北明的《瑶池阿母绮窗开》等许多作品都描写了周穆王与西王母相会的故事。可以看出，尽管时间跨度近千年，但是这些当代作品同样都受到了《穆天子传》很大的影响，往往以周穆王与西王母为主要描写对象，描写两个人的相会和离别。

在诗歌写作方面，天山天池中西王母故事也是数量颇丰。在《山水首府：天山天池诗歌 100 首》中，有五分之一左右的诗歌都涉及了西王母故事，甚至还包含一些重要的、具有影响力的篇章，例如杨牧的《天池风景》、罗家伦的《山上天池》、李赋的《天池》等。此外，很多提及西王母故事的诗歌并没有收集在这本书中，例如孙涛的《天池吟》、袁文殊的《天池》、王梦扬的《同年 8 月与同仁再度游天池喜赋七律四首》、欧阳文麟的《游天池》、杜维沫的《瑶池遣兴反李商隐诗意》、张国光的《瑶池遣兴》、丁林的《瑶池》等，诗歌数量也十分可观。由此可见，西王母故事在天山天池的文学创作中一直占据着重要的地位。

现当代天山天池的文学创作大都提及了古代的西王母神话故事，从文学创作的传统可以看出西王母故事在天山天池的流传历史悠久，而天山天池也一直保留有西王母故事的文化记忆。西王母故事虽然在天山天池一直延续着，但其故事意义并非一成不变，随着时代的发展，往往呈现出不同的文本内涵。在中国古代，西王母故事大多都带有具体的政治倾向；发展到现当代文学中，西王母的故事内涵有了一定的转变，具有更明显的人文倾向。

二、天山天池作品中的西王母故事及其流变

西王母故事拥有近千年的历史，涉及的人物和意象数不胜数，故事类型纷繁复杂，但是最终总是有选择性地呈现在天山天池的文学作品中。上文从中国古代与现当代文学出发整理了西王母故事在天山天池的文学文本，下文试图从主要人物、故事类型、主要意象三者为切入点来探究天山天池作品中的西王母故事形态与其具体流变。

（一）主要人物：西王母与周穆王的形象流变

天山天池作品中出现的西王母故事相关人物有很多，例如上古君王、

求道之人以及许多小人物角色，而西王母和周穆王在故事中作为核心人物和主要对象，也是集中描写最多、出现频率最高的，两者在天山天池的文学作品中有着丰富的人文内涵。西王母在天山天池的文学作品中的形象主要有两类：一是祥瑞化的神仙形象，二是和周穆王恋爱的女神形象，西王母最终呈现为这样的形象是经历了一定的发展演变的。

一方面是祥瑞化的神仙形象。在《穆天子传》中，天子觞西王母于瑶池之上。此时的西王母居于西土，身份是天帝之女，虽然生活在荒山野岭，与虎豹为伴，但是她依旧遵守天命坚守在这片土地上。在与周穆王会面的过程中，西王母呈现出的是一个心怀仁爱、懂得礼仪的仙者形象。马冬生的《阜康诗章》在拜谒西王母一节中写道："我的西王母，请赐给我一地灵魂的圣水，让我把一颗蒙尘的心洗礼。"[①] 在诗人的眼中，西王母是圣洁美好的化身，能够给予世俗的人以心灵的涤荡。邱保青在《心栖天山天池》中称赞："西王母雍容华贵慈祥，与炎黄一样，也是中华民族共同的先祖，被尊称为华夏母亲。"[②] 邱保青对西王母报以虔诚的敬畏，在她眼中西王母是圣洁不可侵犯的，是高贵而祥和的。西王母在中华五千年的文明史中有着重要的影响，她最先作为部落的首领出现，威严与慈爱并重，身上散发着人性的光芒。在部落的领导上，她极具威严；在外交上，她又代表着对和平的追求。在后面发展的历程中，她更是融合了东方女神的多种特质，集美和爱于一身，成为"东方第一女神"。

另一方面是恋爱的女神形象。在李商隐的《瑶池》中，西王母已经不再是简单的外交形象，一句"瑶池阿母绮床开"将西王母塑造成一个举首戴目的女性形象，此时她倚窗远望，疑惑着周穆王的失约。西王母与周穆王曾经有一个三年之约，如今，三年的时间已经过去，西王母却只能听到悲哀的黄竹歌声，徒劳地倚窗等待着那个一直没有出现的身影。杨牧的《天池风景》里，西王母身上带着清愁，心中凄怆，仿佛有沉重的心事，不由让人想到她是否在苦苦等待着周穆王。陆承在《美丽的瑶池，美丽的王母》中描写了一位含情脉脉的西王母，她盛装打扮，和周穆王的一次对视便成为永恒的美丽。从这首诗歌中，可以看出诗人眼中的西王母就像一位美丽的姑娘，憧憬着真挚的爱情，并且深深眷恋着自己的爱人。

西王母人物除却上文两种形象，还有一种人格化的描写。当代诗人叶浅予的《天池》中有一句"王母嬉水水没膝"[③]，一个"嬉"字准确地传达出诗人眼中王母的性格特征，此时的西王母是生动活泼、真实有趣的，

① 迟文杰．瑶池讲坛［M］．香港：中国文化出版社，2011：112.

② 迟文杰．瑶池讲坛［M］．香港：中国文化出版社，2011：122.

③ 沈苇．山水首府：天山天池诗歌 100 首［M］．乌鲁木齐：新疆人民出版社，2007：114.

不再是一个高高在上、触不可及的神仙。西王母的形象在这里有了一个比较明显的转变，之前的西王母更多的是一个神仙的形象，而现在则明显地表现出一种人格化的倾向，将情感融入其中，达成“神化”到“人化”的转变过程。李赋的《天池》中写道：“人声鼎沸，把传说、虚幻的云团，打的七零八散，也使西王母的风冠，跌落成愕然的云杉。”① 西王母，不再是一个单独的神仙形象，而开始和天山天池的景物发生连接。天山，雪岭云杉的王国。在天山天池这个国家级自然保护区，由于独特的气候和环境，生长着大量的雪岭云杉。云杉，本来只是存在于天山天池景区的一种普通植物，但是李赋的这首诗却把西王母与雪岭云杉这种植物联系起来，使之成为西王母跌落凡间的凤冠，借西王母形象营造出了一种神秘浪漫的氛围。

可以看出，西王母的形象不是单一不变的，而是开放包容、发展变化的。

王母会君的故事虽然涉及的对象众多，例如汉武帝、燕昭王等，但是出现次数最多、最重要的还是周穆王。在《穆天子传》中，他在与西王母离别之际承诺说自己回到故土将会将国家治理得敦睦祥和，让百姓都能得到幸福，此时的周穆王身上还带着理想君主的形象。但是在后面的文学作品中，周穆王的帝王形象却发生了很大的转变，并至少呈现出两种形象，一是好仙荒政的帝王形象，二是在与西王母感情中的背叛者形象。

一方面是荒政的帝王形象。例如，李白在《古风其四十三·周穆八荒意》中评价驾车游玩、相会王母的周穆王为风流的帝王，他过度淫乐、生活奢侈，已经由一个理想君主变为一个昏君。白居易《八骏图》中的周穆王也是一个昏君形象，他因为自己驾着八骏游历，却不管朝政，所以最终落得一个万民愁的境地，使得百姓怨声载道。欧阳文麟在应新疆维吾尔自治区政协之召游玩天池时写下的《游天池》中说道：“姬满事荒诞，婉妗亦渺朦。”② 可以看出，在他眼里，周穆王是一个行事荒唐的君主，诗人借周穆王这个昏君的形象感慨了世事兴衰的道理，表达了对于当代中国人民生活安定幸福的肯定之意。

另一方面是恋爱的背叛者形象。在李商隐的《瑶池》中，周穆王的形象由昏庸的帝王逐渐转变为背信弃义的失约者。即使八骏日行万里，但是周穆王依旧没有奔赴他与西王母的三年之约。虽然，这首诗是用来批判皇帝求仙的虚妄的，但是从文学角度来讲，更是开启了西王母与周穆王爱情

---

① 沈苇．山水首府：天山天池诗歌100首［M］．乌鲁木齐：新疆人民出版社，2007：122.

② 刘力坤．名人与天池［M］．乌鲁木齐：新疆人民出版社，2007：117.

诗的先河，成为后世文学津津乐道的话题。黎东方在《天池游记》中评价周穆王是无情而昏庸的，他贪恋世俗，从而忘却了与西王母的约定，用西王母的高洁更加反衬出周穆王迷恋红尘、贪恋富贵的世俗形象。罗家伦在《山上天池》中也写道："天山人间难再得，穆王何事不重来。"[①] 天山天池是一个天上人间都难得的美景，周穆王却没有按照约定重新回来，诗人借周穆王失约者的形象发出疑问，强调天山天池的美丽。

（二）故事类型：西王母会君和王母开宴的故事流变

西王母故事类型多样，主要包括王母会君、王母献寿、王母开宴三种类型，呈现在天山天池作品中的文本形态主要为王母会君故事与王母开宴故事，并且在不同时期展现出不同的文化内涵。

王母会君故事作为西王母神话故事的重要组成部分，先秦就已经出现，涉及的对象繁多，情节也不断丰富发展。在西王母神话传说中，西王母会君的对象包括周穆王、燕昭王、黄帝等多位帝王君主，但是最终呈现在天山天池文学作品中却主要表现为西王母与周穆王的相会，具有深厚的审美意味和文化内涵。王母会君在作品中有着不同的呈现方式，一方面体现出政治色彩，另一方面体现出浪漫主义色彩。李白的《古风其四十三·周穆八荒意》中评价"周穆八荒意"为"淫心乐不极"，说的是周穆王曾经西游瑶池并宴请西王母，场面盛大、气氛热烈，然而现在瑶水池畔也只剩下了他们的赠答歌谣。周穆王未能履行与西王母的三年之约，长生不老的想法终究只是空谈，求仙的事情也终归是荒诞不经的。由此可见，西王母传说的出现，使这首诗歌更好地达到了讽刺的效果，借周穆王会见西王母这一神话传说，通过场景气氛的对比，生动地刻画出周穆王好仙风流的虚无，讽刺了封建帝王的奢侈淫逸，以及求仙好道的徒劳。王母会君故事出现在诗歌中不仅简洁精炼、意蕴悠长，更增加了诗歌内涵，更加强烈深刻地表达出求仙的虚无。李商隐的《瑶池》也是一样，借用西王母与周穆王的故事使整首诗歌情意绵绵、婉转凄凉，呈现出一个缠绵悱恻的爱情故事，并且表达出诗人的政治态度，强烈讥讽了皇帝求仙的虚妄。白居易的《八骏图》写道："瑶池西赴王母宴，七庙经年不亲荐。"[②] 此诗通过周穆王西游会见王母这一典故讽刺统治者因为游乐而荒于政务的荒唐，并借古讽今，表达对当朝统治者的不满。

王母会君故事还有一个重要的组成部分为西王母会见汉武帝。李白在

① 沈苇．山水首府：天山天池诗歌 100 首［M］．乌鲁木齐：新疆人民出版社，2007：74.

② 刘力坤．名人与天池［M］．乌鲁木齐：新疆人民出版社，2007：28.

《古风其四十三·周穆八荒意》中写道"北宫邀上元"，西王母及上元夫人降临汉廷，对汉武帝进行了一番启迪，但是最后的结果依然徒劳无功，汉武帝最终还是没能做到长生不老，他用玉杯承接甘露终究是一场空，现在遗迹长满了荒草。可以看出西王母会见汉武帝这一故事出现在诗歌中也是表达着诗人的政治态度，借以讽刺封建帝王求仙好道的虚妄。虽然西王母会见周穆王和汉武帝两个故事本来都带有君王祈求长生不老的意味，但是通过周穆王西游会见西王母和西王母下凡会见汉武帝两个王母会君故事的不同形态，我们可以看出王母会君故事内部的理路不同。虽然两个故事中西王母都是长寿之神的形象，被两位君主招待，但是西王母和帝王之间的关系却有了微妙的变化。一个是不远万里走到西王母之邦、给西王母献上了珍贵的白圭玄璧和丝织品的周穆王，另一个是端坐于承华殿等待西王母下凡、获得了西王母赠书的汉武帝。这两者的差别反映出帝王在王母会君故事中的地位在逐步上升，而西王母由凌驾于一切之上的神仙形象逐渐转变为为君权服务的神权类型。

王母开宴故事是指王母与诸仙集会宴乐之事，呈现在天山天池的作品中多为一种祥瑞化的表达，同时王母开宴故事赋予了天山天池许多景物独特的意义和灵性。王母开宴故事在作品中最主要的表现形式为蟠桃盛会。《穆天子传》《汉武帝内传》都记载有君主求仙的故事。周穆王周游四海，寻求长生之药，最终在瑶池和王母相会集宴。汉武帝在承华殿摆上宴席，向王母求长生不老的办法。这些就是王母开宴故事的发源，后来逐渐演变为蟠桃会的形式。石倩在《天池》中写道："请西王母举办蟠桃盛会殷勤招待宾客四方。"① 借王母开宴这一故事类型赋予了诗歌生动的意味，烘托出气氛的热闹与欢乐。苏天虎在自己的散文《天池》中写道"西王母向游人摆开了佳肴盛宴"②，让游客可以尽情快乐地玩耍，天池的美景与宴会的热闹相得益彰，大家都沉浸在甜蜜、美好和欢乐中。陈宗涛在 1992 年昌吉瑶池蟠桃会开幕式上的朗诵词中写道："一年一度蟠桃会，今年盛会多壮观。"③ 宴会上高朋满座，彩旗飘扬，大家都喜气洋洋，借蟠桃盛会抒发了对于这繁华盛世的赞美和讴歌。马冬生在《阜康诗章》"蟠桃会"一节中描写蟠桃盛宴是热闹非凡的："吃蟠桃，赏美景，唱和谐。"④ 可以看出，蟠桃宴会从古至今都带有吉祥色彩，并从帝王祈求长生长寿的政治行为转向了普通市民的宴饮吉庆娱乐活动。

---

① 沈苇．山水首府：天山天池诗歌 100 首［M］．乌鲁木齐：新疆人民出版社，2007：110.
② 刘力坤．名人与天池［M］．乌鲁木齐：新疆人民出版社，2007：125.
③ 刘力坤．名人与天池［M］．乌鲁木齐：新疆人民出版社，2007：129.
④ 迟文杰．瑶池讲坛［M］．香港：中国文化出版社，2011：113.

（三）主要意象：蟠桃的形象流变

西王母故事中涉及的意象众多，包括仙桃、神符、道书、仙经、美玉、不死药等。而在王母献寿与王母开宴故事的结合下，王母开宴献蟠桃越来越流行，蟠桃也成了天山天池作品中西王母故事司空见惯的意象。

先秦时期的西王母故事中就开始出现不死药的意象，到了汉末唐五代，随着王母开宴故事的兴起，蟠桃盛会变得越来越重要。此时王母授仙桃成了王母开宴的重要情节，蟠桃意象也逐渐凸显，并且承载了不死药的功能。吴承恩在《西游记》第五回“乱蟠桃大圣偷丹　反天宫诸神捉怪”中从外形、数量到功效，用很长的篇幅描写了蟠桃园里的蟠桃，可以看出蟠桃这个意象在作品中是一个美好的事物。在外观上，桃子“先熟的，酡颜醉脸；还生的，带蒂青皮。凝烟肌带绿，映日显丹姿”①，色泽上就让人心情愉悦。再从功效上来看，食用蟠桃不是成仙得道，就是身健体轻，更是寄托了大家对于生命和长寿的追求。陈漠和沈苇的《西王母祝寿词》中写道“喜逢盛会，蟠桃幽香”以及“仙桃为媒，你我聚首”②，表明蟠桃不仅十里飘香，更代表着对来自五湖四海的宾客的欢迎以及人民生活富足安康的欣喜之情。蟠桃作为一种“我国人民在神仙思想的激发下长期构建的文化意象”③，经历了一个由现实的桃子到仙桃的演变过程。桃子由于自身的药物性符合古代人民追求长生不死的生命理念，并在和蟠木联系的基础上不断同西王母神话相结合，在文人不断的创作以及民众想象的基础上最终形成了天山天池中的蟠桃形象。

蟠桃作为不死药的意象代表，出现在作品中多为被赞颂的对象，但是随着实践的发展，蟠桃故事有所变化，大家对于蟠桃的情感判断也有所不同。当代作家傅玉堂在《天池之魂》中讲述了一个关于蟠桃会上让树赛跑的故事。在一次蟠桃会上，为了助兴，王母娘娘决定让树赛跑。参加比赛的有松树、杨树、榆树，蟠桃树也意外地参与了这次比赛，并且翻山越岭跑出了天池。从此，在天池再也看不到蟠桃树的影了了。作者并没有为此感到遗憾，反而认为人类不再有长生不老的累赘。可以看出，蟠桃依旧附带着长生不老的价值，但是大家的态度已经发生了转变，不再盲目地追求长生不老，而是开始思索生命的真实意义。在丁燕的《蟠桃之爱》中，蟠桃更是有着隐秘的忧伤、甜蜜，尽显浪漫、顽强和美丽。

从上文中可以看出，西王母故事中的各要素都在不断发展，并在西王

---

① 沈苇．山水首府：天山天池诗歌 100 首［M］．乌鲁木齐：新疆人民出版社，2007：23.

② 迟文杰．瑶池讲坛［M］．香港：中国文化出版社，2011：141.

③ 黄景春，郑艳．从蟠桃到蟠桃会［J］．民俗研究，2009（2）：68－81.

母文学创作中起到了无可替代的作用，梳理西王母故事各要素的流变对于天山天池西王母文学创作的精准开发具有重要意义。

三、西王母故事形态流变的旅游开发价值

西王母故事在天山天池的文学呈现是多层次、多样化的，通过梳理天山天池中的西王母文学创作，有利于清晰地看到西王母故事各要素的发展轨迹，从而更好地以文学作品为载体，充分继承开发西王母故事中悠久可观的文化资源，在文学传承中更好地发掘天山天池的旅游潜力。沈苇曾在《山与水的首府（后记）》中写道：“风景如果没有人文的内涵和支撑，只是一片单纯的风景而已。风景如果得不到完美的抒写，就远离了我们的记忆，留有缺憾，很可能变成一种遗忘。美好的风景常常能哺育一种独特的人文。而人文又回报和滋养了风景，使风景有了丰盛而深邃的含蕴，使风景焕发独异的光彩。天池正是这样一个风景与人文交相辉映的地方。”① 所以说，从文学角度研究西王母故事在天山天池的流变、影响与接受，也有利于将生态天池和人文天池完美地结合起来，提升天山天池的旅游价值。

天山天池，位置上，靠近新疆首府乌鲁木齐，交通便利；景观上，是国家5A级旅游景区、国家级重点风景名胜区，拥有世界级旅游资源；文化上，经整理包含五大类文化内容，分别是道教文化、武侠文化、民俗文化、科普文化以及名人文化②，历史文化底蕴深厚。综上，天山天池具有极大的发展潜力。从文学与旅游开发的角度来说，天山天池旅游发展的很大一个优势在于作为自然环境的天山天池区域流传着许多神话传说故事，《全域旅游视角下的阜康市旅游发展建议》提到“西王母文化和天池旅游密不可分，是阜康市最主要的核心特色文化，是高于自然风景的吸引元素。以神话传说和相关神仙体系为框架，以众多的民俗活动为载体，宣传、发扬核心文化，从而提高旅游吸引力”③。所以，开发西王母文化对于天山天池的特色旅游发展发挥着积极的作用。

（一）西王母形象与天池景区的传说

西王母人物形象与天山天池的联系十分紧密，我们可以通过西王母这

---

① 沈苇．山水首府：天山天池诗歌100首［M］．乌鲁木齐：新疆人民出版社，2007：199.

② 迟文杰．对天山天池五种文化深入挖掘展示的思考与实践［EB/OL］．（2007－09－04）．http：//www. fjms. net.

③ 白振华，王兴娜，王瑞娟，等．全域旅游视角下的阜康市旅游发展建议［J］．旅游纵览（下半月），2018（12）：107－108.

个人物形象深层次、多方位地开发天山天池，充分将西王母人物形象与天山天池联系起来，这有利于增添神秘感，增加天池景区独特的魅力。

西王母形象的开发主要体现在西王母人物形象与天山天池景观的结合，赋予天池景物神秘朦胧的美感，同时赋予了天山天池许多景物独特的意义和灵性。天池一共有八大景观，分别是“石门一线”“龙潭碧月”“顶天三石”“定海神针”“南山望雪”“西山观松”“海峰晨曦”“悬泉飞瀑”。其中多个景点都与西王母紧密相连，甚至因西王母而得名。例如，“龙潭碧月”即为西小天池，传说是西王母的洗脚盆，袁文殊在《天池》一诗中写道：“道是王母濯足处，可有凝脂在水边?”[①]“定海神针”是一棵生长在天池岸边的古榆树，这个名字来源于西王母制服恶龙的故事。传说，西王母大摆宴席，邀请了众多神仙来参加，却唯独忘记了黑龙潭中的黑龙。于是，黑龙十分不悦，大闹宴会，最终被西王母用头上的碧玉簪制服。之后，这根簪子就变成一棵榆树，守护着天池。丁林在《老榆》一诗中写道：“若非定海神针力，仙景焉能入眼来。”[②]

除去著名的八景之外，天山天池的其他景观也同西王母有着千丝万缕的关系。例如，天池传说是西王母梳妆台上的银镜，又说是西王母的沐浴池。李京西在赴天池游玩的诗歌中写道：“不因王母洗香汗，哪得青山托碧湖。”[③]西小天池瀑布，景观名称为“冰潭银帘”，瀑布凌空，垂帘数十米，被称为“王母娘娘的淋浴水”，最终下泻到西小天池中；还有西小天池瀑布的源头——“醴泉洞”，传说是“王母娘娘的醴泉”；天山天池景区间天地缭绕的云雾，传说是西王母的霓裳羽毛。

在天山天池景观中比较著名的还有“夫妻榆”的传说，这是两棵根脉相连、枝叶相依的榆树，据说是西王母的一个女儿和一个人间穷小子的化身，两人为了爱情，才化作了两棵连体的树。唐代白居易曾在《长恨歌》中写道“在地愿为连理枝”，这对“夫妻榆”正像诗中写的那样，枝叶相连，仿佛一对恩爱的夫妻。“兄妹杨”的故事也与爱情有关，传说这本来是为王母娘娘看守蟠桃园的金童玉女，但是两个人却违反天规，偷吃了蟠桃，于是两个人产生了异样的情愫，陷入了爱河，在看守蟠桃园时出现了问题。于是，他们被王母娘娘贬下凡间，变成了现在的这对“兄妹杨”。两人被贬下凡间时承诺要成对相依、永不分离，于是这对“兄妹杨”也象征着两人的心心相印。现在有些情侣们来到天山天池还会特意看看“夫妻榆”和“兄妹杨”，因为这里印证了爱情永恒。还有顶天三石的故事，在

---

① 刘力坤．名人与天池［M］．乌鲁木齐：新疆人民出版社，2007：113.
② 刘力坤．名人与天池［M］．乌鲁木齐：新疆人民出版社，2007：131.
③ 刘力坤．名人与天池［M］．乌鲁木齐：新疆人民出版社，2007：118.

灯杆山的顶峰，耸立着三块巨石，传说是王母娘娘在制服瑶池里的黑鱼精后，在灯杆山上立下一块巨石，又用簪将其劈成三瓣，从而成了现在的顶天石。黑鱼精总是作恶，搅得附近民众生活苦不堪言，在王母娘娘制服黑鱼精之后，他们的生活终于恢复了平静。顶天三石体现着西王母爱好和平的神性，代表着给人民生活带来幸福的美好追求。天池周边的九十九道湾也与西王母有着很深的渊源，传说是西王母在率领手下的九十九个仙女洗澡时被天山之神偷窥，然后惊慌失措地逃跑，从而把天池原来光滑的湖岸线撞成了现在这样，据说被西王母撞到的是最大的一个湾，现在被称为“仙女湾”。通过西王母形象来开发天山天池，可以说就是“统筹旅游和文化资源，实现规划理念创新。以主题化、景点式的规划理念为核心，以瑶池、西王母古老的传说和天山壮丽地景为支撑，打造天池文化特色核心区”①。可以说，天山天池与西王母联系紧密，天山天池的众多景观都与西王母密切相关，许多景观背后都有一个与之相联系的西王母故事。西王母这个人物形象在天山天池的旅游开发中赋予了天山天池景观以历史的记忆和文学的色彩，使天池变得更加神秘浪漫。

（二）王母会君故事的文化内蕴

西王母故事作为国家非物质文化遗产，背后具有深层的文化内涵，闫顺、杨云良在《神话·民族风情》中提及天山天池神话传说，其中就包括王母会见周穆王和王母举行蟠桃盛会的故事。正是这些流传在天山天池的神话传说，赋予了天山天池更加丰富的吸引力。我们可以通过充分开发西王母故事背后的文化内涵，赋予天山天池更厚重丰富的文化底蕴。

首先是王母会君故事展现出来的和谐文化。《穆天子传》记载周穆王西巡会见西王母的故事，卷三记述了周穆王告别西王母的场景。在周穆王即将离开的时候，西王母询问他是否能够再次归来相会。此时，周穆王的回答是：“予归东土，和治诸夏。万民平均，吾顾见汝。”② 从这两句话就可以看出当时理想的政治生活图景。周穆王想要构建的政治社会是国家能够富强和谐，人民生活富足安康，所有百姓都能得到幸福。再看李商隐在《瑶池》中写的“瑶池阿母倚窗开，黄竹歌声动地哀”③，写的是两人分别之后，西王母遵守两人的约定，打开窗子等待着周穆王归来，却只听到了哀怨的黄竹歌声。虽然这首诗歌的主旨是讽刺统治者的贪图享受以及追求长生不老的虚妄，其中提到《黄竹歌》是为了表示周穆王已不在人世，并

① 张锐．新疆天山天池旅游文化产业园区建设研究［D］．乌鲁木齐：新疆农业大学，2015.

② 沈苇．山水首府：天山天池诗歌 100 首［M］．乌鲁木齐：新疆人民出版社，2007：3.

③ 沈苇．山水首府：天山天池诗歌 100 首［M］．乌鲁木齐：新疆人民出版社，2007：11.

且用人民的艰难生活对比烘托出对统治者的不满，但是这首诗歌同时也表露了诗人对底层人民寒苦生活的哀怜，包含着一种悲悯苍生的胸怀和仁爱之心。《穆天子传》卷五记载："丙辰，天子游黄台之丘，猎于苹泽，有阴雨，天子乃休。日中大寒，北风雨雪，有冻人。天子作诗三章以哀民。"① 可以看出，黄竹歌声本身就带有关注底层生活的人民群众的意思。追求社会安定富足，这本身也可以说是一种朴素的社会和谐思想。

其次是王母会君故事背后展现出的地域文化交流融合的历史。在漫长的历史发展过程中，西王母同中原地区一直维持着密切的交往。西王母同中原地区的数位帝王都有过会面，例如黄帝、尧、舜、禹等。到了西周时期，《穆天子传》中记载周穆王不远万里西巡，来到西王母之邦并与西王母互相赠送礼品，相谈甚欢。传说中周穆王作为中原的帝王来到西王母之邦的这次行程被载入史册，产生了深远的影响。大家一提及中原同西域地区的文化交流，大多最先联想到的是西汉丝绸之路的开通，但是通过西王母与周穆王会面的历史记载，就可以看出中原同西域地区其实在先秦时期甚至更早就已经存在交往交流了。《穆天子传》中详细地记载了周穆王西巡的路线，一路上，周穆王行经了现在的甘肃、青海、新疆，可以说是最早的有详细记录的文化交流路线了。新疆同中原地区的文化交流历史悠久，现在还能从考古文物中得到考证，例如三千多年前的妇好墓中就有和田玉的存在。

最后，西王母故事在新疆天山天池有着促进民族交融的现实意义。新疆自古以来多民族聚居共处、繁衍生息，是一个充满文化多样性的地方，流传在天山天池的西王母文化也是多元的、包容的，贴合西王母综合丰富的神格，西王母文化属于整个中华大地。西王母多元一体的神格，正是中华民族文化多元一体的写照。汉族、蒙古族、哈萨克族等许多民族中都有大量民众信仰西王母。我们可以利用西王母文化信仰，更好地增强各民族的文化交流以及文化认同感。

西王母故事赋予了天山天池丰富厚重的文化意味，天山天池因西王母故事而不再只是一道单纯的风景，而是一种文化的载体。天山天池流传的西王母神话本身就是可被开发的旅游资源，充分发掘西王母故事的文化内涵，有利于带动天山天池旅游发展，并且增强景观的文化底蕴，促进文化交流与发展。

（三）作为旅游衍生品开发的蟠桃

蟠桃是西王母故事中的主要意象，由于其自身在外形、味道、营养等

① 高永旺．穆天子传［M］．北京：中华书局，2019：65.

方面具有的优势和西王母故事赋予的美好意蕴，对其开发变得意义重大。蟠桃，西王母招待宾客的一种水果，传说中具有延年益寿的功能，是西王母瑶池蟠桃会的重要组成部分，因此也是王母开宴故事中重要的意象。例如大家熟知的《西游记》，其中第五回讲的是孙悟空偷吃蟠桃的故事。孙悟空在得知西王母并没有邀请自己参与蟠桃会之后，大怒之下吃光了园中的蟠桃，而大闹天宫则反映出他追求平等权利、希望得到平等对待的愿望。另外，桃子能够成为传说中具有长寿功能的蟠桃，与桃子的功能密不可分。《千金翼方》中认为桃树可以杀鬼辟邪。《抱朴子·仙药》则形容桃子具有宝贵的药用价值，能够治百病。在民间，也流传着“桃养人，杏伤人，李子树下埋死人”的说法。桃子在人们心中一直都具有很多功能，或许正是由于桃的药物性，它开始与王母娘娘的长生不老之药产生联系，并拥有了“仙果”“寿桃”等美称，成为一种美好的祝愿。蟠桃本身就具有诱人的外形，色泽鲜艳，不仅形美味佳，还营养价值丰富，同时西王母故事的传说还赋予了蟠桃以深层的吉祥含义，所以蟠桃深受消费者的喜爱。并且，西王母故事中的蟠桃和王母开宴故事有着紧密的联系，最终两者结合产生了蟠桃盛宴这一活动。

比如，旅游消费者们在食用蟠桃的同时，会受《西游记》等文学作品中蟠桃形象的影响，增添对蟠桃的兴趣，进而愿意更深入地了解蟠桃的故事，来到天山天池感受文学中的蟠桃盛宴，成为天山天池潜在的游客。上文在王母开宴故事中，还提到过一个树木赛跑的故事，说明天山天池本没有蟠桃树；另有一种传说是王母娘娘在孙悟空大闹天宫之后，一气之下将蟠桃园的蟠桃全部摘光了。虽然现在天山天池并没有蟠桃树，但是蟠桃却是天山天池的一个标志性存在，还有历史悠久的西王母瑶池蟠桃会。就新疆的蟠桃会而言，阜康市自 2010 年开始，每隔两年就会举办一次“蟠桃文化节”，蟠桃会已经成为一种非常重要的民俗活动，吸引许多民众参加，以蟠桃为契机传承西王母故事。在 2010 年阜康西王母瑶池蟠桃会文艺晚会上，一个歌伴舞的节目中有“快到天池来，蟠桃只为你摘”① 这句唱词，就集中表现了阜康人民的热情好客。同时，蟠桃会这一活动形式更加扩大了蟠桃的影响力和知名度，同时赋予了蟠桃更深的文化底蕴。

虽然天山天池并没有蟠桃树，但是蟠桃在中国的原产地是新疆，再加上全国重点旅游景区天山天池的西王母故事，充分构建起蟠桃与西王母的联系，所以通过对蟠桃这一西王母故事意象的深度挖掘，可以更好更全面地开发蟠桃这一产品，使其成为集自然食用价值和历史文化底蕴为一体的

① 迟文杰．瑶池讲坛［M］．香港：中国文化出版社，2011：164.

特色旅游产品，进行产业化、规模化种植生产。比如在蟠桃的大规模开发种植上，可以参考石河子市一四三团占地 4 000 亩的蟠桃园，将蟠桃打造为特色旅游产品，以此带动新疆旅游经济发展。

结　语

从距今三千年的《穆天子传》，到现当代诗人、游客、学者游玩天山天池留下的大量关于西王母故事的创作，可以看出西王母故事一直流传在天山天池的文学记忆中。通过西王母故事各要素在天山天池的流变，可以看出天山天池的西王母创作在不断发展变化，经历了从古代的政治性倾向到现当代的人文倾向的转变。西王母故事与天山天池的联结是紧密的，在新疆地区拥有悠久的历史。本文立足于天山天池的西王母故事创作文本，试图通过对西王母故事各要素的深度挖掘，探讨西王母文学与天山天池旅游发展的可能性，笔者相信这一个案研究会为新疆文化旅游资源开发提供一些有益的借鉴和参考。

参考文献

［1］梁淑贞．新疆阜康地区西王母文化活动的人类学研究［J］．纳税，2018（9）．

［2］王秋萍．从西王母形象的演变看古代社会生活的变迁［J］．南昌师范学院学报，2017，38（3）．

［3］张泽洪．道教神仙学说与西王母形象的建构［J］．华中师范大学学报（人文社会科学版），2016，55（6）．

［4］旭东．第三届中国神话与西王母文化研究年会在新疆石河子举行［J］．中原文化研究，2016（4）．

［5］吴新锋．民间文学志系列之一：新疆阜康西王母神话传说志［J］．石河子大学学报（哲学社会科学版），2015，29（6）．

［6］刘坎龙．西域历史文化对新疆当代诗词创作的润泽［J］．新疆社会科学，2015（6）．

［7］杜文平．西王母故事研究综述与前景展望：以中国叙事文化学为依据［J］．天中学刊，2019（1）．

［8］王立．中国文学古今演变研究的几点思考［J］．东北师大学报（哲学社会科学版），2016（5）．

［9］孙致中．穆王西征与《穆天子传》［J］．齐鲁学刊，1984（2）．

［10］陈国生，李廷勇．论《穆天子传》所记的先秦民族地理学文献价值［J］．贵州民族研究，1999（2）．

［11］恩卡尔·托力肯，王敏．作为景观叙事的西王母神话：以新疆天池西王母景区建设为例［J］　新疆艺术学院学报，2019，17（3）．

[12] 邢莉，刘明，刘双双．西王母信仰与海峡两岸文化认同：甘肃泾川西王母庙会的实地考察［J］．文化遗产，2018（4）．

[13] 韩高年．“前丝绸之路”上的文化与文学交流：以《穆天子传》为核心［J］．文学遗产，2018（2）．

[14] 吴新锋．心灵与秩序：“神话主义”与当代西王母神话研究［J］．云南师范大学学报（哲学社会科学版），2016，48（6）．

[15] 栾红军．西王母叙事的历史演变及其文化意义［D］．哈尔滨：哈尔滨师范大学，2013.

[16] 张勤．西王母神话传说研究［D］．苏州：苏州大学，2005.

指导老师：成湘丽

中　编
文艺学与比较诗学

本书“中编”的四篇论文，选题涉及“文艺学、比较文学与世界文学、文学的跨学科研究”等领域。其中，郭莹莹以《乘风破浪的姐姐1》为例，运用布迪厄的“文学场”理论分析综艺节目文案的叙事艺术。何伟聚焦王小帅导演的电影《天长地久》，从电影视听语言角度分析其叙事艺术特征。曾涛从叙述话语、叙述故事、符号三个层面，对新疆作家王族的小说《狼殇》展开叙事艺术特征剖析。林伟以明清才子佳人小说中的“遗失”现象为研究对象，运用经典叙事学理论进行比较诗学个案实践。

热门综艺节目文案中的叙事艺术
——以《乘风破浪的姐姐1》为例

郭莹莹
中国语言文学学院汉语言文学2017-3班

一、综艺节目文案的文学场

综艺节目文案是在综艺节目中用文字表现节目创意与特色的手段。《乘风破浪的姐姐1》仅用独特的开场文案、人物文案便引发了人们对于"30+"女性、选秀节目的热议，由吴梦知团队①引发的综艺节目"百万文案"② 口碑亦让综艺节目文案的存在感不断增强。综艺节目文案作为新兴的关注对象，内部实则映射着一定的社会结构与社会关系，反映了背后的现实空间。

本文利用法国学者布迪厄"文学场"概念，对综艺节目文案中形成的文学场进行分析，这样的划定将综艺节目文案设置在同一空间内，场内结构明晰，便于我们区分研究影响综艺节目文案创作的内外部因素，看到文学背后的文化现象，了解当今社会的真实状况。

（一）综艺节目文案文学场形成的条件

随着经济水平的提高，人们的娱乐生活方式更加多样化，综艺节目为了提高竞争力以求在文化产业中谋取更好的前景，也开始提高节目内部元素的审美性来适应人们不断提高的品位。综艺节目文案作为节目宣传的重要关口，成了吸引观众的"排头兵"，其创作是否优秀更是成为综艺节目是否高质量的标准之一。文学性作为文案的基本特点，具有一定的生成规

---

① 吴梦知，知名文案撰稿人，湖南卫视导演，曾负责《变形记》《快乐男声》《花儿与少年》《歌手》《乘风破浪的姐姐1》文案撰写，文案风格温暖儒雅，文化底蕴浓厚，获得观众的一致好评。曾以《花儿与少年》为代表，让文案展示了作为节目出圈利器的重要作用。此次由吴梦知带领的团队负责《乘风破浪的姐姐1》文案撰写，文案发布即获得重大关注，再一次获得了全网赞赏，这展现了其团队在文案创作发展中的带头作用。

② 形容创作者所写的文案文笔超凡脱俗，能够产生较高的商业价值。近些年吴梦知团队由于所撰写的文案文笔脱俗、真实动人，受到网友的高度认可，有了"百万文案"之称。

律，这与社会结构特性分不开，也使文案在社会结构中具有一个自主的空间。

“一个场域可以被定义为在各种位置之间存在的客观关系的一个网络或一个构型。在高度分化的社会里，社会世界是由大量具有相对自主性的社会小世界构成的，这些社会小世界就是具有自身逻辑和必然性的客观关系的空间，而这些小世界自身特有的逻辑和必然性也不可化约成支配其他场域运作的那些逻辑和必然性。”① 布迪厄按照空间结构的关系将社会分成各种场域，这些场域各有其位，拥有强烈的自主性，同时，它们也与其他场域交叉融合共同发展。

而对于文案的文学场而言，社会整体环境对场域的影响更加明显。文学场越来越倾向于围绕共同的对立组建起来，主要包括两个区分原则：保留给生产者的纯生产和满足广大公众需求的大生产之间的对立。② 文案作为具有基本文学性的作品，也与文学生产密切相关，原因主要有以下两方面：

一方面，这是社会结构变化对大众休闲娱乐观产生的影响。综艺节目创作本是为了消遣娱乐，即排解人们在现实生活中的烦恼、焦虑，使人们的压力在轻松的氛围中得以发泄。但随着科学技术的不断发展，人们的生活水平不断提高，娱乐生活方式愈加多样，文化产业竞争愈加激烈，综艺节目作为其中的一部分也在当代的经济、文化发展背景下不断丰富，文案作为重要的宣传渠道应运而生。经由不同类型的文案创作，节目做到了内容的宣传与主题价值观的输出。然而，用肤浅的幽默博得观众一笑的形式显然不足以满足人们在精神上的需求，人们开始谋求更深层次的审美活动以达到对社会、生活、生命的反思。这种社会结构变化要求节目关注社会生活，分析观众思想深处的渴望，并通过节目创作为观众提供精神上的满足。文案作为综艺节目中最直白的文本呈现，直观地展现了一个综艺节目的思想高度，承担着重要的教育宣传作用，向社会各界人士传递社会价值观，并在此方面产生了重要影响。因此，综艺节目文案的重要性在不断增加，综艺节目文案场亦不断扩大。

另一方面，这是大众传播媒介发展下文学宣传渠道的变化。电子媒介的兴起为文学的发展开拓了新的生存空间，为文学的传播提供了多样化渠

① ［法］皮埃尔·布迪厄，［美］华康德．实践与反思 反思社会学导引［M］．李猛，李康，译，北京：中央编译出版社，1998：133－134.

② ［法］皮埃尔·布迪厄．艺术的法则：文学场的生成和结构［M］．刘晖，译，北京：中央编译出版社，2001：149－150.

道。① 随着微博、抖音等众多社交网站、视频网站的研发与普及，各类综艺节目在不同的新媒体平台上开设官方的账号，这为文案在不同平台的宣传提供了重要的渠道。同时，在这些传播媒介下发表的文案作品，往往能更直接地与读者进行沟通，使得文案的文学影响力不断加大，与社会的联系也越来越紧密。大众传播媒介的丰富让文案展示的机会增加，策划者对于综艺节目文案的重视程度也随之加深。在这样的背景下，文案的类型、质量都得到了一定的增加和提高，让文案展现出了与传统文学创作的不同，表现出更独特的艺术魅力。

在这样的现实背景下，以不断发展的新媒体平台为媒介，文案的文学场也在动态变化中发生了位置的新转变。文案工作者根据叙述主题、情节、对象等进行针对性写作，使文案具有独特的艺术价值与审美意义并成为新兴的文学产品。文学创作者成为文学生产者，以文学素养为基础，创新表达，展现出优秀的作品供观众欣赏思量。读者成为消费者，既是文案创作的方向，也是文案成果的接受对象。好的文案可以吸引读者观看综艺节目，并根据节目的活动方式进行一定的消费；质量较差的文案不仅不会吸引读者，反而会引起读者的质疑与反感，对节目产生连带的负面情绪，影响节目整体的接受。因此，在经济和社会文化等外部环境的影响下，综艺节目文案的文学场逐渐形成。

（二）综艺节目文案文学场的形成

综艺节目文案随着整体娱乐市场环境不断优化，有了更强的自主性，创作愈发多样，产生了不同风格的文案，并竭力打造独树一帜的品牌。在文学场内部，文案围绕节目本身的规则、人物、立意三大方向形成的叙事结构也更加成熟，主要表现为依靠节目规则展开故事情节、利用参演人员塑造人物形象、根据节目主旨进行价值观升华，这使得叙事空间更加丰富、有意义。

节目规则推动情节发展。综艺节目整体的推动主要依靠最终目标与节目规则的设定。最终目标是节目讲故事的动力，其目标越远大，对观众的吸引力越强，观众阅读的渴望性亦会加强。同时，对于综艺节目而言，推动故事不断向目标发展的是节目设立的层层规则，这成了叙事的情节。以《乘风破浪的姐姐 1》为例，该节目选用了 30 位“30 +”年龄段的女性艺人，通过 3 个月的培训与考核最终筛选出 7 位艺人组成女团出道，这样的规则融合了竞赛、选拔、淘汰等环节，推动了故事整体向前发展，使得情

① 胡友峰．论中国当代自主性文学场的裂变［J］．小说评论，2017（4）：4－11.

节跌宕起伏、充满悬念，产生了浓烈的叙事魅力。同时在节目规则之下，节目组还采用了访谈、直播等形式，与观众形成对话般的互动，让观众目睹艺人们的心路历程，紧张感十足，与故事情节实现了融合，不仅弥补了第三叙事角度之下的个人情感抒发的缺失，更是增加了观众的体验感。

真实人物形象的立与破。叙事目标完成与否还要看人物是否实现了自我成长。文案的“立”即表现节目参演人员对当下真实生活现状的反应。综艺节目制作往往针对特定目标人群，依据这类人群特定的年龄、职业等共性因素，将这类共性进行展示，有利于塑造真实的人物形象，正如《乘风破浪的姐姐 1》文案中对于“30 +”年龄段女性所面临的年龄焦虑、事业焦虑的揭示，这是当代“30 +”年龄段女性普遍存在的特性，既联系了参演的艺人，也联系了当代“30 +”女性的社会生活，是大众文化真实的反映。文案中“破”即利用了人物在情节中的自我突破，打破类型人物在生活中的刻板印象，实现了人物成长的目标。《乘风破浪的姐姐 1》文案即塑造了“30 +”女性不甘平庸、不甘于成为家庭的附庸而突破自我、展现自己从而实现人生理想的形象。除此之外，《花儿与少年》文案展现了当代青年迷茫无措但仍然朝气蓬勃的形象；《快乐男声》文案倾诉了现实生活中追求梦想不易但仍然勇敢追寻的男孩形象；《歌手》针对全年龄段热爱唱歌的人群表现了歌唱的力量。这样成长式的人物形象往往目标坚定，更加立体生动，有利于增强读者认同感，具有激励读者的作用。

积极性主题开门见山。叙事情节与叙事人物的写作服务于最终的叙事主题。在经济向前发展、文化生活愈加多彩的环境下，综艺节目文案是人们进行娱乐活动时不可忽略的一部分，是输出正面价值观引导读者的重要手段。为了表达鲜明的立场与态度，综艺节目文案往往开门见山表达叙事的主题，并紧紧结合现实生活中热门的话题，如传统文化继承、职业压力、女性生存等，向读者传达积极正面的价值观，增强了节目的社会功用性。这样的叙事主题成了叙事空间的“天花板”，成了空间内部氛围营造的强有力推动者，贯穿于节目的始终。《乘风破浪的姐姐 1》开场文案的发布作为出发点即表达了女性努力突破自我、不惧人生磨难、乘风破浪勇往直前的态度，情绪高昂，态度坚定，紧扣当代女性普遍存在焦虑心理的创作语境，跟住了时代潮流，传递了积极的情绪。

（三）综艺节目文案文学场的特征

叙事空间之下，文案的独立创作性较强，作者、主题、表达方式不同，风格亦有差异，但在文学场内仍然具有共同的特征，表现在以下几点：

1. 内容创作真实性、戏剧性强

文案的创作并不是空穴来风的，是针对节目中存在的真实状况与人物的成长进行的特定写作。真实性作为文案的基本要求，抒发了当代生活的共性，加强了和观众的互动。同时为了吸引观众、强化情绪体验，文案创作会更加注重悬念的设置与矛盾的展现，使得情节更加富有戏剧性，贴近生活而又强化共同点，最终达到叙事的目标。例如，《乘风破浪的姐姐 1》在首次发布人物文案时便正面点出了姐姐们现实生活中被人们高度关注的话题并用文案给予了回应，这样的叙事和现实生活紧密相连，增强了人物呈现效果的可信度，也表达了姐姐们自信坦荡的人生态度，使得人物形象更加真实。其次，在情节推进上，《乘风破浪的姐姐 1》文案在对姐姐们练习、竞演、娱乐生活内容进行讲述时毫不避讳对矛盾的描写，反而直接写出节目里出现的失落、争吵等情节，并隐瞒结果设下悬念，这引发了观众的好奇心，增强了继续观看的欲望。这样戏剧性的推动点不仅使得情节更加曲折、充满悬念，更让观众感受到文案映射出的职场与生活中的真实。

2. 形式风格具有双重来源

一方面，不同的创作团队会展现出不同的文案艺术风格。以湖南卫视热门综艺节目《乘风破浪的姐姐 1》《歌手》《花儿与少年》为例，其创作团队皆是拥有“百万文案”之称的吴梦知团队。吴梦知团队创作的文案被观众称为“湖南卫视的诗和童话”“心灵鸡汤”，即文案深入读者心灵深处，将人们普遍的思想意识进行剖析并用优美的语言进行展示。在 2020 年热门综艺节目《乘风破浪的姐姐 1》中，吴梦知团队也充分结合了人物、年龄、问题等关键因素进行资料搜集与阐发，进而融入文案的创作中，使得文案体现出更加深入的亲和力，贴近节目的制作主旨。相比之下，大部分综艺节目往往使用模式化的文案创作，这样的模式化创作，既没有独特的节目风格，也丢失了用文字和观众交流的机会。

另一方面，文案创作风格仍因为服务对象的不同呈现差异。节目文案离不开主题的展示、人物形象的塑造，综艺节目文案为了表达不同的主题与充满个性的人物形象，需要根据主题所需的节奏与人物特色进行特点鲜明的创作。因此，根据节目服务对象的不同，创作风格也有一定的差异。例如，《花儿与少年》表现自由热情的少年形象时语言会更加柔美，贴近自然；而《快乐男声》《歌手》这类竞演型节目的文案语言会充满力量；《乘风破浪的姐姐 1》文案将女性与梦想结合，柔与刚的风格并存。同一类型的人物文案也因为个性不同呈现差异，正如《乘风破浪的姐姐 1》人物海报中的文案，角色性格不同，语言用词不同，叙事的侧重点也各有倾向；同时，在每一主题下对于不同人物的文案创作也充满了个人特色，共性之下的个性表达使得形象更加丰满，展现了不同的魅力。

3. 文案内隐形式愈加丰富

内隐形式是指作家在创作过程中，以笔当镜头，注重语言叙事的镜头感和画面感，使文本呈现视觉化和场景化特征。[①] 综艺节目中的文案创作不同于一般的文学写作，为了提高观众对于节目效果的认同，节目往往采用视觉化的呈现，这表现在以文案文本为底本，在画面中用艺术字表现文本、用涂鸦添加小表情、用清新的音乐作为背景音、用配音朗诵文本等，这些元素的加持使得文案的画面感更强，画面美感增强，更容易吸引观众的注意力。《花儿与少年》节目中对于手写字体、温暖文案、背景音乐的综合应用，营造了温馨的氛围，也使得文案更加出圈。这样多种形式的融合依赖于不断发展的媒体技术，弥补了文字呈现的单一性，使得文案的关注度随之提高，具有强烈的吸引力。

4. 多场交融，平衡发展

各个场之间并不是界限分明的，而是相互联结、互相渗透的，比如经济场的运行逻辑越来越侵入其他场。[②] 综艺节目文案的个体构成具有独特的文学魅力，其形成的文学场更是在基本的文学创作规律下进行了创新，从而更加适配于不同的节目市场。但也由于文案并不能脱离于综艺节目独立存在，它在为综艺节目服务时也参与了人们的休息娱乐活动、节目的商业利益，具有了文化生产的特点，并依托节目的市场潜力进行社会价值观的传播，从而成为大众文化间接教育的有效途径。同时，在不同的传播媒介、资本支持下，文案的表现也有所不同。因此综艺节目文案有基本的文学性，亦与大众文化场、经济场、媒介场域等有交融关系，并在不断平衡中向前发展。

由上述可知，社会不断发展，人民经济水平不断提高，精神生活不断丰富，文案创作成为娱乐活动中的新兴项目，文案文学场不断丰富。同时，文案展现出的基本文学特征作为文案创作质量的根本保障，是一档综艺节目的精神支柱，是社会意识形态的重要反映，值得创作者及受众对其加以重视。因此，对以《乘风破浪的姐姐 1》文案创作为代表的优秀节目文案创作进行分析和理论研究，对于综艺节目质量提高、文化产业品位提升、大众文化不断丰富具有积极的影响。

---

① 彭玲，刘泽民．消费主义时代文学场的外溢与变异分析［J］．求索，2016（2）：164 - 168.

② 刘晖．布尔迪厄的文学社会学述略［J］．外国文学评论，2014（3）：169 - 183.

二、《乘风破浪的姐姐1》文案叙事艺术

综艺节目文案场虽与市场紧密相关，具有了一定的商业属性，但文学性才是文案最本质的特征，决定了文案的优劣。《乘风破浪的姐姐1》作为2020年度最为火爆的综艺节目之一，其文案创作在开播当日即拥有上百万点击量的话题热度，获得了观众的一致好评，是综艺节目文案场中优秀文案的代表。为了更深入地研究文案创作的叙事艺术，本文通过选取《乘风破浪的姐姐1》官方账号在微博、芒果TV视频网站中的宣传文案以及节目正片旁白文案为底本，从文案创作的叙事内容与叙事形式两方面分析《乘风破浪的姐姐1》文案的叙事艺术。

（一）叙事内容

《乘风破浪的姐姐1》文案叙事内容丰富、层次递进、情绪积极，表达了当今“30+”女性所面临的问题以及应有的积极态度，主要表现在以下几方面：

首先，文案描述了当代“30+”女性生存现状。《乘风破浪的姐姐1》选取了30位年龄“30+”的女艺人，在第一期节目开场文案中即表现了以这30位参演者为代表的“30+”年龄段的女性所面临的问题：“每个女人砺砺一生，都在面对性别与年龄、生活与自己的锤问”“三十岁以后，人生的见证者越来越少”“三十岁以后，所有的可能性不断褪却”。这表现了当代社会女性所受到的性别与年龄的限制，以及由于年龄焦虑导致自我发展可能性不断降低的问题。“女性，作为‘母亲’的存在是被众人敬重的”这句话主要点出了女性的家庭身份，如今还有众多女性因为投身于家庭而放弃自己的事业，或者是在事业选择中因为女性身份而丢失一定的选择权，这都是当代女性所面临的困惑。而《乘风破浪的姐姐1》则鼓励女性抛弃年龄、家庭的顾虑，为这些女艺人提供了一个平台，让她们可以放下心中的担忧，无虑地展现自我。

其次，文案表达了女性坦然面对年龄与自我的态度。“三十而骊，青春归位”“肆忘笑泪，青春归位”“成功的反义词不是失败、不是暂停，而是甘于平庸”，这些语句是对于年龄焦虑等问题的反驳。年龄的划分对于女性的成长或许有着重大的作用，但在此情况下，更应该直面人生需要面对的困难，“逆龄”而生，不要将年龄视为人生前进的限制，不应因年龄而停下前进的步伐，更重要的是有一颗青春的心，那样的人生态度才会靓丽。因此，节目组也充分利用竞争环节，给了30位参演者突破自我、展现

自我的舞台，促使她们更加清晰地认识自己。

最后，文案展现了乘风破浪、直挂云帆的人生态度。“努力与翻阅，不馁与坚信”“骊色骏马，飞云踏海”“真正的自由，是不再受困于安全感的自信与鼓励”“一切过往，皆为序章，直挂云帆，乘风破浪”。《乘风破浪的姐姐1》利用“风、浪、海”等意象，展现的是海面上的波涛汹涌，表层展现的是大自然中不可抗拒的规律，深层暗喻人们成长中自然衰老的规律，以及生活中的诸多困难和挑战，这都是人们无法躲避、需要直面克服的难题。同时，文案中也利用动词“乘、破、踏”展现出克服重重困难时拼搏的状态以及坚持到底达成目标、实现梦想的精神，契合了节目的主题思想。

（二）叙事形式

丰富多样、富于变化的叙事形式让《乘风破浪的姐姐1》文案群更加自如地适配于不同的情节、人物、主题，淋漓尽致地表达了节目的特色，在众多节目文案中脱颖而出，主要表现在以下几方面：

1. 丰富的修辞手法

其一，多处引用典故，增强文化底蕴。《乘风破浪的姐姐1》节目名称“乘风破浪”出自《宋书·宋悫传》：“悫年少时，炳问其志，悫曰：‘愿乘长风破万里浪。’”① 该句意为船只乘着风势破浪前进，获得事业的发展，在这里寓意着以参演者为代表的社会女性的职业生涯能够在困难中砥砺前行。文案中多次出现的“三十而励”则引用自《论语·为政》中的“三十而立，四十而不惑，五十而知天命”，② 同时，用“骊、励”多个同音字进行代换，分别展现了独特的女性视角以及拼搏奋斗的状态。节目正片第一期开场文案结尾“一切过往，皆为序章；直挂云帆，乘风破浪”分别取自于莎士比亚《暴风雨》中的“What's past is prologue”及唐代李白所著《行路难·其一》中的“长风破浪会有时，直挂云帆济沧海”③，这两句的运用将文案整体的格局升高，揭示了前途征程上的坎坷磨难，也表现了对于“30+”女性追求人生、挑战自我的鼓励，展现了积极向上的精神面貌。除此之外，该节目文案创作还充分结合了女性视角，借助经典文言融入文案之中。在2020年6月26日播出的节目中，对于节目竞演《大碗宽面》组合的宣传描述“言笑晏晏，大碗宽面。相濡以沫，笑傲江湖”借用

---

① （南朝梁）沈约．宋书［M］．北京：中华书局，1974：1971.

② 论语［M］．陈晓芬，译．北京：中华书局，2016：12.

③ 安旗，薛天纬，阎琦．李诗咀华：李白诗名篇赏析［M］．北京：北京十月文艺出版社，1984：84.

了《诗经·卫风·氓》中的诗句。《氓》本是一首以弃妇的角度倾诉婚姻悲剧的诗歌，表现了女主人公面对凄凉婚姻时内心的痛苦，而“言笑晏晏”则与悲苦生活产生对比，表达了女主人公儿时的欢乐。相比之下，《大碗宽面》本是一首展示陕西地方特色美食的流行歌曲，与“言笑晏晏”本意是有所区别的，但作为宣传的文案，它对本意进行了延伸，这使其内涵更加丰富：首先，充分利用词语本意赞扬了歌曲描述对象所带来的欢乐，这是对歌曲正能量一面的肯定。其次，充分利用《氓》的女性叙事角度展现参演者为事业努力练习的良好氛围，表现了参演者的乐观态度。2020 年 8 月 28 日成团夜，节目运用哥伦布航行事件作为文案内容：“五百多年前，哥伦布的帆船在大海中濒临崩溃，即将一无所获的返航，最绝望时，水手爬上桅杆，惊呼陆地出现了。这是改变历史的一次眺望，而所有的荣耀，来自勇于开始。”此处引用利用了哥伦布航行事件，描述了奋斗的背景，呼应了节目主题“乘风破浪”，在展现哥伦布部队敢于一往直前的同时也表达了对于“30 +”女性追求事业的激励，使得其意义更加深远。除此之外，同一文案团队在热门综艺《花儿与少年（第二季）》第七期文案中运用“斯芬克斯之谜”展现了人类生存的天真与孤独；在《我是歌手 2018》第 12 期节目中“光阴滔滔，骊歌坦坦，歌以咏志，与有荣焉”仿写了《观沧海》句式以表现时光的飞逝。

其二，善于使用重复、排比提高气势，呼应前后文。《乘风破浪的姐姐 1》第一期开场文案是整个节目的开篇之作，起着奠定基础的作用。其中“三十岁以后……三十岁以后……三十而励……三十而立……三十而骊”作为一个排比句，用“三十”进行重复点出题目，同时，用“三十岁以后”阐述女性在三十岁年龄段可能遇到的问题，并表现了女性成长中的努力、坚定与展望，这样的句式提出了问题并进行了对比式的解答。除此之外，“三十而骊，青春归位”作为节目的口号多在个人宣传文案结尾出现，表现出了女性在事业上的奔腾勇敢，多次的强调使得其更加深入人心，展现出独特的女性价值观。同时，文案中还利用“直挂云帆，乘风破浪”“驶出了海港的千帆，正在乘风破浪中，听见自己的回响”“是选择困在岸上，还是乘风破浪”“不祝一帆风顺，但祝乘风破浪”几句作为多期节目正片文案的结尾，重复了主题并且相互呼应，显示出了节目的整体性，紧扣节目主旨。这种手法在热门综艺《歌手》宣传片中也有运用，“歌唱是对人生释然的体谅，歌唱让爱和梦境联系飞翔，歌唱穿梭于日常和真相，歌唱为音乐镀上天真的光泽，歌唱让人成为人，我们歌唱，逆流而上”。

其三，利用同音异形词表现情绪的变化。《乘风破浪的姐姐 1》第一期节目开场文案中包含“励、立、骊”三个字。“骊”本意为黑色的骏马，文案中除了使用单字，还使用“骊色骏马，飞云踏海”表现了女性也可以不断拼搏奋斗这个道理。“立”本是形容人们生活的稳定状态，这里用女性视角来看则表现了坚定的人生状态。“励”本意可与鼓励、磨砺等相连，但在文案中不仅使用了单字，更将词语重新排列组合，如“励励一生”强调了人生的艰难。这种方式在《乘风破浪的姐姐 2》开场文案中也再一次得到运用，文案用了“毅、熠、奕”三个字展现女性的坚毅、成熟自信的魅力、强大拼搏落子无悔的精神。

其四，对比的修辞手法也在《乘风破浪的姐姐 1》文案中有所体现。节目开场文案将三十岁所面临的问题与三十岁也可以有的高昂的人生姿态进行了对比，展现了前程锦绣的状态。同时，2020 年 7 月 3 日节目文案中用“甜美—锋利”“欢乐—痛苦”“成功—甘于平庸”几组词进行对比，表达出了人生状态的两面性，为节目内容进行过渡。对比的手法更能展现事物的两面性，使得结果的产生更具有戏剧性。

其五，制造悬念，烘托思考氛围，自问自答留下想象空间。悬念的运用多用于预告情节的文案之中，其往往在描述了部分状态后在最后一句留下悬念：“姐姐们将如何应战？哪一组能成功晋级？哪些姐姐又将遗憾离场？”这些疑问句将结果进行隐藏，留下了空白，能够引起读者的兴趣从而吸引读者观看节目寻找最后的答案。同时，除了埋下悬念的疑问句外，设问后的回答更是能为读者提供想象的空间。热门综艺《花儿与少年（第三季）》宣传片文案中就运用了这种手法，引发了观众对于这一趟旅行的好奇：“你以后想成为什么样的人呢？什么意思，我难道不能成为我自己吗？……为什么有沙漠？为了寻找沙砾的心中深藏的井。为什么要去丛林？为了热浪一般的暴雨，为了寻找久违的大地。世界上有多少荒原？人们有多少不能理解？”这样的描述让读者主动进入创作者描绘的画面里进行想象，激发了后期的观看欲望。综艺节目《高能少年团（第一季）》文案也运用了“何为少年？”进行设问，随即用文言式的语言进行回答，铿锵有力，充满民族气概，为观众描绘了中国当代青年斗志昂扬的状态，让读者心中充满了力量。

2. *篇幅与句式多变*

文化与碎片式阅读通常要求文案篇幅要简短，以字少为佳。而在《乘风破浪的姐姐 1》文案创作中，因为叙事性的增强，情节、人物文案的篇幅往往是较长的。在《乘风破浪的姐姐 1》中，2020 年 6 月 2 日第一期开场文案 289 字，2020 年 8 月 28 日最后一期节目文案达 293 字，这样的长篇幅描述有利于塑造完整故事情节，抒发创作者的思想情绪并升华主旨。相比之下，《追光吧哥哥》节目的开场文案用了 62 个字，不仅没有达到精简的效果，反而在开场就丢失了吸引点。同时，《乘风破浪的姐姐 1》亦有短篇幅的文案创作。在首次宣传 30 位参演女性的海报文案中，篇幅为 20 ~ 40 字，多以短语组成。对同主题下的个人文案进行创作时，文案创作的句式往往也是相似的，如 6 月 1—5 日官宣参演者文案格式均为三句式，第一、二句描写竞演者突出特点，第三句为节目口号；6 月 19 日发布的个人文案句式均以疑问句“为什么来”为首，紧跟着回答两个选择性的词语，再用“这些都不重要了”进行转折，表达其不拘小节、追求自我的态度，如伊能静个人文案“为什么来？回应或对应，这些都不重要了，人生下半场，听我导航”、宁静个人文案“为什么来？仰望或俯视。这些都不重要了，实力，配得上努力”、阿朵个人文案“为什么来？归来或未来。这些都不重要了，想做不一样，为什么要一样”。这些灵活多变的篇幅与句式能够根据不同场景及时变化，使得文案整体层次更加丰富，不再单一。

3. 语言风格转化多样

《乘风破浪的姐姐 1》文案整体风格呈现主要有两种：一是清新秀丽的诗化、散文化风格，二是平素、亲和、浅白的语言风格。其一，清新秀丽的诗化、散文化风格主要集中在人物群像、主题思想文案之中，多引用典故、使用优美的词语与独特的意象。例如，“青春”“生命”等表现生活状态的意象的使用，多针对普通人群、女性的一生，显得宏大而富有魔幻性，展现了生命的伟大与生活的绚丽多彩，情绪昂扬充满希望，整体基调积极向上。其二，平素亲和的语言风格多用于情节、人物特点描写文案中。首先，题目中“姐姐”一词的运用本就是亲和力十足的词语，这是读者在生活中就可接触到的人群对象，利用“姐姐”一词，迅速拉近了读者与参演者的距离，将叙事对象的神秘性降低。其次，在节目的预告中经常使用“我姐”“姐姐”“你怎么看?”，以及一些网络用语的句式，不仅宣传了参演者，更是将观众提前拉入了节目氛围之中，形成独特的对话体式，加强了与观众之间的互动感。经常使用数字也使得整体的语言表达更加明晰，吴梦知团队在《花儿与少年》《我是歌手》等节目文案创作中也经常运用这一技巧，用数字表示量的积累，展现了过程的艰辛，也表达了坚持不懈的态度。

4. 欲扬先抑的节奏

《乘风破浪的姐姐 1》文案分布的位置虽然是零散的，但通过分析整体文案的表达可以看出整体走向是欲扬先抑的。对于人物群像文案，会先描述“30 +”女性面对的人生难题与痛苦，再转折表达命运的可抗性，展现积极乐观的奋斗精神，使得情绪向上传递，激励性更强。对于个人特色文案，以首次官宣 30 位参演者的宣传海报为例，都是先描述参演者所背负的负面话题，再展现其不惧流言、勇敢向前的态度。这样的走向均是先将“痛点”进行展示，再通过文字展现时间的跨度进行转折，表达积极乐观的人生态度，这样有主角、有目标、有障碍的元素设置，使得文案的故事性更强，矛盾更明显，这样的故事更容易吸引群众，唤起同情、怜悯的情感，以勾起内心对于后续情节发展的期待。

三、《乘风破浪的姐姐 1》文案叙事效果

《乘风破浪的姐姐 1》文案通过丰富的叙事手法为我们展现出深刻的叙事主题，更是通过独特的叙事视角与读者形成情感共鸣，引导正确的价值观，在这样的叙事艺术下产生的叙事效果亦是十分突出的，为节目的整体形象塑造增添了色彩。本文将从两方面分析《乘风破浪的姐姐 1》的文案叙事效果。

（一）正面效果

1. 对节目的有效宣传

表 1　《乘风破浪的姐姐 1》文案阅读量

节目名称	话题名称	文案热度
《乘风破浪的姐姐 1》	#乘风破浪的姐姐文案#	437.1 万阅读量
	#乘风破浪的姐姐官宣文案#	2.2 亿阅读量
	#乘风破浪的姐姐开场文案#	257.2 万阅读量
《乘风破浪的姐姐 2》	#乘风破浪的姐姐开场文案#	521 万阅读量

如表 1 所示，《乘风破浪的姐姐 1》在演出后立即获得了上百万次的阅读量，其中“乘风破浪的姐姐官宣文案”话题阅读量达 2.2 亿次，“开场文案”话题阅读量达 257.2 万次。由此可见，文案对于《乘风破浪的姐姐 1》的宣传具有重大作用，主要表现在以下几方面：

首先，文案塑造了丰富的人物形象，激起读者的观看兴趣。文学是用生动鲜明的艺术形象反映社会生活、表达主题情感的，形象性是文学的根本特性。[①]《乘风破浪的姐姐 1》文案根据对象可以分为个人文案与群像文案，两类文案相互补充。个人文案主要针对 30 位参演者进行分别叙述，内容包括 30 位参演者外貌、性格特点、人生遭遇、人生态度等，这些内容相

① 李荣启．文化与艺术的多视角探索［M］．北京：北京时代华文书局，2015：155.

互补充丰富，刻画了叙事对象的形象，使得整体形象更加丰满，具有个人特点，使得观众能够更好地选择自己喜欢的对象。同时，个人形象的塑造虽然已经具有很大的吸引力，满足了不同观众的个性化需求，但还需要聚合在一起展现更集中的力量，与观众产生共鸣，这也是群像文案所带来的作用。群像文案通过提取30位参演者的共同特点，主要展现了节目中的群体形象，但同时也通过这些叙述内容反映了当代"30+"女性为事业努力拼搏的状态，隐含的叙事对象实则更加广大，而不是仅仅局限于30位参演者，因此具有更大的启发作用。

其次，文案与节目节奏产生反差，强化视觉冲击。节目中的文案在展现时与音频、影像等因素息息相关，三者有机结合才能达到良好的视觉效果。文学语言的节奏是文学作品审美效果不可分割的一部分①，对于文案而言，其通过文字展现的节奏状态更是表达了情感的变化。《乘风破浪的姐姐1》在节目正片文案以及节目预告文案中通常采用诗化、散文化的语言风格与优美的意象，这样的文学语言体现出来的节奏通常是缓慢而自在的，令读者感到心旷神怡并能进行深入思考，感悟文案的主题。以节目的文案作为构思的基础，同时利用画面、文字展示、配音等附加因素，相互配合形成完整的节目内容，突出了文案的存在感，强化了文案的节奏。同时，《乘风破浪的姐姐1》作为选秀节目，本身是具有强烈的竞争性的，矛盾冲突点较多，整体节目节奏快，情绪激昂，两种不同的风格进行对比，体现了强烈的反差，是快与慢的冲突、竞争与自在的冲突，暗射了人生理想与现实的冲突，使得节目整体效果更加突出。

最后，叙述视角多次变化，加强了与观众的情感共鸣。语言作为文学创作重要的一部分，反映的是主观的情感沉思。《乘风破浪的姐姐1》在叙事中充分利用第一视角、第二视角的转换，进行对话式文案的创作，仿佛在与读者进行交谈，拉近了读者与叙事对象的距离，使得读者在阅读时仿佛站在了叙事空间内部直面叙事对象，这样的互动使得读者的体验感更强，感受到了与节目之间的沟通。同时，文案中对于年龄"30+"女性的人生描述展现了她们真实的生活状态，感情真挚不做作，能够与读者达成"一击即中"的沟通效果，加强了情感共鸣效果。

2. 社会功用

文案作为综艺节目贯穿始终的元素，之所以能够脱颖而出，不仅仅是因为它吸引了众多观众的眼球，更重要的是它良好的内容展现了面对人生的积极态度，并通过娱乐的方式传递给读者，让读者们在阅读放松的过程中也能受到启迪，达到了寓教于乐的效果。因此，以《乘风破浪的姐姐1》

① 李荣启．文化与艺术的多视角探索［M］．北京：北京时代华文书局，2015：176.

为代表的优秀综艺节目文案也展现出了一定的社会功用。

首先，文案的阅读可以促进情感宣泄、释放现实压力。《乘风破浪的姐姐1》文案通过清新、朴素的语言展现了当代女性所面临的问题，其中的困难、挫折都是读者在现实生活中可感知到的磨难，在此同时注意与读者进行双向沟通，这让读者的情绪在阅读体验中得到释放，使得读者在快节奏生活中的压力能够在观看过程中减轻，再与节目本身效果配合，促进了读者的情感宣泄。

其次，《乘风破浪的姐姐1》文案促进了女性身份认同，展现了女性独立的价值。《乘风破浪的姐姐1》利用特有的女性视角，选取了30位超过三十岁的事业低潮期女艺人参演，这不同于近些年来大部分节目选用低年龄段选手的做法，反而将人们的关注视角转移到了“30+”的女性群体，这样独特的叙述视角与其他节目形成对比。其一，逆龄的女性年龄观。在当代女性十分抗拒年龄增长、身体衰老的大背景下，《乘风破浪的姐姐1》逆龄而上，展现了“30+”女性仍拥有追求个人梦想的权利，这启发了人们：女性不应该被年龄束缚、人生不应该被时间束缚的态度。其二，女性事业亦能发光溢彩，女性独立并不只是经济独立。生活中的女性时常与“家庭”“孩子”“丈夫”等名词挂钩，而文案“女人，从母亲开始，就是我们一生中最早记得和最后忘却的名字”，在赞扬母亲伟大的同时，也表明了女性在被“家庭”“母亲”这类身份所标签着。正如节目中的30位参演者一样，她们作为演艺人员，却因为诸多不可抗因素远离自己的事业，搁置了自己的梦想，这是女性在伟大的同时所付出的代价。在节目中，伴随文案的展现，我们也可以看到30位参演者除了在事业上有所展现以外，在个人的精神层面也在不断地丰富成长。因此，“乘风破浪”的文案在贯穿整个节目的同时也在不断启发当代女性应有的独立价值观：独立不仅是在经济上，更是在精神上，不断成熟自我、成长自己的状态。

最后，“浪姐”优质品牌价值的创造。《乘风破浪的姐姐1》通过独特的女性价值观点吸引了众多粉丝，树立了影响深远的“浪姐”品牌，又衍生出了《姐姐的爱乐之程》《乘风破浪的姐姐2》等综艺节目，使得这一独特的价值品牌化。这样的品牌价值不仅仅是为了获取经济利益，更是将其中独特的人生观进行宣传，充分发挥了《乘风破浪的姐姐1》对于社会的功用和价值，是其他同类型综艺节目制作的楷模。相比之下，2020年12月发布的混龄男性艺人竞演综艺节目《追光吧哥哥》的定位则十分模糊。[①] 通过分析《乘风破浪的姐姐1》《乘风破浪的姐姐2》与《追光吧哥哥》的开场文案可以发现（见表2），与“浪姐”相比，“哥哥”作为节目

---

① 涂小芳．论《乘风破浪的姐姐》对“姐姐精神”的深度挖掘与立体传播［J］．视听，2021（1）：17－19.

的主要概念符号，既没有一个年龄限定，也没有展现叙述对象的人生价值意义，仅仅是表现了 21 位男性作为选手的竞赛精神。这样的开场文案不仅没有达到吸引观众的“第一枪”的效果，反而显得没有特色、敷衍，甚至是让观众感到这个节目仅仅是用噱头博取眼球，是为了跟风“浪姐”赚取粉丝经济利益而制作，完全没有表达出独特的价值意义。

表 2　同类型选秀综艺开场文案对比

《乘风破浪的姐姐 1》	《乘风破浪的姐姐 2》	《追光吧哥哥》
有人说， 每个人的历史， 从出生前就开始了。 爱与烦恼、幸福与秘密、时间与魔幻，永恒交替。 女人， 从母亲开始， 就是我们一生中最早记得和最后忘却的名字。 而每个女人，砺砺一生， 都在面对性别与年龄、生活与自己的锤问。 三十岁以后， 人生的见证者越来越少， 但还可以自我见证； 三十岁以后， 所有的可能性不断褪却， 但还可以越过时间，越过自己。 三十而励， 在时光的洗炼、时代的铿锵中，我们不断更新对世界、对生命提问的能力；	2020 年，波澜壮阔，异常勇敢。 家国天下，个人命运，在乘风破浪中砥砺前行。请容许我们， 带着对未来的提问，再次出发。 我们是星尘，更是命运共同体。 我们真心渴望，乘风破浪的帆船，一万种可能性之一的努力勇于从 10 分去探索 100 分。 《乘风破浪的姐姐》， 不是选秀， 而是一个关于“选择”的故事。 所谓“自由”， 是做出最大的选择的能力吗？ 不，真正的“自由”， 是在我们的视野内， 容纳和让渡不自由的能力。	20 岁，正是追寻自我的年纪， 前面是光，脚下是路； 30 岁，现状交缠着理想， 不再敢任意放肆； 40 岁，辉煌之后，有等待翻越的高山； 但不论几岁，在每个男人的心中，曾经的答案永远都在。 舞台，有一束光， 心中，更有一束光。 这束光，是男人突破桎梏的力量； 这束光，是男人不畏前险的勇气； 这束光，是男人终其一生的追逐与信仰。 二十一位哥哥， 砥砺前行，无问西东， 向阳而生，追光而上， 追光吧哥哥！ 追寻心中的那束光。

（续上表）

《乘风破浪的姐姐 1》	《乘风破浪的姐姐 2》	《追光吧哥哥》
三十而立， 我们从每一寓言里辨认自己，也认识他人的内心、他人的真理； 三十而骊， 骊色骏马、飞云踏海， 我们关心成功，也关心失败，更关心每个人要面对的那座山，我们关心美好，关心热爱，更关心日新月异的未来。 努力与翻越，不馁与坚信，肆忘笑泪，青春归位。 一切过往，皆为序章，直挂云帆，乘风破浪。	三十而毅， 人生最大的冲突， 却也最精彩的事； 三十而熠， 世界随时都在重新开始， 一切又从今天开始了； 三十而奕，落子无悔， 乘风破浪，爱无反顾。	

（二）反思与借鉴

1. 在文案创作方面的反思

《乘风破浪的姐姐 1》自播出就广受赞誉，与衍生节目及同类型节目相比，其文案视角独特、价值观符合社会主旋律，情绪积极，体现出了一定的优越性。但同时，文案创作在不断成熟发展中还存在着一些问题，需要正视并不断改进：

其一，过多的文案易导致观众审美疲劳。文案可以有效地补充综艺节目中的镜头语言叙事，让叙事内容更加清晰完整，但过多的文案会让观众感觉疲劳，因此控制文案的数量十分有必要。《乘风破浪的姐姐 1》文案群中，为了满足粉丝的需求，对于参演者的个人宣传采用了每人一条、单独发布的方式，这体现了对每一位参演者的公平对待，更是安抚了粉丝的情绪，保证了粉丝经济的来源，但因为一个主题下个人文案至少有 30 条，且每一次的发布更新速度极快，导致了个人文案量较大，读者难有耐心阅览每一条文案，使得粉丝群体较少的参演者文案重视度下降。除此之外，众多综艺节目文案创作者还倾向于运用参演者私人生活噱头制造话题，使用这类方式创作文案的功利心较强，文学性被削弱，不具备较好的研究价值。

其二，要处理好文案与媒体技术的从属关系。文案与音频、视频的“三位一体”已经是众多综艺节目采用的形式，这丰富了文案的表现手段，但也容易让人们的视线转至画面感所营造的氛围，减弱了对文案文学性的关注。同时，由于更加关注音频、视频等附加元素，创作者对于文案的重视程度也容易降低，更注重音效氛围，而忽视了文案内容的细致得体。正如2020年选秀节目《青春有你（第二季）》《创造营2020》等，文案比例远远少于视频比例，通常以视频为主进行宣传，这样的宣传促进了观众感官上的享受，但缺少了意识形态输出。

其三，文案创作过度追求商业性会减弱文学特色。消费时代下的文学场往往与市场经济相互联系。综艺节目文案的创作也是服务于节目整体，促进节目获得一定的经济利益。由于“她性向”热门话题引发的关注，为了达到一定的经济目标，节目的开展可能会过分利用“她经济”①，吸引观众消费。《乘风破浪的姐姐1》对于女性概念的突出吸引了众多女性观众群体，但同时为了加强戏剧性，节目会选择话题量高、矛盾冲突点多的事件进行重点描写，这样的文案看点逐利性十分强烈，违背了节目追求女性奋斗、实现自我的初心。

2. 在文化传播方面的反思

综艺节目传递出来的社会价值观对大众文化的引领作用不可忽视，文案作为综艺节目向读者传递社会价值观的纽扣，承担了传播优质大众文化的责任。因此，发现文案在文化传播方面的短板并进行反思，有利于提高对文案创作的认识。

文案创作过度追求出奇会对规范使用汉语造成冲击。为了提高节目的吸引力，文案的创作经常进行词语创新、语句创新，虽然这样的方式易形成观众记忆点，却也容易造成词语书写错误与病句。正如《乘风破浪的姐姐1》文案中的“三十而立”用“励、立、骊”词语谐音，这会在汉语使用规范方面误导青少年观众。为了展现女艺人个人特色，《乘风破浪的姐姐1》文案中出现了中英文混杂的现象，比如“battle、舞台show”等，这样的句式并不符合语法规范，冲击了文字写作的基本模式。因此，文案创作要注意文字的基本规范以及语法的正确运用，在创新的同时要保证语言文字的纯洁性，尊重、传承优秀的传统文化。另外，文案创作要贴近大众。文案传递的力量会影响百姓，其创作更应该注重贴近百姓，表达普通人的心声。以《乘风破浪的姐姐1》为例，其选取的30位女艺人职业单

---

① 教育部于2007年8月公布的汉语新词之一，意味着当代女性社会地位不断提高，女性经济不断发展，围绕女性形成的特有的经济圈和经济现象。

一，与大部分百姓的生活方式存在差异，如果仅根据女艺人的身份进行描写容易远离普通人的生活。因此，文案创作需要选取贴近大众生活的情节和人物特色进行描写，这样才能拉近与观众的距离。最后，文案创作不必刻意制造年龄焦虑。节目文案中多次强调“三十岁以后”，渲染了女性三十岁后面临的困境，却较少提及女性随着年龄增长获得的积累与收获。一方面，文案传递的勇敢面对困境的精神不等于让读者先为自己制造焦虑情境；另一方面，“30+”女性不应被年龄所羁绊而忽视了自身的阅历与经验。社会对女性的刻板印象已在不断被打破，女性意识在时代发展中不断觉醒，而文案中关于“30+”女性的年龄焦虑在不断放大后可能会让年龄低于三十岁的年轻人提前产生年龄危机，这并不是节目鼓励女性勇于面对困难的初衷。

文案的创作、运用是否得当，对节目产生着重要的影响。为了做到文案与节目的契合，应该努力让文案的价值得到最大化展现：其一，文案策划者要有主动自觉的艺术追求。策划者作为文案创作的主体，对于文案创作的情感表达具有重要影响。这需要策划者主动地发挥文学素养，抓住节目需求点，提高对节目主题的认知能力再进行创作，以期达到对节目主旨的再升华，展现出得体、有为的创作思想。其二，节目文案要树立正确的文化观。综艺节目作为一种文化商品，也承载着一定的社会责任，其树立的文化观念对于观众人生观、价值观的塑造具有引导作用。《乘风破浪的姐姐1》即通过独特的立意角度获得了成功，引导当代女性拼搏奋斗、超越自我。同时，作为经济市场的产物，一部综艺节目亦受消费文化的影响，观众对于节目的消费是加入了情感宣泄的，也往往是超出实际需要的娱乐的。因此，节目的创作主体，不应仅仅为了获得经济利益，不断设置粉丝消费，更应把自己置于社会大环境下，守住底线，展现正确社会价值观。最后，要加大对于综艺节目的文案制作的重视。以《乘风破浪的姐姐1》为例，以及通过对优秀综艺节目《花儿与少年》《歌手》的文案分析，可以看出文案对于综艺节目的制作具有很大的作用。因此，应该提高整个行业对于文案制作的重视度，保持文案与节目的平衡，让文案达到锦上添花的效果，这样的制作状态才有利于提高整个节目的水平，使得整个电视制作行业、文化产业不断向优质的方向迈进。

结　语

综艺节目文案作为展现综艺节目价值的重要部分，不仅与节目的经济利益相联系，更与整个创作环境之下的社会利益息息相关。因此，文案创作绝不仅是吸引观众收看综艺节目的工具，更是反映当代人民文化、娱乐生活态度的输出口，具有不可忽视的作用。

本文借助布迪厄“文学场”的理念设定了综艺节目文案场，通过分析文案场内外元素的构成，剖析了对文案创作有影响的因素，强调了文学性才是文案创作最本质的特征。同时，本文以2020年优秀综艺节目《乘风破浪的姐姐1》的文案为代表，分析了其文案创作中的叙事艺术，揭示了消费时代优秀的综艺节目文案“出圈”的原因。紧接着，本文通过分析发现当前综艺节目文案的创作多存在刻意制造噱头、商业逻辑过重等问题，这是文案场内部文学性与场外商业利益碰撞时造成的失衡现象，也是当今综艺节目文案始终不被重视甚至被轻视的表现，是在未来提高综艺节目文案质量方面不可忽略的问题。除此之外，由于综艺节目类型多、文案量大，对更多的文案的叙事艺术分析还需要不断积累素材并进行研究，从而达到一个更全面、更深入的认知。

最后，通过研究，我们可以受到启发：综艺节目文案作为为节目“锦上添花”的必要条件，在创作上要树立既能抓住观众眼球，又能展现节目整体的思想高度，帮助人们感悟当下，并面向未来的目标。为了使文案创作更有营养、更加优质，文案创作者需要保持文案写作的初心，让文案进入人们的内心，树立具有指导意义的人生观、价值观；读者在品味文案带来的人生思考时，也需合理消费文案带来的商业需求，积极反馈对于文案的意见，从接受者的角度促进文案反映出来的意识形态符合当下社会环境，推动综艺节目文案达到更高水平；整个文案创作行业也要秉持着对文案属性的把握，注重文案带来的洗涤人心的感受，让节目品质更上一层楼，让节目背后反映出的大众文化得到更多的认可，从而达到高度的文化自信。在各方的共同努力下，笔者相信文案能与社会产生更加紧密的联系，让文案与人们的生活产生共鸣，让文案散发的思想魅力引导读者自信、正确地向生活前方迈进。

参考文献

[1]［法］皮埃尔·布迪厄．艺术的法则：文学场的生成和结构［M］．刘晖，译．北京：中央编译出版社，2001.

[2]［荷］米克·巴尔．叙述学　叙事理论导论［M］．谭君强，译．北京：北京师范大学出版社，2015.

[3]［英］马克·柯里．后现代叙事理论［M］．宁一中，译．北京：北京大学出版社，2003.

[4]［日］川上徹也．好文案一句话就够了［M］．涂绮芳，译．北京：北京联合出版公司，2018.

［5］［英］大卫·赫斯蒙德夫．文化产业［M］．张菲娜，译．北京：中国人民大学出版社，2007.

［6］冯宪光．新编马克思主义文论［M］．北京：中国人民大学出版社，2011.

［7］胡亚敏．叙事学［M］．武汉：华中师范大学出版社，1994.

［8］陈平原．中国小说叙事模式的转变［M］．上海：上海人民出版社，1988.

［9］谭君强．叙事理论与审美文化［M］．北京：中国社会科学出版社，2002.

［10］董小英．叙事艺术逻辑引论［M］．北京：社会科学文献出版社，1997.

［11］陆安仁．文案写作［M］．天津：天津科学技术出版社，2019.

［12］东东枪．文案的基本修养［M］．北京：中信出版社，2019.

［13］乐剑峰．文案功夫［M］．北京：中信出版社，2019.

［14］舒扬．当代文化的生成机制［M］．北京：中央编译出版社，2007.

［15］周宪．文学与认同：跨学科的反思［M］．北京：中华书局，2008.

［16］李荣启．文化与艺术的多视角探索［M］．北京：北京时代华文书局，2015.

［17］［英］大卫·奥格威．怎样写有效力的文案［J］．出版参考：新阅读，2004（1）．

［18］祝克懿．“叙事”概念的现代意义［J］．复旦学报（社会科学版），2007（4）．

［19］赵春光．文化类综艺节目“场景式阅读”的叙事艺术分析［J］．中国电视，2020（8）．

［20］文星．新媒体语境下广告文案的创作趋势研究［J］．传播与版权，2015（11）．

［21］陈绍团．文案就是一切［J］．中国广告，2012（11）．

［22］伍玉林．广告文案的修辞手法与叙事视角［J］．应用写作，2015（2）．

［23］韩虎山，臧逸潇．网络文案广告的特点和写作技巧［J］．写作，2013（17）．

［24］于德山．大众传媒时代的电视文化与当代中国叙事格局［J］．中国电视，2001（12）．

［25］于德山．视觉文化与叙事转型［J］．福建论坛（文史哲版），2001（3）．

［26］徐毓惠．“真人秀”节目的叙事手段［J］．视听纵横，2011（2）

［27］许芫颜．偶像养成类综艺节目小议［J］．出版广角，2017（8）．

［28］丁云凤．女性商业广告文案用语分析［J］．现代营销（经营版），2018（9）．

［29］安克娴．对社会新闻中女性报道的分析和思考［J］．妇女研究论丛，2000（1）．

［30］邹琰．现代传媒中女性形象批评［J］．西南民族大学学报（人文社科版），2008（4）．

［31］吴理财，解胜利．当代中国大众娱乐习惯变迁［J］．华中师范大学学报（人文社会科学版），2020，59（6）．

［32］郭鸿儒．文化类综艺节目助力传统文化大众传播的方式：以《国家宝藏》为例［J］．西部广播电视，2020，41（22）．

［33］郑宏民．新媒体时代的参与式文化与大众重塑［J］．传媒，2020（22）．

［34］张洋．叙事广告的情感共鸣效果研究［J］．科技传播，2014（20）．

[35] 游中雪．选秀节目《乘风破浪的姐姐》的叙事策略分析［J］．西部广播电视，2020（21）．

[36] 陶颖．米克·巴尔的视觉叙事符号学视域下综艺节目分析：以《一本好书》为例［J］．传播力研究，2020（15）．

[37] 黄巧维．“她”综艺中女性形象建构的困境与突围：以《乘风破浪的姐姐》为例［J］．新媒体研究，2020（19）．

[38] 梁岩．网络综艺的“年轻化”叙事及审美趋向的思考［J］．当代电视，2020（9）．

[39] 于占豪．《乘风破浪的姐姐》走红的传播机制与创新表达［J］．新闻研究导刊，2020，11（20）．

[40] 项萌萌．从《乘风破浪的姐姐》看国内选秀综艺节目的发展［J］．新闻研究导刊，2020，11（18）．

[41] 孙易．《乘风破浪的姐姐》：在综艺同质化环境中乘风破浪［J］．视听，2020（9）．

[42] 曹晓慧．符号学视角下新媒体节目中女性意义的反传统式解读：以《乘风破浪的姐姐》为例［J］．视听，2020（10）．

[43] 廖洋益．女性综艺节目和女性主义：以《乘风破浪的姐姐》为例［J］．新闻研究导刊，2020，11（16）．

[44] 张诗琦．电视真人秀节目的叙事学研究：以韩国真人秀《两天一夜》为例［D］．北京：中国青年政治学院，2013.

[45] 涂曼．中国电视真人秀节目叙事解析［D］．南昌：南昌大学，2010.

[46] 李燕．电视广告的叙事学研究［D］．乌鲁木齐：新疆大学，2015.

[47] 许婧．《乘风破浪的姐姐》的“出圈”密码：彰显独立女性价值［N］．中国艺术报，2020－07－15.

[48] 任桉．姐姐们就该乘风破浪 女性价值不该被年龄定义［N］．中国青年报，2020－06－23.

指导老师：庞海音

电影《地久天长》的艺术特征分析

何　伟
中国语言文学学院汉语言文学 2017－3 班

绪　论

作为中国第六代导演的标签式人物，王小帅凭借强烈的个人风格、浓郁的人文关怀，以及独到的社会审视目光，使创作的电影作品多次荣获国际大奖。王小帅的电影始终聚焦于社会底层小人物的生活百态，首部长片《冬春的日子》被誉为中国独立电影开篇作之一。从 2005 年起，王小帅用十年时间拍摄了与其个人成长经历有关的带有自传色彩的“三线三部曲”——《青红》《我 11》《闯入者》，这些影片具有鲜明的时代印痕和强烈的人文关怀，受到电影评论家与研究者的广泛关注。

王小帅导演的近作《地久天长》讲述了两个家庭改革开放四十年来的生活变迁，涉及知青返乡、计划生育、国企改革、“下海热”等历史事件，以耀军、丽云夫妻这一失独家庭为切入点①，刻画了大时代背景下小人物的命运轨迹。该片在第 69 届柏林国际电影节和第 32 届中国电影金鸡奖双双斩获最佳男、女主角大奖。《地久天长》自 2019 年 3 月上映以来，有关该影片的讨论和研究一直是电影批评和大众文化研究领域的热门话题。

一、《地久天长》视听语言分析

电影被誉为“第七艺术”，其特定的媒介形态也决定了电影文本不同的文化再现和叙事机制。因此，视听语言分析是电影批评的基础面向，“视听语言是电影的画面、声音艺术表现形式的代名词。它既是电影作为

① 根据王小帅接受采访时所言，他对于 2015 年放开二孩政策后却没有出现预想的生育高峰感到震惊，并且作了深入思考，基于这种思考和个人生命体验，他尝试拍摄一部反映两三个家庭变化的影像，旨在通过时间变化来展现人生起伏，变幻无常。参见王小帅，侯克明，文静．《地久天长》：现实主义与东方美学的“平民史诗”——王小帅访谈［J］．电影艺术，2019（3）：45－50.

艺术的形式手段，也是电影作为大众传播媒介的符合系统”①。视听语言通常服务于电影叙事，《地久天长》正是通过不同的构图方式、色彩搭配与光线运用，以及使用符合场景的音乐与贴合人物角色的台词，呈现出一帧帧具有审美品位的镜头画面，并通过温和舒适的视听享受向大众传达了深刻的电影寓意与内涵。

（一）镜头分析

电影是运动的艺术。随着摄影机与被拍摄主体之间距离的远近，镜头也会呈现出不同的画面内容，从而带给观众不同的理解。“镜头推得越近，主观性越强，镜头所暗示的意义越多；相反，镜头拉得越远，客观性越强，观众在对情境意义的理解中参与越充分。”② 镜头写作在一定程度上也体现了导演自身的风格，电影中一些看似简单、随意的镜头画面，其实蕴含了导演用心良苦的表达与记录。

1. 冷峻悲悯的远景镜头

王小帅导演善用远景镜头来表达一种看似冷漠却内含心酸、悲凉的情感与氛围。在电影《地久天长》开头不久，星星因和浩浩在郊外玩耍意外溺水身亡，这一段并没有提及星星是如何溺水的，也没有任何相关预警，而导演是通过一个大远景镜头，向我们展示了得知这一消息的耀军、丽云夫妇从远处向河边奔跑，大声喊着“星星、星星……”的画面（见图1），伴随着阴沉的天气、呼啸的寒风以及尖利的乌鸦叫声。在大远景镜头之下，苍凉的自然景色占据了画面的大部分，而人却显得那么渺小。镜头缓缓上移，看到了在山坡光着身子、直打哆嗦的浩浩，他的无助与害怕也恰巧代表了千千万万个像我们一样的旁观者，也暗示了这次事故对于星星和浩浩两个家庭所造成的无限伤痛，成为在场每个人内心深处无法揭开的一道疤痕。

王小帅导演在电影的表达中常常蕴含着一种悲悯情怀，且这种悲悯情怀是克制、隐忍的，不会通过刻意煽情表现，甚至很少运用镜头特写来表现人物情感，更多是通过中、远景镜头呈现人物的动作状态。在医院那场戏中，失去孩子的耀军、丽云守在手术室门口，撕心裂肺地呐喊（见图2），由于是远景镜头，我们无法看清耀军、丽云脸上的伤痛与绝望，甚至连他们呐喊的声音都听不到，而只能看到他们的肢体在疯狂、崩溃地舞动，这也是旁观者的视角，但作为旁观者，我们能非常强烈地感受到耀

① 许南明，富澜，崔君衍．电影艺术词典［M］．北京：中国电影出版社，2005：163.

② ［英］苏珊·海沃德．电影研究关键词［M］．邹赞，孙柏，李玥阳，译．北京：北京大学出版社，2013：424.

军、丽云失去孩子后的那种悲痛、心碎。王小帅导演对镜头运用的高明之处就在于此，直面人生的痛苦与酸楚，足以引起共鸣却不显得廉价。

图1－图2　《地久天长》远景镜头示例

2. 客观写实的长镜头

“长镜头原指景深镜头，是相较于蒙太奇剪辑中分解的镜头而言的。”① 长镜头相较于蒙太奇，在一段特定时空内保留了摄影机运动与演员表演的完整性，表达一种亲临感与真实性。法国新浪潮电影之父安德烈·巴赞认为：“摄影的美学特性在于揭示真实。”② 电影《地久天长》中有两段突出的长镜头，一段是耀军在一次醉酒后半夜醒来跌跌撞撞找水喝的场景，时间长达2分多钟；另一段是影片结尾耀军和丽云上山为星星扫墓的场景（见图3），时间长达4分钟左右。这两段长镜头不仅连续时间长，而且真实记录了影片特定时空下人物的动作与状态，给人一种身临其境的压抑感与束缚感，引起观影者共鸣，形成一种代入感，甚至观影者也会跟着镜头感觉到“心脏跳到了嗓子眼”。这两段长镜头导演没有随意采取特写、剪辑加“悲乐”的俗套处理，而是通过长镜头让人直观感受——无论是耀军“借酒消愁”后醒来却发现丽云自杀后“愁更愁”的悲痛，还是耀军和丽云在星星墓前拔草、摆盘时的平静与和解。这些情感都直接展示于众人面前，不用加任何修饰与剪辑，用最朴素、最原始的方式震撼、打动所有人。

---

① 许南明，富澜，崔君衍．电影艺术词典［M］．北京：中国电影出版社，2005：155.

② ［法］安德烈·巴赞．电影是什么？［M］．崔君衍，译．北京：中国电影出版社，1987：13.

图3 《地久天长》长镜头截取画面

3. 粗暴压抑的空镜头

空镜头又称“景物镜头”，“常用于阐明思想内容、叙述故事情节和抒发感情意境等”[①]，是“电影重构观众期待视野、丰富深化审美体验”[②] 的重要手段。在电影《地久天长》中，空镜头对于叙事意义表达发挥着重要作用。在影片中具体表现为两个方面：第一是具有转场效果的空镜头。在影片开头的医院戏中，耀军、丽云在手术室门口撕心裂肺的哭诉画面迅速被火车驶过的呼啸声硬生生粗暴切断，镜头对准铁路轨道与发生事故的水库，景色依旧苍凉，随即画面转换到耀军一家搬到福建后的场景。这个空镜头还暗示了时间的奔涌与绝情，曾经的伤痛或是喜悦都只不过是洋洋时空中的一滴水，一切都没有停止，一切都还在继续。第二是具有抒情色彩的空镜头。影片中，在养子刘星离家出走后，耀军、丽云出门寻找刘星，半路遭遇台风大雨，家中早已被雨水淹没、凌乱不堪。在耀军、丽云回家推开门之前，镜头先对准了被狂风吹得摇摇欲坠的窗户，雨淅淅沥沥地下，淋湿的桌面，吹倒的水杯，之后这个场景也成为耀军、丽云二人因为养子刘星争论的背景画面（见图4）。导演使用这个空镜头意味深长，由物及人，耀军、丽云二人的内心世界又何尝不是同样被风雨击打着，自从独子星星去世后，家中一切也早已破碎飘摇。曾经家中因为星星的存在多么幸福欢乐，现在就因为星星的去世有多么压抑颓靡。

---

① 许南明，富澜，崔君衍．电影艺术词典［M］．北京：中国电影出版社，2005：149.

② 贾蒙蒙．接受美学视阈下《小偷家族》中空镜头留白研究［J］．美与时代（美学下），2019（10）：111－113.

图 4　《地久天长》空镜头示例

（二）色彩与用光

电影作为一门综合性艺术，十分讲究如何通过电影画面中的色彩与光线进行艺术表达。因此，色彩与光线的正确运用对于电影影像中的视觉呈现极为重要。在电影《地久天长》中，富有审美表现的色彩与贴合场景氛围的用光对于传达影片视觉效果和塑造人物形象起着至关重要的作用。

1. 富有审美表现的色彩

“色彩基调从属于影片总的情绪基调，是总的视觉氛围的主要组成部分，是形成影片情绪基调的主要视觉手段。”① 电影《地久天长》的色彩基调以冷色调和暗色调为主，整体偏素，服务于现实主义总基调和冷静、克制的影片风格。在电影《地久天长》中，当耀军抱着溺水的星星奔跑到医院时，医院墙面的色彩对比耐人寻味，墙面以白色、绿色相间为主，黄色的边框、深红色的“静”字大大地挂在墙上，伴随着端着输液盘的白衣护士走入镜头，冷色和暗色基调瞬间给人一种身临其境的压抑与恐惧。“中国电影的创作审美取向和创作理论已经从单一的客观色彩运用向多元化的主观色彩运用，通过色彩暗示引导观众的心理、感情发生审美变化，给观众留下深刻的文化思考，从而使得作品具有更高层次的文化意蕴。”② 如 20 世纪 80 年代的电影《黄土地》《红高粱》，以及 21 世纪后的商业大片《英雄》《满城尽带黄金甲》等，其色彩的运用都达到了极高的水平。在电影《地久天长》的探狱戏中，新建因为参加黑灯舞会被抓，美玉、丽云和海

① 许南明，富澜，崔君衍．电影艺术词典［M］．北京：中国电影出版社，2005：280.

② 龚晓青，吴兵．中国电影的色彩观念［J］．电影评介，2008（18）：26.

燕等人前去探望，她们三人分别选取了不同色彩的围巾，不仅与周围整体冷调的背景形成了鲜明对比，也通过色彩暗示了各自的人物性格（见图5）。美玉准备“下海”去广州闯荡，黄色围巾与她的敢拼敢闯个性相吻合；丽云“被迫”得到了计划生育先进个人称号，深粉围巾与她的善良、隐忍相匹配；海燕荣升办公室副主任，大红色围巾也与她好强、直接的性格相契合。

图5 《地久天长》围巾色彩对比

2. 贴合场景氛围的用光

电影还被誉为“光影的艺术”，不同类型的电影对于光影的需求也不尽相同。电影中常见的两种类型光是自然光和人工光。“电影导演在力求获得与整部影片的艺术效果息息相关的影像时，越来越依靠对光的创造性运用。”① 电影《地久天长》在用光方面有着独到之处，主要表现在以下两个方面：

第一，在耀军和茉莉“出轨”的几场戏中，导演利用光线的变化体现人物的心理活动。刚开始耀军与茉莉在酒店见面寒暄时，房间画面整体偏暗，亮度较低，首先给人一种沉闷的氛围。第二次二人见面，时间已近傍晚，房间布光更加黯淡，耀军接到了丽云的电话，这时耀军的脸几乎笼罩在黑暗之中，此时的布光除了显示时间的变化，也暗示了耀军面对丽云时的心虚、愧疚与害怕（见图6）。第三次茉莉告诉耀军她怀孕了，车上的柔

① ［美］李·R. 波布克. 电影的元素［M］. 伍菡卿，译. 北京：中国电影出版社，1986：66.

光处理代表了耀军内心深处对于可能到来的孩子怀有的一丝期望。第四次见面耀军在酒店告诉茉莉打掉孩子，这次房间光线又暗了下去，因为丽云的第六感让耀军和茉莉两人都隐隐不安，尽管“四次失去孩子”导致耀军受到强烈打击，但为了所有人他不得不做出这个选择。最后一次见面是耀军送茉莉离开，背景选择了阳光明亮的车站，茉莉微笑含泪（见图7），耀军强忍住内心难受，整体色调从之前的偏暗变成明朗，这也象征着二人逐渐步入正轨，一切都即将变得平静，打掉孩子是对两个家庭最好的选择。

图6－图7　《地久天长》光线对比

第二，《地久天长》整部影片以自然光为主，而且导演王小帅十分擅长利用光线的变化来表现当时的人物状态。耀军抱着溺水的星星和自杀的丽云向医院奔跑的两场戏中，光的运用极为巧妙。在这两场戏中，前面的光线都极其黯淡，黑暗中几乎看不清耀军脸上的表情，瞬间勾起了观影者的紧张情绪，随着光线逐渐明朗，我们看到了喘着粗气、眼神呆滞的耀军，他显得非常焦急、慌乱，无法向别人言说其中的痛苦与不安，这也是耀军作为父亲、作为丈夫最深的无奈以及在向命运斗争中所体现出的最后的坚强、责任与担当。

（三）音乐和对白

音乐与对白作为电影的听觉元素，与其他视觉元素相互依存、相互配合，并共同构成了电影的视听语言。一部质量上乘的影片必然有着让人身临其境的听觉享受，电影《地久天长》中简单舒缓的音乐与克制内敛的对白总体上也服务着影片的整体风格。

1. 简单舒缓的音乐

电影音乐被公认为电影的“第二台词”，是电影重要的组成部分之一，在全世界各大电影奖项中，均有音乐类奖项的存在，如中国电影金鸡奖设置最佳音乐奖项，奥斯卡金像奖设置最佳原创歌曲和最佳原创配乐等。好的电影音乐与电影本身之间是一种相互衬托的关系，而不能喧宾夺主，更不能简单利用音乐廉价煽情。“电影的风格决定了电影音乐的风格，而音乐也影响着影片风格的形成。音乐以其独特的艺术手段，在时代特征、民族特点、地方色彩、意境、格调等方面强化了影片的风格。”① 在电影《地久天长》中，音乐处理非常巧妙，绝大部分时刻几乎没有音乐的推进，而是通过剧情本身的讲述，调动观众情绪，甚至在许多需要释放情感的小高潮时刻也不让音乐出场，也没有采取粗暴的方式随意割裂音乐片段等，以达到强化影片纪实感的目的，如经常出现火车鸣笛声、工厂施工声音等人为割裂音乐的场景。

影片中出现最多的一首音乐便是源自苏格兰的民歌《友谊地久天长》，共出现五次，这首简单舒缓的配乐与影片的视觉呈现相得益彰。“当配乐处于最佳状态的语境中，就和影像之间存在微妙的张力。”② 前两次出现的场景分别是在医院抢救溺水的星星，以及耀军、丽云看着一家三口以前的照片追忆过去的场景。这两次音乐响起时情绪格外哀伤低回，抒发了一种凄凉忧郁的感情，奠定了影片的整体基调与风格，并直接点明主题。随着时间的流逝，许多事情其实无法处在完全的掌控之中，那地久天长既是对亲人、朋友之间的感情永恒的期望，也暗示了这一次的意外对于双方家庭所造成的永恒伤痛。后三次出现的场景分别是美玉用录音机播放回忆知青岁月、耀军口琴吹奏以及作为舞厅戏的背景伴奏音乐，相较于前两次相对欢快一点，这三次主要是通过这首歌曲贴近当时的情景画面，强化时代感与背景感，给人一种更加真实、生动的感觉。

2. 节制内敛的对白

“台词是影片中人物运用的有声声音的总称。包括人物对白、独白、旁白、心声、解说以及所有能够表达一定意义的人声。”③ 电影不同于电视剧，不需要太多台词表现，很多时候演员的表演也不需要通过大段的对白表达人物状态，更多是利用镜头、构图、色彩等电影本体元素讲述故事，所以人物对白在电影中的处理十分重要。

在电影《地久天长》中，演员对白整体以节制内敛的处理方式为主。耀军是一个传统的父亲形象，片中虽话语不多，但十分典型。面对养子刘星离家出走，既能说出“就当他死了”这样无奈的狠话，也能在养子回来后要身份证时宽慰妻子丽云说道“都这样了，我们还有什么不可以面对的呢”，甚至在星星溺水身亡后为保护活着的孩子浩浩，对沈英明说出“从

---

① 许南明，富澜，崔君衍. 电影艺术词典［M］. 北京：中国电影出版社，2005：362.

② ［英］苏珊·海沃德. 电影研究关键词［M］. 邹赞，孙柏，李玥阳，译. 北京：北京大学出版社，2013：318－319.

③ 许南明，富澜，崔君衍. 电影艺术词典［M］. 北京：中国电影出版社，2005：204.

今往后，永远不要在浩浩面前提这个事”等。这些对白将一个面对生活重压的中国式父亲形象跃然屏幕之上。但同时，耀军也有偏幽默文艺的一面，如开头一家三口吃饭时耀军对星星说“奖你三颗花生米”，仅仅一句台词就表现了影片中一家三口少有的温情时刻，以及吹口琴、在舞厅和茉莉跳舞，包括探监新建时为活跃气氛故意调侃新建说道“你这个发型不错，像个好人”。另外，电影《地久天长》中还出现了一些经过艺术加工后带有反思色彩的对白，如耀军代替丽云说的“时间已经停止了，剩下的就是等着慢慢变老”，以及海燕在病危时对丽云说的“我们有钱了，不怕，你们可以生了”。这类对白明显带有导演个人色彩，帮助影片的整体艺术风格上升一个层次，令人感触和深思。

二、《地久天长》叙事特征分析

“叙事指的是用来组织故事的策略、符码和惯例（包括场面调度和灯光）。”① 电影的叙事特征决定了电影的总体基调。电影《地久天长》正是运用小人物的平民视角，通过刻画细节的真实感、人物的典型性，以及其中蕴含的史诗气质，奠定现实主义总基调，受到国内外广大观众的喜爱。

（一）现实主义创作风格

电影《地久天长》作为一部具有现实主义风格特征的影片，聚焦失独家庭，反映了两个普通家庭之间改革开放四十年来的生活变迁，力求以真实的生活场景与细节以及典型的人物形象刻画来探求影片所追求的现实主义精神。

1. 真实的生活场景与细节

现实主义题材电影往往对于细节的还原十分讲究，为了让观众在观影过程获得一种强烈的体验感和代入感，导演在布景以及道具的选择上通常采用写实原则，通过营造具有真实感的环境，用符合日常生活和现实规律的画面反映社会图景。在电影《地久天长》中有很多日常的场景，比如多次出现的吃饭场景，桌子上是几十年都不变的大馒头配小菜（见图8），这种重复性的镜头为电影增添了更多生活化的色彩。还有丽云发现耀军可能出轨后，在厨房边切土豆丝边想心事，以及与耀军之间的谈话，将丽云这样一个做饭、洗衣、收拾屋子的传统中国家庭妇女形象刻画得十分鲜明。

---

① ［英］苏珊·海沃德．电影研究关键词［M］．邹赞，孙柏，李玥阳，译．北京：北京大学出版社，2013：3140.

图8　以饭桌上的一家三口为背景的《地久天长》温情版海报

王小帅导演在接受采访时多次强调“这不是一部电影，这是生活”①。在整部影片中，无论是场景的搭建，还是演员们的表演，都指向了最普通、最本真的生活。演员在影片中“真实生活着”，从青年到老年，逼真的妆容没有让观众出戏，观众反而能在观看过程中直接感受这扑面而来的真实。为真实还原20世纪80年代的场景，导演选景跨越大半个中国，最终定在包头，美术指导按照老苏联建筑风格将电影中那些具有年代感的场景一点一点搭建出来。特别是在讲述计划生育那段时代背景时，细节刻画十分生动真实，如广播声音中不断传来的关于计划生育的宣传政策，以及国企工厂的宣传图画“为了实现四个现代化，一对夫妇……”，还有海燕办公室的背景墙都是“搞好计划生育，促进经济发展”这样的标语。当丽云和耀军发现怀孕后却偷偷隐瞒，因为违规生育不仅会被罚款，甚至还会让丽云和耀军二人丢掉国企工厂工作。所以海燕发现此事后，强制拉丽云去堕胎，后来丽云和耀军二人还因此得到了计划生育先进个人称号，这样的场景是那个特定年代的真实写照。

2. 典型的人物形象刻画

电影《地久天长》的现实主义特征除了真实还原生活细节以外，还体

---

① 人民网. 导演王小帅谈《地久天长》：这不是电影，这是生活［EB/OL］.（2019－04－03）. http：//media. people. com. cn/n1/2019/0403/c14677－31011842. html.

现在塑造了20世纪80年代的三组典型人物形象。恩格斯曾指出，“现实主义，除细节的真实外，还要真实地再现典型环境中的典型人物”①。电影《地久天长》中所涉及的三组典型人物形象基本上代表了20世纪80年代面对社会转型抱有不同心态的人物群像，既有“冒险派”，也有“隐忍派”，还有介于二者之间的代表。

以丽云和耀军为代表的“隐忍派”，从经历失独、被迫下岗，再到搬去福建漂泊他乡，面对生活的一次次重压，丽云和耀军始终接受命运的安排，渴望普普通通、平平静静、安安稳稳地过完一生，却最终被时代落下。善良与隐忍是他们的天性，晚景生活是三组人物中最为凄贫的，也是最让人心酸和动容的。

以美玉和新建为代表的“冒险派”，追求自由与冒险，是三组人物中最大胆的，见过的世面也最多，从穿喇叭裤、录音机播放“靡靡之音”、跳新舞种“伦巴”，甚至是参加“黑灯舞会”被抓，再到后来的“下海”经商，美玉和新建属于改革开放初期敢拼敢闯的那批人。美玉在电影中也敢于追求自己的爱情，在新建被抓后，特地跑到监狱去探望，即使之前“打算去南方流浪”也抵不过新建的“一句准话”，最后在新建出狱后两人也终成眷属。

以海燕和英明为代表的人物介于“隐忍派”和“冒险派”之间，从计划生育办公室主任，到内退后搞房地产开发，既不特立独行，也不落后于时代，而是善于观察着时代洪流的发展变化，也可以说是三组人物中最为精明的。而英明、海燕夫妇的儿子浩浩与耀军、丽云夫妇的儿子星星之间也因为受到家庭教育因素的影响呈现出相对“冒险”和相对“保守”的性格特征，这种带有明显差别的不同性格最终也在友谊地久天长的愿景下导致了悲剧的发生。

（二）恢宏的史诗气质

史诗是人类早期社会出现的一种文学样式，过去常被用来指代以英雄传说或重大历史事件为对象的古代长篇叙事诗，如古希腊的《奥德赛》《伊利亚特》以及印度的《摩诃婆罗多》《罗摩衍那》等都是古代著名的史诗。不同于古典史诗，关于史诗电影，苏珊·海沃德首先定义为：经济上“耗资巨大”“布景宏大”，人物常常是“不朽的英雄或明星”，主题

① 中共中央马克思恩格斯列宁斯大林著作编译局．马克思恩格斯选集：第4卷［M］．北京：人民出版社，1972：462.

"取材于真实历史"等。[①] 此外，史诗电影的时间跨度与电影时长都较长。最后，史诗电影还需要有反映恢宏时代的全景画面，由个体经历反映普遍时代遭遇。《地久天长》是一部具有史诗特征的电影作品，既反映了广阔的人民生活和社会变迁，也体现出史诗精神的光芒。

1. 反映人民生活的史诗内容

电影《地久天长》作为一部具有恢宏史诗气质的电影，电影时长接近三个小时，讲述了中国改革开放四十年以来的社会历史变迁，涉及知青返乡、计划生育、国企下岗、下海热、出国热等众多历史事件，内容体量足够庞大。这种史诗表达绝不局限于传统意义上的歌颂赞美，而是将史诗表达与日常生活相结合。"扎根民族，立足时代，面向人民，是史诗创作的必然取向。"[②] 习近平总书记也多次强调，人民是文艺创作的源头活水，文艺要反映好人民心声，要坚持为人民服务。[③] 电影《地久天长》不同于英雄史诗，它是反映中国改革开放初期人民生活状貌的广阔史诗。20 世纪 80 年代知青返乡，青年时期的耀军和英明是一对关系亲密的好友，两个家庭的儿子也延续了父辈的友谊，但一次意外导致耀军儿子星星溺水身亡，两个家庭也因此逐渐疏离。而在此之前，耀军的妻子丽云因为计划生育政策被迫堕胎，且由于手术失误无法再次怀孕。影片以此为切入点，并将故事放置于下岗潮、下海潮等宏大的历史背景中，成为特定时代的文化缩影。

《地久天长》还是一部真正关注人民生活状态的人民史诗电影，不仅反映现实范围广阔，而且充满生活气息，刻画细致入微。耀军和丽云家中饭桌上永远摆放的都是馒头配小菜，却让人感受不到丝毫刻意与苦情，而是一种表现现实生活的真实写照。小年夜那场戏中，海燕和美玉两个家庭聚会，窗户上贴着喜庆的窗花，导演的镜头却没有直接切入，而是隔着窗户玻璃朦朦胧胧地表现出室内的热闹，与另一个空间昏暗灯光下沉默的耀军、丽云二人形成鲜明对比。表面上看起来是有人欢喜有人愁，但从后续的对话中得知，其实无论哪个家庭都无法完全摆脱那曾经的伤痛，也无法逃避过去的人和事。海燕天天睡不好觉，英明让海燕打了辞职报告，这一句简单的对白却暗示了非常丰富的信息，蕴含从体制内退到下海赚钱的生活转变。导演用这样一种悲悯的目光讲述一个发生在普通家庭之中的史诗变迁，这既是上一代人的"共同经历"，也是这一代人正在面临的"时代

---

① ［英］苏珊·海沃德．电影研究关键词［M］．邹赞，孙柏，李玥阳，译．北京：北京大学出版社，2013：153.

② 李瑾．新时代呼唤中华民族新史诗：谈谈史诗创作"为何""何为"问题［N］．光明日报，2019-05-22（14）。

③ 习近平．在文艺工作座谈会上的讲话［N］．人民日报，2015-10-15（002）．

挑战”。具体事件内容虽然变了，但是其中所折射出来的精神内涵却是“永恒”与“地久天长”。

2. 闪耀人性光芒的史诗精神

史诗通常指时间跨度长、背景复杂、人物众多、能够全面反映社会生活面貌的作品。“‘史诗’类影片在创作时，往往将社会事件演变成特殊经历并把它适当安排到人物的个体生活中。”[①] 电影《地久天长》不仅在形式上匹配，内容容量足够庞大，而且在内在精神上也体现了一种史诗表达，展现出一种在普通人身上也能闪耀的精神光芒。电影中耀军一家因为“天灾”与“人祸”成为失独家庭，但除此之外，生活中其他方面也照样随着时代洪流的不断冲刷发生着变化。面对生活的琐碎与随时可能遭遇的困顿与挫折，耀军和丽云凭借着大多数中国人民身上那种善良与隐忍的内在特质，在历经历史车轮的一遍遍碾压之后，仍然选择坚强、坚忍地活着。耀军和丽云在影片中从头到尾都没有抱怨时代与命运的不公，也没有怨恨海燕以及浩浩对于自己家庭的伤害，甚至在影片结尾浩浩向耀军和丽云坦白水库溺水真相时，丽云也丝毫没有责怪浩浩，反而是安慰浩浩：“说出来就好了。”耀军和丽云选择了带有浓厚理想色彩的原谅与和解，因为这是能够让所有情感与爱地久天长的有效方式，也体现了中国人民在时代潮流冲击下对于幸福团圆的渴望和追求。即便悲痛仅仅被包裹在需要独自承受的个体家庭内部，但是无论经历多少生活苦难，抑或需要面对一些难以逾越的障碍，甚至是丽云想要自杀让耀军差点失去希望的时候，他们都没有放弃，而是坚持前行。此类剧情的呈现使得以耀军和丽云为代表的普通大众身上，表现出一种独属于其自身气质，且闪耀着人性中善良、隐忍、坚强和宽容的史诗精神光芒。

（三）小人物的平民视角

王小帅导演的电影作品通常聚焦社会底层人物，叙说着小人物的日常生活百态，这部《地久天长》也依旧沿用这一视角。耀军和丽云本都是国企大工厂中最普通的员工，电影以这一家庭的经历为切入点，将大的时代背景融入其中，从小人物的平民视角观察社会四十年的变迁发展。其中既有像耀军、丽云这样默默承受着周围生活变化的失独家庭，也有像美玉、新建这样在改革开放初期勇于接受周围新事物、毅然“下海”拼搏的小人物。电影《地久天长》刻画了较为丰富、饱满的人物群像，通过讲述这几

---

① 臧海伊．论《地久天长》人物形象谱系构建的影像抒意［J］．电影评介，2020（12）：97－100.

组家庭之间的故事展现了特定时代背景下一代人的成长与经历。

1. 海燕视角

海燕是电影中较为典型的小人物形象，她既是时代的受害者，也是时代的助虐者。海燕作为计划生育办公室主任，为严格落实计划生育政策，保证“先进”，也为保住自己头上的“乌纱帽”，她让再次怀孕的丽云去医院做人流手术，却因手术的一点小差错导致丽云无法再次怀孕。本来还可以相安无事，但海燕的儿子浩浩却在一次意外中导致丽云唯一的儿子星星溺水身亡，丽云一家因此成为失独家庭。这一场“天灾”与“人祸”均与海燕及其家庭有关，海燕因为这两件事一辈子生活在悔恨与自责之中。海燕在临终前对丽云说到“有钱了，你们可以生了”，这句话表明海燕仍然活在过去的时代之中，她作为一个底层小人物不可能认识到悲剧发生的根本原因其实不在于钱，而是特定时代与个体意志的共同作用。“在思考时代政策、体制机制的问题时，也不要忽视个体的责任，或者是‘平庸之恶’，李海燕只是一个宏大体制中的螺丝钉。”① 不能说全部的过错都在海燕，但海燕不可否认是其中的一份子，在大时代洪流中注定要承担道义上的责任。

2. 英明与浩浩视角

相较于海燕，英明和浩浩虽着墨不多，但是影片中更值得深思的两个小人物。茉莉重逢耀军后把耀军的联系方式给了她哥哥英明，但我们知道，到海燕临终前英明才打通了这个电话，从耀军一家搬走后几十年间都没再联系。而且影片后半段英明在 KTV 找陪酒女谈生意时，通过与浩浩之间的对话才得知海燕病危，可见他们二人之间的感情也出现了破裂。至于浩浩，从考大学到结婚生子，影片没有讲述他如何背负着童年记忆长大，只有浩浩后来自己讲述时，才将童年这件事情比喻成生长在体内的一棵树。事业有成后浩浩像他父亲一样，也从未主动联系过干爹干妈，甚至后来浩浩向干爹干妈坦白水库事件原委最重要的一个原因，也只不过是他不想再像妈妈海燕一样一辈子饱受折磨，与其说是坦白真相，不如说是追求自我救赎。影片没有对像海燕、英明、浩浩这样的小人物进行鲜明批判，而是平静地讲述着他们之间的故事，至于如何评价和理解，导演把这个权力交到了观众手中。

相较于中国第五代导演，身为第六代导演的王小帅以小人物的平民视角截取时代洪流中的生活小事，讲述了那个年代中个体生命所普遍遭遇的

① 王小帅，侯克明，文静.《地久天长》：现实主义与东方美学的“平民史诗”：王小帅访谈［J］.电影艺术，2019（3）：45－50.

命运冲击。影片不仅歌颂了以耀军和丽云为代表的小人物所拥有的坚强、善良品质，也表达了王小帅导演对于社会小人物命运的关怀与悲悯，同时引发观影者对于中国社会底层小人物生活命运及其遭遇的关注与反思。

三、从《地久天长》看王小帅电影的作者表达

《地久天长》是王小帅“家园三部曲”系列的第一部作品，第二部《沃土》已进入筹备工作。相较于之前“三线三部曲”的私人化叙事，“家园三部曲”更加深入社会生活的方方面面，立意也更加宏大，不过其对中国社会发展变迁的关注，对人的悲悯与关怀的主题始终没变。电影中时常出现的一些元素也一直呼应着王小帅的个人经历，蕴含着导演内在意义层面上的作者表达。

（一）导演的艺术创作表达

王小帅导演作为中国第六代导演的领军人物之一，“其参与构成的‘中国新影像运动’是八九十年代社会转型期社会文化的一种渐显”①，和其他第六代导演一样，电影作品中关注着边缘、弱势、底层群体的命运，艺术上追求一种纪实主义风格，大量使用手持镜头，以及碎片化、拼贴式剪辑。“现有的第六代作品多少带有某种现代主义、间或可以称之为‘新启蒙’的文化特征。”② 但受到自小学习画画与其个人独特的成长经历的影响，王小帅又与其他第六代导演之间有着明显的区别，带有一种“中和”的色彩。比如王小帅在电影《地久天长》中既大量使用手持镜头——耀军和丽云在集市寻找养子刘星以及耀军抱着自杀的丽云奔向医院的场景，给人一种亲临现场的真实感与运动感，但又并不像娄烨在电影《风中有朵雨做的云》中所极致运用的那种使人强烈头晕目眩的摇晃手持镜头。王小帅在电影中也喜欢使用固定镜头，如影片最后耀军和丽云给星星坟前扫墓的场景，观众仿佛就在镜头背后，冷静地观察、记录着这一对夫妇。构图方式也讲究灵活多样，特别是当出现星星的旧土坟与周围用大理石统一新修的陵园的画面对比时，给人一种强烈的震撼感，也暗示着耀军和丽云早已如同这旧坟一样与主流社会脱轨。

---

① 戴锦华．雾中风景：中国电影文化 1978—1998［M］．北京：北京大学出版社，2006：373.

② 戴锦华．雾中风景：中国电影文化 1978—1998［M］．北京：北京大学出版社，2006：373.

1. 对身份认同的渴望

王小帅独特的个人成长经历也经常为他的电影创作提供灵感与元素支撑，如带有明显自传色彩的“三线三部曲”——《青红》《我 11》《闯入者》。在电影《地久天长》中，王小帅则将个人渴望得到身份认同的观念加入茉莉的人物性格塑造。王小帅在上海出生，贵阳长大，然后在武汉上中学，15 岁又到北京上学。他渴望得到身份认同，但“‘外乡人’却成为一直跟随他的一道心理印迹，甚至有时候他觉得自己也是这个时代的局外人”①。这样的经历让王小帅在电影中不断诉说着乡愁，也在影像中不断去寻求一种身份认同。

茉莉可以说是电影《地久天长》中唯一的一抹亮色，却也一直在寻找自己的身份认同。她从小跟哥嫂生活在一起，对耀军这样的邻家大哥哥充满了好感。在舞厅，茉莉能够穿着鲜艳的红裙子邀请耀军一起跳舞。耀军的儿子星星溺水身亡后，茉莉敢于在饭桌上表达“本来可以不是独苗”的愤怒，以及在小年夜主动给耀军家送饺子的愧疚。甚至在准备辞职出国前为替哥嫂还罪，怀着同情、愧疚以及年少时的爱意等复杂心情与耀军发生了关系，并怀了孕。茉莉一直肩负着本不属于她的两个家庭之间的情感重压，并把怀孕这件事归结为也许就是命。茉莉或许在出国后会明白，她应该有自己的生活，她并不用在两个家庭发生的变故之间寻找任何身份认同，这不是某一个人的过错，她也救赎不了，反而可能只会造成对更多人的伤害。而茉莉，其实只需要成为她自己，真正认同自己。

2. 把控时间的野心

电影《地久天长》还突显了王小帅导演把控时间的野心。影片故事时间跨度接近四十年，地点从内蒙古包头到福建，再回到内蒙古，如果采取线性叙述两个家庭的发展变迁，短短一部电影的时长根本无法满足其故事容量。所以在剧本创作阶段，王小帅就打破了故事发生的时空界线，采用非线性穿插式叙述方法。对于时间、地点的切换，王小帅也没有设置字幕提醒观众，因为在他看来，影片所传递出来的情感是共通的，观众只需要去感受。

另外，电影《地久天长》还被誉为当代版《活着》。导演在采访期间也曾表示，一辈子那么长，活着就有希望。因此，在导演镜头下，耀军和丽云经历失独、下岗、选择漂泊异乡去遗忘伤心的过往，搬到福建后即使语言不通、生活方式不同、没有熟人，二人也都没有选择回去，他们用一辈子的时间来抚平心中丧子的伤痛，耀军和丽云其实也是互相为对方活着

① 王小帅．薄薄的故乡［M］．重庆：重庆大学出版社，2015：80.

的。时间的力量很强大，历史的洪流也不会停止，一切都还在发生着变化。但在耀军和丽云看来，经历了这么多次命运打击之后，即便面对更大的挑战，他们也能坦然接受，因为他们已经没有什么不可以再去面对的了，比如耀军和丽云从福建坐飞机回老家遇到气流颠簸时的自嘲，“真可笑，我们居然害怕死”。“有些家庭随着社会的变迁，陆陆续续地离开了，而有些家庭已经无力再走，他们成为经过这里的时间的守望者和见证者，一代又一代。”① 影片最后耀军和丽云的归来其实就是表达一种情感和希望，故人重聚，几十年时间让所有的一切都物是人非了，面对海燕的离世、浩浩的坦白，两个家庭之间终于达成“和解”，这种时间和情感带来的“和解”是不需要用任何言语去表达的。完成“和解”后的耀军和丽云前往星星墓地“告别”，伴随浩浩儿子的出生、养子刘星的归来，电影向我们证明生活还在继续，希望也一定还在。

（二）强烈的人文关怀

王小帅导演十分追求冷静克制的影像风格。无论是镜头的运动，还是音乐的处理，无不体现了这一特点。在中国电影过度追求大喜大悲的今天，这种冷静克制、内敛理性的气质显得尤为可贵。冷静克制并不代表着情感的冷漠，而是一种更高级的处理方式，不满足于简单的煽情，而是依靠强大情感力量的自然流露，这种强大情感力量背后还暗藏着导演对于人的悲悯与关怀之情。

王小帅童年在贵阳生活的十三年时光对他来说是一段至关重要的生命记忆，在这里他遇到了很多同他一样的三线子弟，也感受到了许多温暖的存在，这些温暖的瞬间在王小帅的心中埋下了种子。王小帅正是热爱着自己的祖国以及祖国的这片土地，才会对生活在这片土地上的人民饱含悲悯与关怀。在王小帅的电影中，他擅长刻画对于大时代背景下小人物的命运的唏嘘，而这只是“时代的大风浪里的一朵小小的浪花，它不代表全部，甚至，跟那个时代的残酷性相比，它显得无足轻重”②。电影《地久天长》聚焦两个家庭在接近四十年的时间流逝中所发生的起起落落的人生变化，影片不只是讲述某一个人的故事，而且通过时代缩影折射出一代人的命运变幻，耀军、丽云夫妻家庭中发生的悲剧也可能在其他任何一个家庭中重演，他们都只是国企大工厂下的普通员工，面对改革开放后社会急剧的变化，耀军和丽云没有跟上时代的步伐，他们像千千万万个下岗员工一样，

① 王小帅．薄薄的故乡［M］．重庆：重庆大学出版社，2015：47.

② 王小帅．薄薄的故乡［M］．重庆：重庆大学出版社，2015：151.

成为命运的失意者。

与其他第六代导演相比，由于王小帅个人独特的成长经历，这种个体命运普遍性表现得更加突出。中国第六代导演的电影作品关注的群体更加倾向边缘地带，而王小帅电影中的人物，无论是《闯入者》中的独居老人邓美娟，还是《地久天长》中的下岗工人刘耀军与王丽云，都显得更加普通和大众化，这些人所经历和遭遇的也更是那个年代中千千万万个人的缩影。这种普遍性是个体命运的普遍性，也是王小帅对人的悲悯与关怀的独特表达。

结　语

本文以马克思主义文艺理论为指导，从视听语言、叙事特征以及导演内在意义层面上的作者表达三个方面研究了电影《地久天长》的艺术特征。通过分析电影的镜头运动、色彩与用光、音乐与对白，从电影本体角度感受视听语言中蕴含的艺术表达。本文利用相关理论知识，尝试透过视听影像文本理解背后所体现的现实主义电影风格、史诗感以及小人物的平民视角。这些对于准确把握导演的艺术创作表达及其内心所蕴含的强烈人文关怀与人性悲悯色彩具有重要意义。

习近平总书记在文艺工作座谈会上强调，文艺要反映人民心声，坚持为人民服务。人民既是历史的创造者，也是历史的见证者；既是历史的“剧中人”，也是历史的“剧作者”[①]。王小帅在电影创作中一直有着自己的坚守，聚焦普通人的日常生活，关注他们的命运与生存，记录着时代的变迁与发展。永远生活在象牙塔而不去了解外面的世界，就不会有持久的文艺灵感和创作激情，王小帅始终选择走进生活深处，不论是伴随童年经历反映“大三线建设”时期的“自传三部曲”，还是讲述时代洪流背景下个体命运普遍遭遇的《地久天长》，他都坚持现实主义创作总方向，聚焦人民群体，努力讲好新时代中国故事。

随着电影进入大工业时代，一些导演和制作方盲目追求票房利润，忽视影片的艺术价值，导致口碑破裂。而王小帅导演在电影创作中不仅追求人文关怀与艺术表达，也顺应电影市场变化，努力平衡着电影社会效益和经济效益之间的关系。文艺需要创新，电影也需要不断创新来满足人们日益增长的精神需求。近年来，中国国家文化软实力的不断增强，作为电影工作者乃至整个文艺创作团队，也需要不断提高自身的科学文化修养，回

① 习近平．在文艺工作座谈会上的讲话［N］．人民日报，2014－10－15（2）．

归艺术创作初心，肩负文化传播使命，创作出广大人民喜闻乐见的文艺作品，努力讲好中国故事，弘扬中华文化，传承中国精神与中国力量。

参考文献

［1］中共中央马克思恩格斯列宁斯大林著作编译局．马克思恩格斯选集：第4卷［M］．北京：人民出版社，1972.

［2］毛泽东．毛泽东选集：第3卷［M］．北京：人民出版社，1977.

［3］中央宣传部．习近平总书记在文艺工作座谈会上的重要讲话学习读本［M］．北京：学习出版社，2015.

［4］［英］苏珊·海沃德．电影研究关键词［M］．邹赞，孙柏，李玥阳，译．北京：北京大学出版社，2013.

［5］许南明，富澜，崔君衍．电影艺术词典［M］．北京：中国电影出版社，2005.

［6］［荷］米克·巴尔．叙述学：叙事理论导论［M］．谭君强，译．北京：中国社会科学出版社，1995.

［7］李显杰．电影叙事学：理论和实例［M］．北京：中国电影出版社，2000.

［8］王小帅．薄薄的故乡［M］．重庆：重庆大学出版社，2015.

［9］［美］李·R. 波布克．电影的元素［M］．伍菡卿，译．北京：中国电影出版社，1986.

［10］李正光．碎片化的影像：第六代导演的审美观［M］．桂林：广西师范大学出版社，2011.

［11］［法］安德烈·巴赞．电影是什么?［M］．崔君衍，译．北京：中国电影出版社，1987.

［12］戴锦华．雾中风景：中国电影文化1978—1998［M］．北京：北京大学出版社，2006.

［13］朱小丰．电影美学［M］．上海：上海文艺出版社，2012.

［14］钟芝红，庞盛骁．《地久天长》叙事策略聚焦［J］．电影评介，2019（7）.

［15］周星，张萌．家庭伦理情感翻越传统的现代处理：《地久天长》分析［J］．电影评介，2019（7）.

［16］蔡艳．创伤叙事视域下的《地久天长》研究［J］．东南传播，2019（9）.

［17］王佩佩．《地久天长》：时代与个体悲剧的消解与错位［J］．电影文学，2019（21）.

［18］杨宣华．《地久天长》音乐审美：简单，是最丰富的高雅［J］．电影评介，2019（7）.

［19］刘茉琳．《地久天长》中王小帅的镜头语言与历史反思［J］．西部学刊，2019（18）.

［20］朱洁．唯有《山河故人》，可以《地久天长》：对贾樟柯、王小帅两部近作的互文性解读［J］．南京师范大学文学院学报，2019（4）.

［21］王小鲁．电影意义的生成：从《地久天长》到《风中有朵雨做的云》［J］．

北京电影学院学报，2019（5）.

［22］王小帅，侯克明，文静.《地久天长》：现实主义与东方美学的“平民史诗”——王小帅访谈［J］. 电影艺术，2019（3）.

［23］孔丹娜.导演童年经历在电影中的呈现：以王小帅“三线三部曲”为例［J］. 视听，2019（7）.

［24］CREWE D. Scars of time：guilt and forgiveness in Wang Xiaoshuai's So Long，my son［J］. Metro magazine：media & education magazine，2019（202）.

［25］郭红艳.论王小帅电影的美学追求［D］. 西安：长安大学，2017.

［26］石雨佳.王小帅电影的创作与接受研究［D］. 杭州：浙江大学，2016.

［27］宋楚唯.王小帅电影的空间叙事研究［D］. 南昌：南昌大学，2018.

［28］李昕昕.漂流与镜像：空间理论视阈下的城市电影研究——以王小帅导演电影为例［D］. 兰州：兰州大学，2017.

［29］朱广萍.王小帅电影的悲剧性研究［D］. 南京：南京师范大学，2015.

［30］胡馨月.规训、焦虑、身份认同：身体文化视域下的王小帅电影研究［D］. 重庆：重庆大学，2015.

指导老师：邹赞

论“草原”在《狼殇》中的空间叙事功能

曾　涛
中国语言文学学院汉语言文学2018－3班

一、《狼殇》中“草原”的空间性叙事视角

“草原”的空间性叙事视角即指叙事者在文本中的视角。简单来说，叙事者在建构文本时采用了一种“空间性”的叙事视角，可伸可缩，可大可小，而这种伸缩变化的视角又同“草原”这个空间是分不开的。“草原”空间的时空边界与地理范畴近乎无垠赋予了文本这种“空间性”的叙事视角。此外，本文所讨论的叙事者，是故事的讲述者，是包括真实作者和隐含作者在内的整体指称，如指称其中的某一种，则会进行具体说明。

（一）伸缩变换的叙事视角

“草原”在《中国百科大辞典》中被定义为“在自然条件下不宜于耕种农作物，不适宜生长树木或树木稀疏，而以生长草类为主，只适于经营畜牧业的广大面积的天然草地”①。从定义层面来说，“草原”便同时有着广义与狭义的双重符号指代。举例来说，“草原”既可以指代一个地理区域，同时又可以指代在这个地理区域下的某个地标，诸如“草原”中的某个牧场、某个山冈、某条河流等。而本文所讨论的《狼殇》中的“草原”也同样兼具广义与狭义的两种指代。

被这两种定义所指代的“草原”从定义之初便带有一种内外层相包含的“空间性”，也是由此，叙事者的叙事视角在广义的“草原”和狭义的“草原”来回变换时，便同样也带有了一种叙事层面的“空间性”色彩。总结而言，本部分将要论述的伸缩变换的叙事视角实际上正是在讨论“草原”的这种广义指代和狭义指代。

1. 远景中的“草原”

视角一般被定义为叙事者或人物从什么角度观察故事②。在《狼殇》

① 《中国百科大辞典》编委会．中国百科大辞典［M］．北京：华夏出版社，1990：1100.
② 胡亚敏．叙事学［M］．武汉：华中师范大学出版社，2004：19.

中，叙事者所建构的广义的“草原”，是包括诸如新疆的巴音布鲁克草原、阿勒泰草原、伊犁草原、内蒙古的锡林郭勒草原以及西藏的阿里土林等在内的广义指代。由这些地点所共同构成的广义“草原”搭建出了文本的“草原”空间整体骨架。而文本非聚焦型的视角，则使得叙事能以鸟瞰的形式俯察“草原”空间的全景，由此形成了流动式的“草原”整体图景。如此，文本的“草原”空间便从广义维度包含了我国整个西部地区，并借由新疆、内蒙古、西藏阿里等地标共同构成了文本中“草原”的广义指代空间。而在这个广义空间搭建的过程中，“草原”的时空边界起到了至关重要的作用①。

首先，《狼之志》为全文建构出了一个全景式的“草原”空间，而时空边界则进一步延展了此空间。本部分几乎没有进行故事的讲述，反而是在提供一幅叙事者眼中的“草原”空间整体图示。从小说的整体结构看，这一部分在为整部小说提纲挈领，它讲述了生活在“草原”之上的狼和人，对狼的性格、特点、习性，狼与人的冲突进行解释说明。在此过程中，叙事者作为一个“上帝”，在名为“草原”这个空间的画布上进行速写，简笔勾勒出生活于其上的狼和人的大致轮廓，而对于这个空间的润色以及狼与人轮廓的细化则留到后三部分进行。值得注意的是，文本中“草原”空间边界的模糊赋予了这个画布近乎无限延长的特点②，正因如此，叙事者方能在“草原”空间内随性书写。

其次，也是正因它的时空边界，方才使得叙事能在这个广义空间内随意摆动。所以，叙事能在后文的故事讲述中隐藏自己的地理坐标，作为单一的“草原”所指，指代广义的“草原”，同时也能作为能指，指代某一具体地标。二者的相互联系赋予了“草原”空间的整体相连。因而，我们能在随后的叙事中看到，文本实际上是以新疆的草原（特别是阿勒泰草原）为核心向四周散射，既可延伸到西藏阿里，又可延伸到内蒙古草原，而在文本中反复出现的“讲故事”情节便是勾连广角下的“草原”空间各个部分的锁链。所以在一个短篇中，我们能看到叙事者通过在阿勒泰讲述“草原”的故事连接到了伊犁的巴尔鲁克山，也能看到上一秒我们还在此地，下一秒我们又能远至天边，而这一切同样和“草原”空间的时空边界无法分开。

以上论述旨在表明，叙事者在建构整体“草原”空间时，通过“讲草

---

① 宋玉．“草原”的时空边界——端木蕻良《科尔沁旗草原》再释［J］．文学评论，2021(6)：40－48.

② 宋玉．“草原”的时空边界——端木蕻良《科尔沁旗草原》再释［J］．文学评论，2021(6)：40－48.

原上的故事”这个小技巧在广义的“草原”和狭义的“草原”之间来回自由切换，由此，叙事视角好似一个摄像机，既能用鸟瞰的镜头俯拍全景，又能把镜头放大对准某一地标，而“草原”的时空边界正助推了这种切换。

2. 近景下的“草原”

叙事者在建构了整体的“草原”空间后，并不满足于仅仅勾勒“草原”空间的轮廓，其更深层的目的是要对“草原”空间进行上色。因此，当我们深入近处，便可以从文本中看到叙事者留下的许多顿笔。

试看《母狼的决绝》与《在星空下逝去》两篇。第一篇《母狼的决绝》讲的是狼的出生，最后一篇《在星空下逝去》讲的是狼的死亡，值得注意的是，二者分别作为《狼之志》的首与尾包含于其中。在第一篇中，一开头便在强调“狼一出生便面临死亡”①，而在后者的结尾中则指出“狼死后，同类会把它吃掉，不让它的皮肉和骨头遗失于荒野，这是狼死后享受的最好的葬礼”②。由此，叙事者在这一部分以狼之生为始，以狼之死为尾，使得这一部分呈现出一个“圆圈式”③ 的总体结构，这也构成了小说的总体叙事主干。而首尾之间的篇章，讲述狼与人的关系，狼与其他动物的关系的部分则构成了主干上的诸多旁支。正如前文所说，《狼之志》在小说中提纲挈领，其余部分是对这一部分的补充说明，以此出发，在这里便能发现文本呈现出的“草原”整体图示：即以狼的生与死为文本的“圆圈式”大循环，以狼与其他动物的互动、狼与人的互动作为全书的经纬线，而《狼之情》《狼之士》《狼之殉》中的诸多短篇故事便是经纬线上的坐标，而这一切又都包含于“草原”空间之内。

而在文本呈现出的整体图示中，狼与人的关系表现出一种“它不知我，我不知它”的形态，这样又形成了文本的内聚焦型叙事视角。在狼与其他动物互动、狼与人互动的过程中，互动的双方均是以自我出发，只转述这个人物从外部接收的信息和可能产生的内心活动，而对其他人物则像旁观者那样，仅凭接触去猜度、臆测其思想感情④。正如文本中《莲花状的白云》所说“人和狼之间，隔着无法破解的秘密，谁也猜测不出”⑤。经由这种视角，文本中人狼矛盾的不可避免得到了叙事层面的确认，文本的故事得以顺利展开。由此，我们便能在某条河流、某座山冈、某个牧场看

---

① 王族．狼殇［M］．武汉：长江文艺出版社，2020：2.

② 王族．狼殇［M］．武汉：长江文艺出版社，2020：21.

③ 龙迪勇．空间叙事学［D］．上海：上海师范大学，2008：93－94.

④ 胡亚敏．叙事学［M］．武汉：华中师范大学出版社，2004：27.

⑤ 王族．狼殇［M］．武汉：长江文艺出版社，2020：51.

到，人与狼永远在不断地斗智斗勇，而这正是叙事视角所聚焦的部分。若把这些碎片收集整合起来，便又能看到一个叙事者试图建构的“草原”空间整体图示了。

以上，可以看到，在对“草原”空间进行轮廓勾勒之后，叙事者的视角便由大至小，由宏观至微观。而在这一过程中，叙事视角既能从大越至小，又能从小越至大。由此，从视角层面建构起了“草原”空间。

（二）视角转移下的叙事者

一个作品势必有一个叙事者，“它同视角一起，构成了叙述”①。如前文所说，叙事者通过叙述建构出一个“草原”视觉空间，而在这个视觉空间建构的过程中，同时又掺杂着一个声音，不断地在发表议论以表现自我，时刻让叙事接受者注意到叙事者的存在，在这个过程中又形成了《狼殇》的“草原”听觉空间。

1. 干预型叙事者的参与

在文本中，叙事者并不满足于客观叙事，“他”更像一个说书人，时刻在提醒观众注意到他的存在。《狼之志》一章几乎通篇是叙事者在进行公开的评论，很明显，叙事者在这里公开地表明了立场。如在《草原布道者》中的，“没有人能说清狼嗥叫的意思，大自然赋予它们这一禀赋，它们从中享受着独有的快乐”②。又如《对生命的关爱》一节，开篇便说“狼对大自然中的一些动物充满友爱，经常不动声色地关心他们”③。显然，叙事者在第一章便开宗明义，不满足于描摹出一个客观的狼形象，反而时刻在提醒阅读者注意到叙事者的存在。也因此，围绕第一部分所建构出来的狼形象，往往带有叙事者本人的情感寄托，随后也影响到了之后故事的讲述部分。

如《草原守护神》一节，主人公别克是一个超然的存在，他似乎无所不知，像是一个超然于现实的“智者”，他时刻在理智地制止和劝阻他人破坏人与自然和谐的行为，而叙事者也在加深着他这一“智者”形象的塑造，不断强调他的劝阻行为给人带来的正面反馈，借这个角色叙事者说出了其本人的主张：“狼是草原的守护神。”④ 此外，在《抢夺》中的人物阿汗，总是在没心没肺地笑，同情着受到村民暴力行为的两只狼，并给予它们以帮助。以上两个角色看似不同，但透过他们二人，往往能见到这样一

① 胡亚敏. 叙事学［M］. 武汉：华中师范大学出版社，2004：36.
② 王族. 狼殇［M］. 武汉：长江文艺出版社，2020：10.
③ 王族. 狼殇［M］. 武汉：长江文艺出版社，2020：13.
④ 王族. 狼殇［M］. 武汉：长江文艺出版社，2020：35.

个模型：他们往往与众不同，不受他人所理解，但又有着一种别样的智慧。叙事者通过叙述发出这样的声音：正确往往掌握在他们手里，或许更准确地说是掌握在叙事者的手里。

透过文本的叙述，我们能看到一个孜孜不倦地在进行观点输出的叙事者，其开篇似乎就无意于建构一个真正客观的狼形象，反而不断地在把其心目中的狼形象建构起来。在文本中，"他"曾经说过"人和狼之间，隔着无法破解的秘密，谁也猜测不出"①，但另一方面，"他"又在不断通过一系列主观的叙事来揣测人与狼之间的秘密，并试图对此进行解释，试图在"他"所建构的"草原"空间内发出自己的声音，其缘由何来，或许从后记可一窥一二。在后记中，作者讲出了这个原因："牧民们先于我的写作将这些故事口头传播，使之成为新疆最好听的狼故事，而我只是做了一个有心人，将这些狼故事写成了书。"② 由此，可以发现文本的叙事者不仅有作者的参与，更有牧民们的参与，以此共同形成了文本的干预型叙事者。

2. 内外叙事者的交替

如前文所说，作者和牧民共同参与到了小说的书写。因此，文本的双重叙事者，即作者和牧民共同构成了文本内外叙事者的模式，也由此，形成了文本的叙事层次。

叙事层次，是指所叙故事与故事里面的叙事之间的界限③。一方面，作者在进行小说的叙述时"运用他们的预感来叙述"，即作者不断地构建出他心中的"牧民"叙事者形象，并通过这一个作者建构的"牧民"叙事者进行叙述，以立起一个作者本人心目中的"草原"空间下的牧民形象与狼形象。如人物别克，作者借他之口讲了两个故事，而听他讲故事的弟弟在此刻成了一个作者假想中的叙事接受者。详细地表现弟弟心理认知的转变过程，从不信任到半信半疑，最终到笑了这一过程，是作者着重进行的心理描写，以此表达作者希望人与自然和谐相处的观点。在这里别克既成了作者的代言者，又成了一个作者理想中的"牧民"叙事者。另一方面，小说又来自于牧民的讲述，通过诸多民族特色谚语的使用，以及部分新疆口语的运用等我们也不难看出这一点，这些无不蕴含着新疆牧民的思维模式和叙事逻辑。这样，在文本的表层便已经形成了双重层次，而若继续深入文本内部，我们又能看到另一种内外层次。

试看《叛逃狼群》一节。在此篇外部，叙事者讲述这个故事，而在这

① 王族．狼殇［M］．武汉：长江文艺出版社，2020：51.

② 王族．狼殇［M］．武汉：长江文艺出版社，2020：202－203.

③ 胡亚敏．叙事学［M］．武汉：华中师范大学出版社，2004：43.

个故事内部，叙事者又讲述了三个故事，分别是狼追鹿的故事，叛逃的狼被处置的故事以及夹着尾巴的狼的故事。叙事者试图通过这三个小故事来表明“他”的观点，即“这样的事无外乎说明：狼群将领地看得比自己的生命还重要”①。以上，构成了此篇的内部叙事层次。但是，叙事者显然不仅仅只满足于说明狼的领地意识。所以，在短篇的末尾，“他”发出了自己的声音“残酷只能让心灵震撼，并留下阴影，而友善会让心灵感受到温暖和幸福”②，这便形成了《叛逃狼群》一篇中的外部叙事层次。

但是，《叛逃狼群》这个故事从何而来，又是谁目睹了或是说书写了这一故事？在文本中，作者并没有直接交代，反而通过这样一句话来表达“后来，一位经验丰富的牧民猜测……正是被巨大的母爱所支撑”③。由此，透过这一篇我们就能看出《狼殇》的创作，正如同作者所交代的那样，它是作者和牧民共同“协作”的产物，由此形成了文本的内外层叙事者。因此，也不难理解，为何在文本的“草原”空间建构过程中会有叙事者的声音，为何叙事者会在文本中反复展现自身的存在了。

以上主要从视角和叙事者两个角度论述了《狼殇》中“草原”的“空间性”叙事视角。首先，论述了何谓“草原”的“空间性”叙事视角，并讲述了这种“空间性”叙事视角的建构同“草原”空间的时空边界是分不开的。其次，分别对这个“空间性”叙事视角进行宏观与微观层面的剖析，指出了这种宏观与微观在“草原”这个空间内的表现。最后，通过叙事视角把论述转向叙事者层面，指出这个“草原”的建构与叙事者也是分不开的。综上，本部分旨在论述在叙事者的影响下，文本“草原”空间不仅是叙事者眼中的“草原”空间，更是口中的“草原”空间，即叙事者是通过视觉空间和听觉空间两个角度来建构《狼殇》的“草原”空间，“运用视觉、听觉形成了一个雷达网，从而感知世界，形成经验”④。因此，从根本上说，“草原”空间不仅是一个地理空间，更是一个叙事者的心理空间。

二、《狼殇》中“草原”的空间对话功能

通过建构“草原”的空间性叙事视角，叙事者在文本中形成了一种带有主观倾向的叙事语言。受此影响，《狼殇》的“草原”空间既是一个客

① 王族．狼殇［M］．武汉：长江文艺出版社，2020：39.
② 王族．狼殇［M］．武汉：长江文艺出版社，2020：44.
③ 王族．狼殇［M］．武汉：长江文艺出版社，2020：44－45.
④ 龙迪勇．空间叙事学［D］．上海：上海师范大学，2008：35.

观的地理空间，同时又是一个主观的心理空间。在这两个相互叠加的空间内，叙事者开始进行叙事。本部分所进行的讨论也将从叙事侧转向文本的故事侧，主要关注文本的构成因素，其中特别以环境与人物两个因素作为主要讨论对象，即把讨论的中心放在叙事环境的“草原”以及人物塑造方面，并进而讨论二者之间的对话关系。

（一）作为叙事环境的“草原”

“环境指的是构成人物活动的客体和关系。”① 而作为叙事层面的环境，则是一个既包括了空间因素，也包括了时间因素的综合体。正因有了这个时空，人物得以行动，叙事得以展开，而《狼殇》背后的时空便正是“草原”这个叙事环境。

1. 支配式“草原”环境

受干预型叙事者的影响，《狼之志》先是建构了一个叙事者眼中的“草原”空间，随后才进行故事讲述。也由此，文本的故事既在“草原”这个地理空间内进行，也在叙事者的“草原”心理空间内进行，二者相互包含，互相渗透，共同构成了文本独特的“草原”环境。

而所谓支配式“草原”环境，则指的是“在故事中的人物与情节的比例远远低于对环境的描述”②，即环境在故事中是第一位的。而在《狼殇》中却并未进行大面积的环境描写，少数对于环境的描写也是草草带过，其叙事中心在这里似乎成了情节与人物，但正如前文所说，这一切却都是在“草原”的双重空间内进行的。换句话说，情节和人物即便再为突出，终究被包含于文本形成的“草原”空间之内。故此，本文主张文本的情节设置、人物塑造皆是围绕“草原”空间进行展开。

先看文本的情节方面。如本文第一章所论述的，《狼殇》所形成的“草原”空间包括了以新疆、内蒙古、西藏在内的许多大地标，在这个地标内部又可以切割成包括诸如新疆伊犁草原、阿勒泰草原、内蒙古锡林郭勒草原和西藏阿里在内的诸多小地标，而在这些小地标内部又有着包括河流、山冈、牧场、沙漠、雪山等在内的更小的地点，而文本的情节便分散于这些更小的地点中，这里以《独行》③ 为例。峡谷是文本中出现的第一个地点，狼在峡谷中的树林内进行埋伏，随后，牧民赶着牛羊从峡谷经过前往下一个牧场，而由于被牧民所迷惑，狼群未能捕捉到猎物，所以它们让一只狼做探路者。如此，这头独行的狼的行动轨迹构成了一条线：先是

① 胡亚敏．叙事学［M］．武汉：华中师范大学出版社，2004：159.

② 胡亚敏．叙事学［M］．武汉：华中师范大学出版社，2004：161.

③ 王族．狼殇［M］．武汉：长江文艺出版社，2020：144－154.

穿过树林，再经由河流寻找牧民踪迹，随后又改变方向，经由一座山，进入大草滩边的树林，在此它发现了羊，便转头回到峡谷，同狼群一道来到这个草滩。在这些地点片段中，有着三个情节。第一，狼群在峡谷中遇到哈熊；第二，探路的狼在河流边遇到野猪；第三，狼群在草滩发现羊。峡谷、河流、草滩三个地点便是本文的空间连接点，狼群的行动轨迹则是串联这三个点的线。由此，本篇的情节组织是由狼群在三个空间点上的行动作为连接方式，情节便是围绕这三个空间地点展开。像这种空间作为情节的连接方式在《狼殇》中并不少见，大多数篇章的情节均是借这种方式得以展开，在这里便不一一赘述。

再看文本的人物塑造方面。人物塑造特别是狼的塑造也同样是以“草原”空间作为背景板，从而进行狼形象的塑造。这里再以《狼之志》一章为例，叙事者在这一章所构建的“草原”心理空间，承载着叙事者的情感与思考。在这个心理空间内，狼并非一个客观的形象，反而被叙事者赋予了“极为浓烈的‘文化色彩’”[①] 与情感寄托。叙事者给狼冠以“草原布道者”与“草原守护神”之类的称号，并通过一系列故事的讲述加深这一形象的塑造。尽管从生态学的角度来看，狼作为生态平衡链上的消费者有着一定的价值，也理应对其进行适当的褒扬，但从诸如“狼对大自然中的一些动物充满友爱，经常不动声色地关心它们”[②] 之类的描述中可以看出，叙事者的表达显然并非是客观的描述，反而是主观的情感书写。这里的本意是将狼作为核心来歌颂，但叙事者的飞来一笔，使得叙事者的存在得到了极大的彰显，狼的塑造反而变置到了第二位。如此，不难看出，叙事者的“草原”心理空间实际上覆盖了故事的表达。

2. 静止的“草原”环境

在文本的叙事中，时间和空间无疑是两个重要因素。一般认为，时间和空间是密不可分而又相互包含的，而本文也同样主张这种观点，即《狼殇》的时间和空间是不可分割的。

所谓静态环境指的是叙述某一特定地点的故事。[③] 故事的进行与发展都是在某一种或某几种空间内进行的，而《狼殇》同样有这种特征。在文本中进行的叙事均是在作为广义指代下的“草原”空间中进行的，正是有了这样一个介于人类社会和自然社会之间的环境，人与狼才会产生矛盾，叙事才得以发展，叙事者所试图传达的思想才能被接受者所接收。“草原”空间处在一个自然社会与人类社会相交的平衡点上，这里既不像城市空间

---

① 王族．狼殇［M］．武汉：长江文艺出版社版，2020：11.

② 王族．狼殇［M］．武汉：长江文艺出版社，2020：13.

③ 胡亚敏．叙事学［M］．武汉：华中师范大学出版社，2004：163.

那样，人类社会占据主导地位，同时又不像一些深山密林那样完全受自然支配。在这里，人与狼共同生活、共同居住，但同时由于两者的生存需要又不可避免地会产生交集，会相互学习，也会产生矛盾，这是数千年来在“草原”空间内生活的人类与狼所共同面对的议题。在《游牧者的模仿》中，作者分别讲述了古时的匈奴人、乌孙人、蒙古人与狼的故事。在诸如《草原守护神》《陷阱》等故事中，则讲述了现代人与狼的故事，而无论是讲述古时还是现在，狼的传奇性始终没变。前者的三则故事中的狼能够哺育人类幼崽，狼孩可以预知洪水，在后者的故事中狼能够“听懂”人类说话，并对人类的善意与恶意作出相应的回报。这样，在这个“草原”空间内，有关人与狼的叙事在不断地重复进行。日升月落，斗转星移，变换的是时间，而不变的是空间与叙事，更是狼的传奇性。

此外，在文本中，几乎无精确的时间表达，运用的大多是如“某一年”“有一年夏季”“那一年”等不确定性的时间语汇。像这样模糊时间语汇的出现，使得文本中时间的意义被淡化，而作为空间的“草原”则被推至前台，作为一个文本叙事进程的突出标志物。而“草原”的空间边界本身的模糊不清，也使得本就不清晰的时间变得更慢，以至趋于静止。

3. 运动的“草原”环境

从整体看，文本的叙事全部集中于“草原”空间这个大环境，此为静态环境；若从局部看，文本的叙事在聚焦“草原”空间这个大环境下，又有着环境的变化，形成了文本的动态空间，这样便从局部形成了动态环境。

动态环境的呈现方式有许多，游记小说一般是这一类。这类小说伴随着旅行而进行场景的变化，有些场景只是走马观花，有些场景则蕴含着叙事者的寄托。另一类方式是意识流小说，随着意识的流动，场景不断进行切换。而《狼殇》的动态环境呈现方式类似于前者，但又不完全相同。

众所周知，游牧业往往是逐水草而居，伴随着季节的变化，居住于草原上的人们往往要进行环境的迁徙，这样伴随着人类的移动，出于捕食需要，狼就跟着人类进行移动，这样便形成了文本独特的动态环境，即以游牧迁徙作为“草原”内部场景变换的条件。虽然如前文所讨论过的，文本中的时间表达并不清晰，出现过的时间语汇也大多诸如某一年、有一年夏季、那一年之类的不确定性表达，但借由文本独特的以游牧迁徙作为场景变换的方式，我们则可以从文本的空间中厘定时间。这里以阿勒泰哈萨克牧民迁徙为例，他们将牧场划分为冬牧场、夏牧场以及春秋牧场，随着季节的变化，他们会在沙漠、戈壁、荒漠、河谷盆地、山地等进行游牧迁徙①。冬季往往在海拔较低之处，夏季往往在海拔较高之处，而春秋两季则更多的是在二者的过渡地区。这样，便可以理清文本的“草原”空间内部场景点变换的逻辑，以季节的变换进行场景的变动。换句话说，这就是以时间的变换进行空间的改变。这就回到了笔者之前所强调的，文本的时间和空间是密不可分的。

此外，在这个运动的空间内进行的叙事也随着时间的变化在细节方面有了不同。同样是讲述狼与人之间的故事，但是与千百年前不同的是，工业文明逐渐侵入到草原上来。在《工业冲击》一节中，文本描述的人狼关系已同《游牧者的模仿》一节所讲述的狼与人的关系截然不同。在前者中，古时的游牧人崇拜狼，并模仿狼，二者呈现出的关系相对和谐，但在后者中，有了工业文明的帮助，人类游牧方式发生了极大改变，狼与人的关系也变得不那么和谐。

从整体上看，“草原”空间在时间维度呈现出相对静止的状态；而从局部看，“草原”空间内部又在内部的诸如山冈、沙漠、戈壁等场景之间不断变化，这二者共同构成了文本的叙事。同时，在“草原”空间内进行的叙事中，不变的是狼的传奇性，变换的是狼与人之间的关系。

（二）“草原”空间中的群象塑造

在“草原”空间内，文本进一步以狼作为“空间”的代表，将狼与人之间的关系作为区分标准，将人物群体的塑造一分为二：一面是对人与狼和谐关系的破坏者，一面是对人与狼平衡关系的维持者。这样一个分类标准实质则是在回答人类与自然应该如何相处、如何对话的问题。

1. 悖逆者群像

作为人类与狼斗智斗勇的“草原”角斗场，千百年来，不断地重复上演二者相互伤害的事件。“人与狼对峙，其实并非面对面，更多的是人对狼的防范和狼对人的窥视，一旦二者之间的‘篱笆’被推倒，狼便一跃而起接近人，制造出血淋淋的事件。”② 这个“篱笆”便指的是人与狼之间的平衡点，或者说是人与自然之间的平衡点。而打破这个平衡点的群体便是本部分所讨论的悖逆者群体。

文本中，在以《工业冲击》为代表的篇章中便讲了这个平衡点被打破的原因。作为自然空间与社会空间边界上的“草原”本身是相对平衡的，

---

① 陈祥军．草原牧区灾害的人类学研究：新疆阿勒泰哈萨克社会的田野调查［J］．青海民族研究，2017，28（3）：52－53.

② 王族．狼殇［M］．武汉：长江文艺出版社，2020：12.

保持着一个相对稳定的状态，正是由于人类从社会空间的侵入，特别是伴随着现代工业文明的入侵，这个平衡逐渐难以维持。由此，狼会做出诸多反常的举动，会在“仅仅一个下午便咬死一百多只羊，二十多匹马”①，以此冲破二者的“篱笆”，侵犯人的领地。而人类也不甘示弱，他们会用“夹子、布鲁、石夹、圈套、隔扇”② 等捕兽器和草乌、猎枪等工具对侵犯他们领地的狼施以颜色。二者的“篱笆”被打破，双方都形成了一批悖逆者。“这些角色的介入加剧了冲突、激化了矛盾，对于主题升华而言，也是一种最为有效的补充。”③

但相对明显的是，叙事者更多地把悖逆者群体的塑造中心放在了人类一侧。诸如《山坡上下》中的叶赛尔、《爪印幻影》中的老马、《陷阱》中的牧民们、《嬗变》中的三才等。先看《山坡上下》，在此篇中，叶赛尔毒死母狼，又连杀了五只小狼崽。所以，他被村里人指责，还说这样的他会遭到报应，也因此，他的小孙子的上马礼即便是他的亲友也不来参加，而他自己也陷入了深深的自责与恐惧之中，自责的是他的行为，恐惧的是公狼的报复。比较幸运的是，公狼用行为给了他的心灵些许安慰，使他达成了同自己的和解。而《爪印幻影》中的老马却没有这种幸运，在生命的最后时光里，一直被三支爪印所折磨，最终在某个大雪之夜死去。与前两者不同的是，《陷阱》中的牧民们则并未受到直接或间接的伤害，反而是陷入他们布置的陷阱中的狼群在自相残杀。但是，本该为之高兴的他们，在兴奋了一阵子后却为那只活下来的疯狼而唏嘘不已。最后也比较特殊的是《嬗变》，这里的主角三才并未伤害狼，而是试图驯养一只狼，但最终他失败了，狼依旧是狼，他用尽心思也未能改变狼的本质。

以上四篇中的悖逆者们有的在伤害狼，有的在试图驯养狼，但最后他们有的受到了伤害，有的失败了，还有的即便一时得意，最终也会为狼所牵动情绪。文本试图通过这一类人给我们传达一个这样的观点：人与狼之间，或是说，人与自然之间应当有着明确的界限，若跨过这个“篱笆”，受到伤害的不是人，就是狼，更不要试图像《嬗变》中的三才那样试图“驯服”狼，其结局只能是失败。

2. 守序者群像

同打破“篱笆”的群体相对立的是严守界限的一类人，他们即是自然秩序的维持者与守序者。如《草原守护神》中的别克、《疯了的一只狼》

---

① 王族．狼殇［M］．武汉：长江文艺出版社，2020：17.

② 王族．狼殇［M］．武汉：长江文艺出版社，2020：20.

③ 陈佳冀．“动物”的隐喻：关乎人与自然的诗性叙事：中国当代生态文学创作中一类母题类型研究［J］．北京社会科学，2014（8）：81.

中的老人、《抢夺》中的阿汗。在《草原守护神》中的别克是一个智者，他了解狼的好处，能清晰地区分好狼与坏狼，并教导对狼抱有成见的弟弟“不要一棍子打倒一大片”①，潜移默化改变了弟弟的观点。在他眼中，人与狼之间并非你死我活的关系，相反二者能互惠互利，但依然要把握好二者之间的度。在《疯了的一只狼》中的老人则是一个同情者，他不认同村里其他人对待狼的行为，采用了自己的方式帮助了疯狼。至于《抢夺》中的阿汗则是一个“傻乎乎”的形象，他平时总是在没心没肺地笑，在闯入村里的两只狼被村民们打杀时，他却哭了，正如他自己也不知道为什么笑那样，他也不知道自己为什么会哭。阿汗把自己的感受同两只狼的命运联系在了一起，他为它们哭，为它们笑，很显然在本篇中他同其他村民相比，是一个截然不同的角色。

以上三个角色，或是认清人与狼之间关系的智者，或是帮助或同情狼的友善者。他们同那些悖逆者不同，他们能认清狼与人的界限，并严守彼此的距离，但又不仅仅把狼单纯地当作动物去看待，反而往往把他们对人的感情寄托予狼身上，同情狼就如同情着受到迫害的人那样。而在悖逆者们眼里狼就是狼，用《抢夺》中的两句话说则是这样的：“但村里人不这么想，只要它还在村庄的附近，村里人就会觉得危险无处不在”②，“狼的家在荒野里，人的家在村庄里，人可以去荒野，但狼进了村庄就冒犯了人，人不容许这样的事情”③。

至此，本章分别讨论了环境与人物，分析了这两个叙事要素在文本中表现出的具体形态，也对二者的关系进行了粗浅论述。本文实际是以《狼殇》中的人物对待环境的不同态度为划分标准，从而进行群像的区分与归纳。在悖逆者群像中，人与狼是“失语”的，彼此的话语与行为是对抗性的，在叙事者看来这一“失语”所带来的影响也是负面效果大于正面效果的。至于后者守序者群像中，人与狼的互动则显得相对和谐，二者语言的传达也在相对顺利地进行，在叙事者看来这才应当是正确的相处之道。在《狼殇》中，“草原”空间是无法发声的，这时它需要一个代言人来替它发言，这个代言人便是狼，这样狼实际上也成为人物与环境对话的中介。正如上面所说，人与狼的对话虽有“失语”，但也有着“对话”成功的案例。顺着这个思路，对这些“对话”成功的案例进行分析便能解析出叙事者真正想表达的观点了。很显然的是，在这群守序者群体眼中，在某些时刻、

① 王族．狼殇［M］．武汉：长江文艺出版社，2020：29.

② 王族．狼殇［M］．武汉：长江文艺出版社，2020：124.

③ 王族．狼殇［M］．武汉：长江文艺出版社，2020：191.

某种场合下，狼已然不单纯是狼，“他们似乎变成了别的什么”①，而它们具体成了什么，则留到本文的第三部分进行讨论。

总结而言，本部分沿着第一部分论述的思维脉络，继续向前。这一部分主要从文本的叙述故事侧出发，研究“草原”空间在《狼殇》中的功能，一面通过环境对“草原”空间进行研究，一面通过人物对“草原”空间进行研究。归纳起来，首先，分别从支配式、静态式、动态式等三种环境的呈现方式对《狼殇》的“草原”空间进行了梳理与概括。其次，在环境的基础上，进一步探讨在“草原”空间上活动着的悖逆者与守序者两类群体，并分别对二者进行了文本分析。最后，也留下了一些问题，即“草原”空间中的狼形象有着什么指代意义，这样则引出了本文的第三部分的讨论。

三、《狼殇》中“草原”的空间符号功能

在《狼殇》中，叙事者首先以“草原”的空间性叙事视角建构起了文本独特的地理空间与心理空间。随后，在这两个空间交织融合的过程中，进一步影响到了文本叙事的环境与人物。在两者的背后，我们又能发现“草原”在这个叙事的建构中发挥着符号的功能，这也是本部分将要开展的讨论。

（一）作为隐喻符号的“草原”

“隐喻，是比喻的一种，意指把某事物比拟成和它有相似关系的另一事物。”② 本部分所讨论的隐喻指向的是“草原”空间的修辞义。客观来说，“草原”空间本身并无修辞义。在《现代汉语词典》中，“草原”本身只有一个义项，即一个基本义，并无引申义。③ 但依据不同的需要，在具体的表达中，又会产生不同的修辞义。

文本中，“草原”这个词共出现了 59 次（不包括后记）。其中多以“草原”的基本义指代出现，少量作为诸如“草原文明”“锡林郭勒草原”等短语的组成要素出现，因而，像这样单纯从文本的词汇和语法角度分析，并不能明显地察觉“草原”在文本起到的修辞效果。倘若转变思路，

---

① 王族．狼殇［M］．武汉：长江文艺出版社，2020：190.

② 中国社会科学院语言研究所词典编辑室．现代汉语词典［M］．6 版．北京：商务印书馆，2015：1557.

③ 中国社会科学院语言研究所词典编辑室．现代汉语词典［M］．6 版．北京：商务印书馆，2015：137.

借由本文在第一部分讨论过的《狼殇》的“草原”是包含地理空间和心理空间在内的整体指代这一视角出发，来探查“草原”在文本中起到的修辞效果，或许能有更为直观的感受。

1. “草原”的冲突隐喻

叙事者在文本中建构起来的双重“草原”空间为符号的传达提供了基本条件。符号的传达需要发送者与接收者的合力作用，才能完整地完成这样一个符号的传递过程。正如在一个正在开会的会议室内，发言人同聆听者形成了一种默契，即在所处的会议室空间内保持安静、注意聆听发言等，这便形成了一整套对与会者的规约制度；在此，会议室空间对二者的行为做出了相应的规定，以保证符号能顺利传达。而在《狼殇》中，叙事者以发送者的身份参与到了符号传达过程中，在其叙述下的“草原”空间内，人与狼则呈现出一种冲突的状态，处在彼此之间“隔着无法破解的秘密，谁也猜测不出”① 的状态。在文本的叙事中，二者交互的过程中往往以己度彼，把自己的观点加于对方之上（更多侧重于人类一侧）。当接收者通过一系列能指获悉这个信息时，便不难总结出叙事者试图传达的“草原”空间的冲突所指，即叙事者所埋藏的冲突隐喻了。

“草原”这一个词本身并不带有情感因素，但其本身带有的荒野这一义素给予了想要进行主观叙事的叙事者从色彩义角度对其延伸的可能性。荒野本身并不适于大多数的动物生存，求生的本能逼迫生活于其上的动物与人进行生存资源的争夺；如此，生活于其上的狼与人不可避免地产生了冲突。正如文本《工业冲击》等节中所叙述的那样，在进入工业文明后，生产力与生产方式的改进使得人类在同狼竞争的过程中占据优势，人类也得以不断地扩大着对荒野生存空间的占据，而这也进一步挤压了狼的生存空间，使得人与狼之间的矛盾愈演愈烈，以至于一度到了不死不休的境地。

试看文本《陷阱》与《疯了的一只狼》。先看前者，文本开头便引用谚语“有牧民就有羊，有羊就有牧场”② 与“有人就有贼，有山就有狼”③，说明在“草原”空间内狼与人必定会接触，人无论走到哪里，狼都会跟到哪里，这为本篇中人与狼必定会进行对抗提供了依据。在这个观点指导下，牧民们否定了赶走狼以及转场以避开狼的想法，转而认同了这样一个观点：在此地挖一个陷阱让狼陷入其中，到那时可打便打，可杀便杀。而狼群最终也如同人们所设想的那样落入陷阱之中，掉入陷阱的五只

---

① 王族．狼殇［M］．武汉：长江文艺出版社，2020：51.

② 王族．狼殇［M］．武汉：长江文艺出版社，2020：66.

③ 王族．狼殇［M］．武汉：长江文艺出版社，2020：66.

狼无法从陷阱中逃脱，给围观的牧民上演了一场同类相食的大戏。从表面上看，这只是单纯的同类残食，而若细度探究则可发现——在这个陷阱中的狼所表现的同类相食的状态也在隐喻着“草原”空间上人与狼的生存状态——彼此为了为数不多的资源进行争夺，以至彼此相食；最终导致的结果只能是一方被吞噬，另一方“神志不清”。本篇对于二者结局的叙述便正是证明了这一点，在本篇的最后，四只狼被吞噬，剩下的那只狼成了一只疯狼，而围观的牧民们也陷入了难以言明的情绪之中。再看《疯了的一只狼》一章，此篇讲述了一个完全神志不清的狼最终死去的故事。在这个故事中，即便是这样一只疯狼也依旧不被牧民们所谅解，也要予以打死处置，他们认为这样才是对待“仇家”的态度，这样他们才能“甘心”。尽管一个老人出于怜悯之情偷偷放掉了这只狼，也未让它摆脱死亡的命运，最终这只疯狼还是被红蚂蚁所吞噬。

出于论证的需要，笔者将这两篇结合起来分析。《陷阱》为这只疯狼的故事提供了前情，《疯了的一只狼》为这只疯狼的故事提供了结局。疯狼的故事从某种角度来说，便隐喻了生活于“草原”空间上的狼与人的相处。在陷阱中的五只狼从表面上看是同类相食，但在其背后，却是人与狼在彼此“相食”。出于生存的需要，二者难免要侵犯共同生活于草原之上的对方，甚至一度有你无我，这样导致的结局只能是一方以死亡告终，生存下来的另一方也被更强大的力量所吞噬。正如叙事者孜孜不倦地强调，狼是“草原”的守护神，若离开了狼，“草原”空间的生态秩序将彻底失衡，这样人最终也必将被“草原”所吞噬。

2. “草原”的和解隐喻

如果只是单纯地暴露问题，而无解决的办法，就只会陷入自我怀疑与否定的恶性循环，而《狼殇》的叙事者则向前迈了一步，“他”提出了这样的看法：“在人类还没有驯养羊类，仅以猎捕方式生存时，人和狼从未发生纷争，而是互相帮助。”[①] 所谓“互相帮助”在这里便代表的是一种契约，一种建立在相对平等关系之上的契约，而这种关系的基础在于人与狼能够互惠互利，这种关系使人与狼在某些特定场合能各退一步，从而达成某种和解。

先看《对生命的关爱》与《狼髀石和狼牙》两节，前者主要讲述了狼对于草原以及生存于其上的动物的帮助，这样间接地帮助了人类；后者则主要讲述了狼对于人的直接性的精神帮助，如狼髀石和狼牙成为人的力量与信仰，给予了人类以支撑。而在《草原守护神》与《莲花状的白云》

① 王族．狼殇［M］．武汉：长江文艺出版社，2020：19.

中，则通过故事的形式具体地描绘了叙事者心中的这种关系。在前者中，借别克之口指出狼既可以让草原上的牲畜优胜劣汰，还可以避免瘟疫在它们之间传播，同时还能对人类的善意做出回应。在后者中，人类没有伤害白狼及其幼崽的行为，得到了白狼的报答，其约束着想要侵犯人类的群狼。人类在目睹了这一行为后，也在彼此约定以不伤害对方来回报这种善意。

以上呈现出的关系不免带有叙事者的美化和加工，但作为文学作品，文本确实提供了这样一种可能，即人类能同狼在“草原”空间内彼此互相帮助，签订契约，共同在“草原”这个蛮荒之地生存下去。在这里，“草原”成了一个需要人类与狼合作起来对抗的存在，任何一方在“草原”面前都是弱小的，只有携起手来才能应对。如此，“草原”包含着使人和狼达成相对和谐的因素。这样，文本的“草原”空间昭示着叙事者的自然理想，其希望在这个空间内人类能与狼能够达成和解，形成相对和谐。

综上，叙事者在建构“草原”空间时，一面在强调“草原”对人狼关系的破坏一侧，它使得人与狼产生了冲突与对抗；另一面又在强调“草原”对人狼关系的修复一侧，在其面前，人与狼有着和解的可能性。而这个“草原”空间既有着作为荒野的地理空间一面的客观图示，又有着作为叙事者的心理空间一面的主观图示，以此共同构成了《狼殇》的“草原”冲突与和解双重隐喻。

（二）作为象征符号的“草原”

“隐喻是象征的基础，象征是隐喻的体系化。”① 透过文本冲突与和解的隐喻指代，不难发现其内部深层的象征观念指向。当进一步深入由隐喻建构起来的“草原”空间上的人狼关系内部，便会发现叙事者意图传达的观念。一方面，叙事者对自然发表议论，通过人狼关系的冲突与和谐建构出一种自然理想；另一方面，凭借塑造自然，叙事者的根本目的是表达一种人类构想。以上两者共同构成了本部分所讨论的象征层面的“草原”。

1. 叙事者的自然理想

“草原”作为空间的确蕴藏着人类冲突与和解的因素，狼与人应当保持一个相对平衡的状态，在文本中也是如此呈现的：人与狼形成一种相对稳定的关系，彼此约定互不伤害，达成一种和谐。但同时，叙事者也注意到了这种模式的理想化，于是，“他”又提供了这样一种解决办法：二者既不至于过于亲近，但也不能冲突过甚，彼此之间既要保持距离，又不能

---

① 朱全国. 论隐喻与象征的关系［J］. 吉首大学学报（社会科学版），2007，28（4）：167.

离得太远。

“有人就有贼，有山就有狼”[①] 这句文本中多次引用的谚语，说明了在“草原”空间内，人与狼是无法分开的。既然无法分开，那么就要在彼此之间寻求一种相处之道。正如前文所讨论的那样，叙事者一边讲述人与狼的冲突，一边讲述人与狼的和谐，但又都或多或少地带有了主观情感要素。那么，实际上呈现出的人与狼的状态应当是什么样呢？

试看《彻夜长嗥》一节。在这篇故事中，从人类的视角出发，讲述了一个人死里逃生的故事。开篇便交代了这个人是由于捕捉猎物陷入了一片树林之中，天上大雪纷飞，地上积雪厚实，并且还有一只狼在附近嗥叫。如此恶劣的生存环境，让这个人几乎丧失了活下去的勇气，内心也陷入绝望之中。靠坐在树旁的他几度想闭上眼睛，但在这种环境下闭眼的结果可想而知。他身边的狼的存在则使得他在极度恐惧中产生了反抗的意识，嗥叫声使他不断活动着身体，保持着身体的热量，“恐惧不但让他忘记了饥饿，而且滋生了反抗的力气”[②]。即便那只狼一整晚都未现身，但不断回响在耳边的狼嗥促使着他时刻保持着清醒，如此，恐惧给了他力量，使他用着所剩不多的力气支撑走出树林。而走出树林时，天亮了，他也看到了那只昨夜嗥叫了一整晚的狼在此刻已经成了一座冰雕。

想要传达符号总归是要凭借一定的渠道和中介，这个黑暗森林在此处便正是发挥了这种中介作用。人类想要完成一个符号的传达，一般需要依靠某些方式，如下跪、鞠躬、握手等均是在依托一定的中介以传达某种人类情感的符号，落实于本文中亦是如此。叙事者试图传达的自然理想是为观念，若没有一定的中介作为沟通而空谈之，则难免会显得有些形而上，故叙事者安排了这个森林作为中介，这样当把“草原”与观念相连接时便不显得过于空泛。在《彻夜长嗥》一节中的“黑暗森林”象征着死亡与恐惧，在这个黑暗森林面前，人与狼的矛盾反倒变得不值一提。此篇中，狼与人相遇没有产生冲突与对抗，人与狼都处在一个极端恶劣的生存环境内。在这个环境内，那个人曾屡次想放弃生命，但正是那只狼的嗥叫使得他产生了恐惧，恐惧给予了他勇气，从而能够支撑着自己在这个空间内活下去。即便那只狼没有现身，但人对狼的恐惧最终还是战胜了人对于极端生存环境的绝望。从某种意义上来说，这个故事便暗示了人与狼共同在“草原”上生活的现状，同时也展示了一个现实，如果没有狼的存在，人类何以能够对这个“草原”产生畏惧呢？

---

① 王族．狼殇［M］．武汉：长江文艺出版社，2020：13.

② 王族．狼殇［M］．武汉：长江文艺出版社，2020：162.

双方同处在生存环境极端恶劣的“草原”空间内，有了工业文明的帮助，人类有着相较过去而言无与伦比的实力。这个实力给予人类能够肆意扩大生存空间的膨胀信心，使得他们不断挤压着同生活在“草原”上的其他物种的生存空间。但正如文本不断强调的，“草原”需要狼的调节，离开了狼，“草原”的生存秩序将彻底失衡，最终人类也必将难以在此地生存。“草原”空间本身既蕴藏着生的力量，同时也蕴藏着死的力量，但人类显然难以时刻牢记这个事实，所以就需要一个中介，它能时刻在人类面前讲述“草原”的无情，人类的力量仍然十分弱小。在现实中，人类往往会迷信于自身的力量，而忘却了潜意识里亘古以来的对自然环境的敬畏之情，这时候就需要一个能够唤醒人类这种内心恐惧的存在，而这个存在便是狼。

如此来说，狼似乎成为“草原”的化身与代言人，信息的发送者（即叙事者）通过狼作为中介，同接受者进行沟通，进而传达出一系列符号。至此，我们便能初步回答本文在第二章的最后留下的问题了，即在某些时刻、某种场合下，狼已然不单纯是狼了，它成了叙事者自然理念传达的中介，依托这种方式，减少了符号传达过程中可能会产生的噪声，使得符号的接受者也能更贴近于叙事者心中的“草原”。

2. 叙事者的人类构想

仅仅将狼作为叙事者自然理想得以传达的中介，显然并不全面，因为《狼殇》中的狼不单有着自然的影子，也有着人的影子。“动物叙事最显著特征是以小见大，以物喻人”①，以狼为隐喻符号，进而产生象征等意义，叙事者通过这些修辞手法，把其试图传达的观点完整地展现在接受者面前。在叙事者眼中，狼不仅代表了“草原”，同时也代表了一批理想中的人类形象。

叙事者对狼的塑造从一开始就带有着主观情感要素，而在随后的描写中，也逐渐偏离了对于客观狼形象的塑造。狼在叙事者眼中有了灵性，有了智慧，甚至会同情其他动物。叙事者把许多人的特点投射到狼身上，由此来说，狼难免会沾染上人的理想，或是说叙事者的理想。

但必须指出，这种“理想人”并非完美无缺的，“他”既有着人类所渴慕的优点，同时也有着人类自身带有的缺点。在《狼髀石和狼牙》中，讲述了人们把狼髀石和狼牙当做勇气和力量的象征，经常佩戴在身上，“他们认为有此物在身，可逢凶化吉”②，这里的狼成了勇气和力量的象征，

① 温德朝．论叶炜《狼王》的动物叙事［J］．新文学评论，2019，8（3）：33.

② 王族．狼殇［M］．武汉：长江文艺出版社，2020：16.

也成了人们所渴慕成为的模样。此外，在“草原”上，狼还被赋予了一种超自然的力量，如《游牧者的模仿》《草原守护神》《爪印幻影》《两条腿的抗争》等章节中，狼的超自然性与神秘色彩也凝结着叙事者对狼浓厚的情感寄托。同时，如《叛逃狼群》《月圆之夜》《觅食》等章节则讲述了狼的家庭，其中狼的浓郁的母子情也是叙事者着意书写的。以上种种形成了狼的积极一面，在这一面狼带有了人类的情感寄托。而另一面，狼也会争斗，会为了争夺领地而不死不休，也会为了维护种群的尊严而咬死同类，甚至在一些极端情况下也会吞噬它者以维系自己的生命。尽管如此，当我们从全文来审视却会发现狼在文本中的形象终归是积极的。

《抢夺》讲述了一对狼伴侣的情感故事。公狼被村民们打死，母狼会为了争夺公狼的尸体屡次不顾自身安危进村，最终导致自己死在了公狼的身旁。而目睹这一切的阿汗会为它们而哭，为它们而笑，这对狼伴侣在他眼中已然不单纯是狼了，它们已经成为人类某种美好的幻想，正像《狼髀石和狼牙》中提到的蒙古族的某个说法，他们把狼髀石作为伴侣之间不离不弃的证明与情感凝结物。从这些方面来说，狼也凝结着人类的美好幻想，通过它的行为我们也不难看出叙事者对于理想人的期待。

归根到底，狼总归是叙事者理念得以传达的符号中介，叙事者通过此，将自身的理念凝结到狼这种存在物中。像这种活动的存在物难免会同周围的环境与人物产生互动，在这过程中，叙事者试图传达的观念也能更为自然地表现出来，而接受者在接受时也不会过于排斥。至于叙事者要建构的人狼关系，从本质来说，则正是为了反思人类自身。把美好的性格赋予狼，是为了让它代表“草原”与人类对话，通过它来同人类建立一个和谐相处的契约，一个彼此既保持距离又互相帮助的契约。

这时我们再向前一步，深挖这种契约的深层含义，便能看出叙事者表现出的“草原”空间承担着这种作用：“我们在家屋之中，家屋也在我们之内。我们诗意地建构家屋，家屋也灵性地建构我们。”[①] 人类生活于草原“空间”之中，所思所想无一不被“草原”空间所建构。具体而言，“草原”空间边界的近乎无垠给予了在此空间内的人类无与伦比的浩瀚感，这使得家屋中的私密感近乎荡然无存，“私密性”[②] 的表达也变得极为特殊，进而带来的影响是人无时无刻不需要去思考自己同这片土地的关系。在这样的空间内，人与自然已然筋肉相连，思考自然与思考自我实际上已然等同，这时与其说人类在与自然签订契约，倒不如说实际上就是在同自己签

① ［法］加斯尔·巴什拉．空间诗学［M］．龚卓军，王静慧，译．北京：世界图书出版公司北京公司，2017：12.

② 此概念来源于加斯尔·巴什拉的《空间诗学》，意指“人与自己的关系”。

订契约，保持距离是为了更好地看清自身，互相帮助则是人类彼此之间能守望相助。毕竟，自然并不需要人类去拯救，地球所经历的环境比今日恶劣百倍千倍的亦有之，但它依然能发展到今天，只不过生活于其上的"居民"已然换了无数届，这些都在告诫我们人类从始至终要拯救的对象只有自己而已。

归纳起来，这一部分主要从隐喻和象征两个角度对"草原"的符号功能进行剖析。首先，从冲突和和解两个角度对"草原"的隐喻层面进行分析，并指出狼便是"草原"空间的符号传达中介。其次，从象征层面剖析"草原"，从叙事者的自然理想与人类理想两个象征层面先分析作为"草原"代言人的狼同人的对话。最后，指出作为"草原"代言人的狼同人签订的契约是何物，并指出这对于人类自己来说有何意义。

结　语

以叙事学，特别是采用空间叙事学作为理论指导，本文依次从叙述话语、叙述故事、符号三个方面探讨了《狼殇》。

首先，无论什么样的故事总要有个讲述者，这个故事的讲述者的观点往往影响着整篇故事的表达，于是，本文开篇便把目光投向了本部小说的讲述者上。如同一部电影，往往是摄像机运动到哪里，观众便看哪里，小说亦是如此。在《狼殇》中，叙事者把目光聚焦于"草原"，其引导着受众俯察着其建构下的"草原"空间。而这个"草原"具体表现为中国的西部地区或者说特别是新疆地区。众所周知，黑河—腾冲线是贯穿中国的一条假象线，其被用于研究中国人口密度，而《狼殇》中的故事都发生在这条线段的左半边，一个人口相对较少的西部地区。在这个地区生活的人们所面对的往往是更为广阔的自然环境，因此，他们往往更需要去思考同这片土地的关系。小说的作者王族便是这样一个思考者，他以生活在这片土地上的人们的视角来看待这片土地："牧民们先于我的写作将这些故事口头传播，使之成为新疆最好听的狼故事，而我只是做了一个有心人，将这些狼故事写成了书。"① 这样小说既有作者自己的视角，又有牧民的视角，而两者在此相互融合，共同形成了看待这片土地的独特视角，这就形成了文本的视角叙事。而"看"也是需要描述的，其在描述的过程也难免会带入自己的思考，表达自我的感情，发出自己的声音，这就形成了文本的听觉叙事。如此，由叙事者的视觉空间和听觉空间共同编织而成的"草原"

① 王族．狼殇［M］．武汉：长江文艺出版社，2020：203.

罗网，从外部看它包裹着我国西部“草原”地理空间，而从内部看，我们又能发现这个网上的星星点点都是叙事者的心灵投影。所以，文本的“草原”空间既是一个地理空间范畴，同时又是一个心理空间范畴。

其次，单形成一个空间显然不够，这时就需要往内部添加内容使其丰富起来，于是，本文开展了第二部分的讨论。在这一部分，首先讨论的是环境，随后讨论的才是人物，而这实际上是由小说的逻辑所决定的。在小说中，着重探讨的是“草原”环境与人的关系，人总是要在一定的环境下生活，更何况，小说主要的描写对象狼更是生活于“草原”之上的特定动物，这就提醒笔者将环境放在第一位。随后本文也根据牧民们的游牧迁徙提出《狼殇》中的“草原”是一种既静止又运动的环境，静止的是它的整体，运动的是它的局部。牧民无论如何活动总归是在“草原”上进行，但是随着季节的不同，牧民又会进行活动场所的变化。受此影响，故事的叙事也既有着静止的一面，又有着运动的一面。接下来，由如何对待其生活的环境可以划分出两个群体：一个带有恶意，一个怀抱善意。这两个群体的塑造都不免有些剑走偏锋，那些抱有善意者往往是“智慧”的化身，有些甚至带有了同狼“对话”的神奇色彩。而与之相对的，那类抱有恶意的人物塑造却又显得单薄许多。但是，也应当注意到，这两个群体也有着转化，如《草原守护神》的弟弟形象与《山坡上下》的叶赛尔虽然都或多或少带有恶意，但他们又都或多或少地进行了反思与修正，终归走上了相对善意的一面，这个群体需要特殊看待。而作品所着意塑造的狼形象则是相对丰满的，其着墨也是文本的重心，但有时其也超脱了客观书写，甚至带上了一丝传奇性。总的来说，“草原”在某种意义上可以当作符号来看待，而狼则是这个符号得以传达的中介。

最后，沿着前文的论述继续向前，考察隐藏于叙述话语与叙述故事背后的符号指代。在这里首先指出由生活于“草原”之上的人与狼的对抗与和谐隐喻了人与自然的冲突与和解，最后从象征角度指出，它又代表了叙事者的自然理想与人类构想，毕竟“要深入最高状态，我们必须放弃实证，转向想象，我们必须聆听诗人”①。经历了工业文明洗礼的人类有着同过去相比无与伦比的实力，而在这个西部地区，人与狼或者说人与自然的关系也因此发生了前所未有的改变，这时就需要建立一种新的相处方式，以在这个时代形成一种新的和谐。叙事者在这里既描写了现状，同时又提出了一种新的相处之道，其叙述的“草原”空间带有其本人的愿望与期

---

① ［法］加斯东·巴什拉．空间诗学［M］．龚卓军，王静慧，译．北京：世界图书出版公司北京公司，2017：124.

待，从这一角度来说，形成了自然象征。反思狼，反思“草原”归根到底，是要反思人类自身，因为从根本上来说，叙事的主体终究是人类，叙事终归是“人类组织个人生活经验和社会文化经验的普遍方式”①。

总结而言，本文进行的讨论受笔者的思维与学识所限，难免会有着相当程度的不足，同诸多空间叙事的研究论文相比也有着较大的差距。此外，本文诸多的论述仅仅是浅尝辄止，很多问题没有进行更深层次的讨论。但是，倘若本文能够对于探讨新疆本土作家的空间书写以及其带来的社会意义等方面有一丝微末贡献，笔者的目的也就达成了。

参考文献

［1］《中国百科大辞典》编委会．中国百科大辞典［M］．北京：华夏出版社，1990.

［2］中国社会科学院语言研究所词典编辑室．现代汉语词典［M］．6版．北京：商务印书馆，2015.

［3］胡亚敏．叙事学［M］．武汉：华中师范大学出版社，2004.

［4］赵毅衡．文学符号学［M］．北京：中国文联出版公司，1990.

［5］王族．狼殇［M］．武汉：长江文艺出版社，2020.

［6］［美］西摩·查特曼．故事与话语：小说和电影的叙事结构［M］．徐强，译．北京：中国人民大学出版社，2013.

［7］［法］加斯尔·巴什拉．空间诗学［M］．龚卓军，王静慧，译．北京：世界图书出版公司北京公司，2017.

［8］龙迪勇．空间叙事本质上是一种跨媒介叙事［J］．河北学刊，2016（6）．

［9］龙迪勇．试论作为空间叙事的主题：并置叙事［J］．江西社会科学，2010（7）．

［10］方英．空间转向之后的存在、写作与批评：评塔利的《处所意识：地方、叙事与空间想象》［J］．外国文学，2021（3）．

［11］赵毅衡．从小说叙事学到符号叙事学［J］．河北师范大学学报（哲学社会科学版），2021，44（5）．

［12］罗杰．场域·视语·认同：竹枝词的西南少数民族图像空间［J］．西南民族大学学报（人文社会科学版），2021（12）．

［13］宋玉．“草原”的时空边界：端木蕻良《科尔沁旗草原》再释［J］．文学评论，2021（6）．

［14］温德朝．论叶炜《狼王》的动物叙事［J］．新文学评论，2019，8（3）．

［15］陈佳冀．“动物”的隐喻：关乎人与自然的诗性叙事：中国当代生态文学创作中一类母题类型研究［J］．北京社会科学，2014（8）．

---

① 赵毅衡．从小说叙事学到符号叙事学［J］．河北师范大学学报（哲学社会科学版），2021，44（5）：69.

[16] 陈良梅．从线性叙事向空间叙事的转向：德语现代主义小说叙事结构初探 [J]．外国文学研究，2008 (10)．

[17] 崔海妍．国内空间叙事研究及其反思 [J]．江西社会科学，2009 (1)．

[18] 赵嘉鸿．空间的力量：论《献给爱米丽的一朵玫瑰花》的空间叙事 [J]．云南民族大学学报 (哲学社会科学版)，2010 (5)．

[19] 赵秀凤，裴文斌．指称对隐性语篇视角的认知构建 [J]．外语学刊，2009 (2)．

[20] 骆谋贝，陈兵．传统土壤上开出的现代之花：论《月亮与六便士》现代主义叙事技巧 [J]．中国海洋大学学报 (社会科学版)，2016 (3)．

[21] 宁苗苗，张万敏．国内空间叙事学研究评述 [J]．长春师范学院学报 (人文社会科学版)，2013 (9)．

[22] 朱全国．论隐喻与象征的关系 [J]．吉首大学学报 (社会科学版)，2007 (4)．

[23] 陈祥军．草原牧区灾害的人类学研究：新疆阿勒泰哈萨克社会的田野调查 [J]．青海民族研究，2017，28 (3)．

[24] 刘竺岩，郭茂全．论王族散文集《狼》的生态意蕴 [J]．牡丹江教育学院学报，2017 (9)．

[25] 郭茂全．为动物而歌：论王族的生态散文集《兽部落》及动物生态散文创作 [J]．天水师范学院学报，2012 (4)．

[26] GABRIEL Z. Towards a theory of space in narrative [J]. Poetics today，1984，5 (2)．

[27] [美] 戴维·赫尔曼．故事、媒介与心理：借助文字和形象建构叙事世界 (英文) [J]．外国文学研究，2010 (4)．

[28] 龙迪勇．空间叙事学 [D]．上海：上海师范大学，2008.

[29] 孙蔚．国内空间叙事研究述评 [D]．武汉：湖北师范大学，2018.

[30] 苏哲．红柯小说空间叙事研究 [D]．西安：陕西师范大学，2017.

指导老师：王敏

明清才子佳人小说中“遗失”现象的叙事功能探析

林　伟
中国语言文学学院汉语言文学 2018－15 班

绪　论

明清以降，历代都有学者对才子佳人小说进行过深入研究，其中鲁迅在其《中国小说史略》中认为：“至所叙述，则大率才子佳人之事，而以文雅风流缀其间，功名遇合为主，始或乖违，终多如意，故当时或亦称为‘佳话’。”[①] 由此可见，鲁迅从总体上概括了明清才子佳人小说的主要内容和特点。后世也有学者从明清才子佳人小说的局部或者某一方面特征进行过研究，比如郭彩飞从明清才子佳人小说中的诗歌出发，研究其作为一见钟情、邂逅相逢时的叙事意义[②]；刘雪莲通过对比《红楼梦》研究明清才子佳人小说中“信物”的发展历程和演变方式，并对其进行了分类[③]；朱业华则对明清才子佳人小说叙事模式和文化特征进行了批判，指出其“样版式”的叙事模式[④]。

明清时代的才子佳人小说在叙事情节中大都有“遗失”现象的出现，其通常是指在其小说中才子偶然拾得佳人“遗失”之物。本文在此基础上特意将有心人有意监听、偷听他人的口语交谈内容也纳入“遗失”范围，并将小说中所有“遗失”现象统称为“遗失”情节。明清才子佳人小说中的“遗失”现象种类繁多，故本文将其“遗失”现象分为：女子贴身之物“遗失”、书信诗稿“遗失”和交流话语“遗失”，其中书信诗稿“遗失”既包括才子或佳人的诗文书稿实物丢失、“遗失”，也包括才子佳人诗文被窃取或盗用，从概念范围上来讲，这是一种广义的“遗失”，绝不只是“丢失”的概念范围。此外，女子贴身之物上通常附着其诗作，笔者认为

① 鲁迅．中国小说史略［M］．北京：人民文学出版社，1976.

② 郭彩飞．试谈才子佳人小说中诗歌的叙事意义［J］．史志学刊，2007（6）：230－231.

③ 刘雪莲．《红楼梦》对才子佳人小说“一见钟情”叙事模式的承袭与应用［J］．红楼梦学刊，2011（2）：93－107.

④ 朱业华．明清才子佳人小说叙事模式及其文化批判［J］．安徽文学（下半月），2009（9）：357.

此诗作是附着在贴身之物之上，男主人公是先拾到贴身之物后才看到其诗作，故而其诗作起次要作用，因而将其附着有女子诗作的“遗失”的贴身之物归为贴身之物“遗失”类别。

“遗失”情节的出现，在一定程度上影响了明清才子佳人小说的叙事模式，即小说的作者通过设置“遗失”情节使得才子佳人相遇相识，进而一见钟情、私定终身，使其成为才子佳人小说叙事情节中的一个典型模式。然而艺术最忌模式固定化，这种千部一腔、千人一面的叙事模式严重降低了文本的艺术价值，引得后人对其进行猛烈的批判。

虽然“遗失”情节书写并不是明清才子佳人小说的独创，但明清才子佳人小说作品中的“遗失”现象描写却最为经典。

一、“遗失”现象分类

“遗失”现象是明清才子佳人小说作品之中一个极为典型的叙事模式现象。在小说作品中，具有封建淑女形象的美貌佳人常常身处闺阁，而书生才子则经常外出游山玩水、登临古迹、四海游学，抑或立誓直接寻访天下美貌才女。故而小说创作者有意设置“遗失”情节，为才子和佳人牵上红线，使之能够相遇相识，邂逅交往，进而情投意合、一见钟情、倾心相许，以合情合理、不冲突封建礼教的方式表达才子佳人之间彼此的爱慕之情，同时也在为文章的故事情节发展提供线索，突出小说的主题。

明清才子佳人小说中“遗失”现象种类繁多，因而将其进行了分类，大体分为女子贴身之物“遗失”、书信诗稿“遗失”和交流话语“遗失”。

（一）女子贴身之物“遗失”

在明清才子佳人小说作品中，大多数佳人出身于书香门第或官宦贵族；佳人通常随身携带各种贴身物品，比如手绢、绫帕、金钗、玉佩、金扇等；这些物品对于佳人而言，乃是闺中日夜相伴贴身之物。在严苛的封建礼法环境下，女子贴身之物“遗失”往往意味着名节的丧失、个人名誉的毁灭和家族礼法制度的破损，对于女子而言关乎生死存亡。故而明清才子佳人小说的创作者们有意设置才子拾得佳人所“遗失”贴身之物情节，有利于拉近才子和佳人之间的距离，促使出身贫寒的才子较容易获得高贵佳人的信任。才子若是拾得女子“遗失”贴身之物，出于猎奇心理，寻觅佳人，归还“遗失”的随身之物。当才子与佳人相见相识，才子倾慕佳人美貌诗才，佳人则属意才子诗才风流，进而一见钟情。随着故事的发展，部分“遗失”贴身之物演变为日后二人的定情信物。女子贴身之物“遗失”现象较早出现在鸳湖烟水散人徐震的《女才子书》中，《女才子书·宋琬》（卷十二）[①] 才子谢生春游时拾得佳人宋琬刻有“春恨”诗的玉燕钗；《锦香亭》[②]（第二回）才子钟景期误入葛家花园锦香亭内拾得佳人葛明霞题有“感春”诗的白绫帕，钟景期和诗归还；《铁花仙史》[③]（第九回）才子陈秋遴游玩湖畔时拾得佳人夏瑶枝刻有“咏红楼”律诗的金扇；《英云梦》[④]（第二回）才子王云游玩天竺寺时拾得佳人吴梦云的绫帕。

女子贴身之物“遗失”在明清才子佳人小说中比较多见，其“遗失”之物种类不多，并且已经形成了相对固定的叙事套路模式。小说的创作者们正是借此将佳人与才子的人物命运联系起来，从而推动整个故事的发展。

（二）书信诗稿“遗失”

诗歌是才子佳人彼此情投意合、沟通交流的媒介，更是彼此成为知己、缔结婚约的关键，这也正符合才子佳人小说以诗词会友、以才华择婿相亲的小说特色。明清才子佳人小说作品中书信诗文的“遗失”既包括佳人或才子丢失或遗留在某个角落题有诗文的实物诗稿，也包括被他人偷取、盗用、挪用之诗文。例如《醒风流》[⑤]（第六回）梅傲雪藏身冯家时，于雪夜作了一首雪月读书赋，侍女待月将其窃与冯闺英赏读。《宛如约》[⑥]（第二回）司空学士款留赵如子，佳人赵如子无意间翻阅才子司空约遗留在书房案头篇章里的七言律诗。《玉娇梨》[⑦]（第七回）张轨如为入白府暗自更名盗用才子苏友白“和新柳诗”；（第九回）张轨如欺骗苏友白作诗，窃其诗作以骗娶白红玉；（第十一回）苏有德冒名顶替苏友白，骗取吴翰林荐书。

书信诗文的“遗失”在明清才子佳人小说中也比较多见，这不仅仅是才子和佳人联系彼此感情的红线，更是主题发展的需要。由于创作手法的简单和出于情节的需要，书信诗文“遗失”在明清才子佳人小说中比较常见。

（三）交流话语“遗失”

相对于其他种类的“遗失”现象而言，交流话语“遗失”现象主要表

---

① （清）鸳湖烟水散人．女才子书·宋琬（卷十二）[M]．沈阳：春风文艺出版社，1983.
② （清）苏庵主人．锦香亭 [M]．沈阳：春风文艺出版社，1984.
③ （清）封云山人．铁花仙史 [M]．沈阳：春风文艺出版社，1985.
④ （清）震泽九容楼主人松云氏．英云梦 [M]．沈阳：春风文艺出版社，1987.
⑤ （清）寉市道人．醒风流 [M]．沈阳：春风文艺出版社，1981.
⑥ （清）惜花主人．宛如约 [M]．沈阳：春风文艺出版社，1987.
⑦ （清）荑荻散人．玉娇梨 [M]．沈阳：春风文艺出版社，1981.

现为有心人有意套路才子或佳人之言，并代行其事；也表现为有心人无意中偷听小人设计拨乱才子或佳人阴谋，使其婚约破产。

如《玉娇梨》（第十回至第十一回）苏友白巧遇苏有德，二人饮酒至欢，苏友白对苏有德吐露真情：

“此事正要请教仁兄，岂敢相瞒。小弟有一头亲事要求吴公作伐耳。”苏有德想了想，惊问道：“兄莫非要央他求白太玄令爱吗?”苏友白见说着了，不觉哈哈大笑道：“兄神人也!”……却说苏有德打发了苏友白北行，满心欢喜道：“我正思量白小姐，千思百虑再无计策，不想今日有这等的好机会送将来，可谓天从人愿。”①

才子苏友白真心交友，如实相告，怎知被小人苏有德听了去，造成交流话语内容的“遗失”，使其别有用心，从中取事，导致后来苏有德冒名顶替苏友白骗取荐书求婚。

再如《麟儿报》② （第七回）昭华小姐房内的侍儿秋萼因有事来找幸夫人，不期偷听到幸夫人与宁无知对话：

“贝家与我这里俱是乡官，既行礼来也要象模象样。”宁无知道：“这个自然不消说。”秋萼听了甚是疑惑……春梅回过头来，见是小姐房中的秋萼，因笑说道：“你整日服事小姐不得出头，明日有喜酒吃了。”秋萼见他说话有因，便扯他到一条小巷中问道：“好姐姐，你说的话我一些也不明白，明日有甚么喜酒我吃?”春梅自知失言，便不肯复说……遂将“夫人嫌廉清贫穷，趁老爷不在家托宁舅爷、褚媒婆将小姐又许了贝公子，已约定明日有千金的聘礼送来，家中个个知道，只分付瞒着小姐，你千万不要说出来害我。”……秋萼便回身，如飞地走上花萼楼，见小姐说道：“小姐不好了，谁知夫人将小姐另许了人家了。这事怎么好?”昭华小姐听了，因大惊道：“你这话从那里得来，可细细说明。”

小说创作者有意设置侍女秋萼偷听幸夫人与宁无知的对话和侍女春梅失言的情节，导致幸夫人与宁无知的诡计破产，让佳人幸昭华能够及早离家出走，从而避免一场风波，推动了整个故事的发展。

交流话语的“遗失”在明清才子佳人小说作品中并不多见，因而其种

---

① （清）荑荻散人．玉娇梨［M］．沈阳：春风文艺出版社，1981.

② 卜维义．麟儿报［M］．沈阳：春风文艺出版社，1983.

类往往比较单一，模式也比较固定。虽然交流话语“遗失”并不是首次出现在明清才子佳人小说作品中，但其交流话语“遗失”现象对于明清才子佳人小说的叙事功能具有重要意义。《红楼梦》的作者曹雪芹似乎也领略到了这一点，在《红楼梦》中也化用了类似的方式。例如《红楼梦》①（第二十七回）薛宝钗扑蝶时，于滴翠亭外听到了小红和坠儿的谈话，并将偷听一事嫁祸给林黛玉，维护自我大方形象，推动大观园众人对黛玉的偏见与抵触；（第三十二回）林黛玉担心贾宝玉与史湘云因金麒麟而做出风流之事，故而从窗外轻轻走过，无意间偷听到贾宝玉与史湘云交谈，林黛玉自此明白贾宝玉用心；（第四十四回）王熙凤生日，无意间撞见贾琏和鲍二媳妇“偷情”，并有意在窗口偷听贾琏对她的抱怨和鲍二媳妇说她的坏话，充分展现了王熙凤之心机和手段。《红楼梦》中的交流话语“遗失”众多，因而从某种程度上来说，明清才子佳人小说中的交流话语“遗失”对《红楼梦》有较强的影响。

二、“遗失”现象的叙事功能

明清才子佳人小说中的“遗失”现象对于小说的叙事功能有着极其重要的作用。第一，才子佳人小说创作者通过设置“遗失”情节，构造了诱发后文故事的契机，促使故事发展出现波折、冲突，促使小说摆脱平铺直叙、就事论事、毫无波折的平白叙事模式，增加了故事的趣味性。第二，设置“遗失”情节，更有利于塑造人物形象，增强人物形象真实性，拉近与读者的距离。第三，“遗失”情节的设置，增强了小说对于叙事节奏掌控。第四，“遗失”现象的设置能够营造小说叙事氛围，渲染小说在具体故事场面下的叙事环境气氛。

本文将在以下内容中对明清才子佳人小说中的“遗失”现象进行具体论证。

（一）诱发故事契机

明清才子佳人小说作品有着相对固定的叙事套路模式，其表现为小说创作者大多选择在小说开端极力渲染才子风流俊雅、七步成诗，佳人美貌倾城、绝世无双。进一步叙述才子游学江湖、寻花问柳，偶然听闻佳人绝世之貌、知书答礼，欲要求婚。然而大多数才子出身贫寒，难以有机会请人作伐求婚；而佳人决心想嫁才子，又深处内闺，此时小说的矛盾已经充

① （清）曹雪芹．红楼梦［M］．北京：人民文学出版社，1996.

分展现出来——如何使得才子与佳人相见相识，进而一见钟情、私定终身。才子佳人小说的创作者充分考虑到才子与佳人身处封建礼教制度的严苛统治之下，并为了推动故事的延续发展，突出才子与佳人之间的自由恋爱，通过设置“遗失”情节促使才子有机会拾得佳人“遗失”之物，让二人得以相见相遇，从而一见钟情，私定终身，绕过封建家长婚姻包办，传播婚姻自由的思想。因而从此处看，“遗失”之物的存在有利于诱发故事的契机，推动着故事向前发展。如《平山冷燕》[①]（第七回）冷绛雪路过闵子庙之时巧遇平如衡“遗失”之诗词，平如衡亦巧遇冷绛雪“遗失”之诗词，二人虽年少未曾谋面，但彼此“遗失”之诗词早已征服彼此，在心里留下了深刻的印象。闵子庙“遗失”之诗词成功成为诱发小说（第十二回）小人张寅盗刻有闵子庙“遗失”之诗词而编成《张子新编》的故事契机，导致张寅在小说（第十八回）考诗当场出丑。此外小说另一线索（第十四回）山黛偶遇黄庄外燕白颔“遗失”之诗文，燕白颔巧遇黄庄外山黛“遗失”之诗文，虽未谋面，但此举成功成为诱发小说（第十七回）平如衡与燕白颔更名赴山府考诗时故人相识的故事契机，推进了故事的发展。

（二）塑造人物形象

明清才子佳人小说中有着众多“遗失”情节书写，这与作品中的人物形象有着紧密联系。小说的创作者们借助“遗失”现象辅助或者直接加强了对人物形象的塑造，展现了作品中人物的真实情感，生动刻画人物的方方面面，重点突出才子和佳人对于爱情的执着。例如《玉娇梨》中就塑造了大量的人物形象，其中比较典型的主要有白公、佳人白红玉、才子苏友白和小人张轨如。《玉娇梨》中首先通过“遗失”现象塑造的人物形象是才子苏友白，《玉娇梨》[②]（第四回）小说介绍吴翰林游园，偶然遇见苏友白之“遗失”诗文，小说的创作者在此既展现苏友白之诗才，又牵引出才子苏友白与佳人白红玉之间的第一层联系；《玉娇梨》[③]（第七回至第九回）张轨如无心对苏友白吐露倾慕白红玉之情，又见苏友白才华横溢，因而决然盗用其诗文《新柳诗》，骗娶白红玉，白公只凭诗才取婿过于心切而被迷惑，恰巧白红玉眼尖心细、遂起疑心，并于后花园求苏友白题诗送鸿、迎燕，得以识破张轨如阴谋。以此看来，小说设置苏友白诗文《新柳诗》“遗失”而使得张轨如有机可乘，将白公仅凭诗才取婿、受于迷惑，

---

① 平山冷燕［M］．沈阳：春风文艺出版社，1982.

② （清）荑荻散人．玉娇梨［M］．沈阳：春风文艺出版社，1981.

③ （清）荑荻散人．玉娇梨［M］．沈阳：春风文艺出版社，1981.

白红玉敏感心细、明察秋毫，苏友白才华横溢、真心交友，张轨如诡计多端、奸诈狡猾的人物形象一步步展露出来。另外小说还揭露了张轨如小人行径，反衬佳人白红玉机智勇敢之态，进一步展示佳人与小人之间的精彩博弈，使得人物形象形成鲜明的对比。小说故事发展多次依靠苏友白诗文"遗失"来推动，因而"遗失"情节对于经典的人物形象的塑造有着极为重要的作用。

（三）掌控叙事节奏

明清才子佳人小说中的"遗失"情节对于小说的叙事功能的掌控具有重要意义。文本中"遗失"现象以不同的顺序、速度和频率出现，对文章的叙事节奏进行控制，促使文章的叙事节奏时紧时松、时快时慢，打破平淡无奇的写作节奏，使得故事跌宕起伏、情节丰满，产生新的叙事契机，突出叙事节奏。"遗失"情节的出现是整个故事叙事节奏的催化剂，抑或结束复杂关系、推动故事迈向新节奏的触发点。例如《玉支玑》①，玉支玑本是才子长孙肖聘佳人管青眉之聘物，在小说中曾多次出现"遗失"，对小说的叙事节奏掌控有着重要的意义。从叙事顺序来说，玉支玑出现的顺序主要以时间叙事为主。玉支玑第一次出现，是在小说（第五回）管侍郎考诗择婿，长孙肖和诗被选，将家传之物玉支玑作为聘物，缔结盟约。此时的玉支玑仅仅是一个聘物，小说叙事节奏相对平缓。玉支玑第二次至第五次出现，小说的叙事故事经历了一个完整的事件，从小人卜成仁诬陷玉支玑为赃物，欲破长孙肖和管青眉婚事，到管青眉以假玉支玑救长孙肖，玉支玑流落县尊之手，故事再度转变为管青眉将计就计巧骗玉支玑。玉支玑在此已由简单的聘物转变为故事发展的催化剂，叙事气氛已由先前相对平缓的气氛转变为紧张，再到松弛，叙事节奏由慢至快，再至慢，使得叙事节奏有张有弛。玉支玑第五次至第六次出现呈现了一个完整事件，即卜成仁拿出假玉支玑给长孙肖聘其妹卜红丝，管青眉题玉支玑诗，卜红丝代作，长孙肖交出玉支玑，完成聘礼。此时的玉支玑促进了第二段姻缘的形成，叙事节奏由缓而紧，再到缓。玉支玑的第七次出现是在小说（第二十回）真假玉支玑同现，长孙肖同娶管青眉、卜红丝。此时小说达到全书的高潮，叙事节奏达到小说顶峰，完成前面所作的铺垫。小说全文以玉支玑为线索，不断围绕玉支玑进行叙事，并且其在小说中出现频率多达七次，叙事节奏由慢至快再至慢，叙事节奏时紧时松，促使其叙事节奏张弛有度，极大帮助创作者掌控文本叙事节奏。

---

① （清）天花藏主人．玉支玑［M］．沈阳：春风文艺出版社，1983.

（四）营造叙事氛围

明清才子佳人小说中的“遗失”现象设置对于小说叙事情节氛围的营造具有重要意义，起到了烘托叙事环境气氛的作用，并在一定程度上影响了小说的故事节奏和发展脉络。才子佳人小说创作者们巧设“遗失”情节，促使才子佳人在符合封建礼法的条件下邂逅交往，逐步掀起故事的波澜，营造不同的叙事氛围。例如《金云翘传》[①]（第二回）金重偶然拾得王翠翘的金钗，小说由此安排二人相遇，私定终身。小说作者青心才人设置此金钗“遗失”现象奠定了小说叙事情感基调——“一见钟情”，故而小说在此极力营造花前月下、如痴如醉、难舍难分的叙事气氛，将才子与佳人相识相逢的美好交往画面展现出来，构造男女主人公之间美好的爱情。这与小说（第四回至第七回）王家变故、翠翘卖身救父时所营造的悲痛彻骨、伤心欲绝的叙事氛围和小说（第二十回）金重与王翠翘重逢时所营造的人世冷暖、九死一生而转悲为喜的多重氛围形成鲜明对比，表达才子佳人拨乱离散后的重逢喜悦之情，展现故事情节发展的波澜曲折。再如《锦香亭》[②]（第二回）钟景期误闯葛家花园锦香亭内，偶然拾得葛明霞的白绫帕，钟景期归还葛明霞白绫帕，二人一见钟情，进而私定终身。小说的作者在此营造二人惺惺相惜、感遇知己而又囿于礼制的叙事环境气氛。总体而言，小说借助“遗失”现象所营造的叙事氛围大多是花前月下、恋人难舍难分、缠绵婉转而又规守礼制，小说的作者更是将小说前后所营造的叙事气氛形成对比，按照相对固定的叙事模式“一见钟情—私定终身—拨乱离散—及第归娶”发展，展现才子佳人历经千难万险、终成正果。

三、“遗失”现象出现原因与影响

（一）“遗失”现象出现原因

“遗失”现象是明清才子佳人小说作品中叙事情节的必要组成部分，也是才子佳人小说叙事模式中“一见钟情”的前提，更是才子和佳人之间的相见相识的必要方式。“遗失”现象大量出现在明清才子佳人小说作品中，与文学潮流发展和小说笔法丰富的必然趋势、明清世人对婚恋自由的渴求，以及小说作者因袭与模仿的促进都有着极其紧密的联系。

1. 文学潮流发展与小说笔法丰富的必然趋势

明清才子佳人小说中“遗失”现象的出现与中国古代文学历史发展潮

---

① （清）青心才人．金云翘传［M］．沈阳：春风文艺出版社，1983.

② （清）苏庵主人．锦香亭［M］．沈阳：春风文艺出版社，1984.

流和小说创作技法的丰富都有着紧密的联系。首先，“遗失”现象的出现符合现实背景下文学发展的历史潮流，并且其也成为小说创作者作为儒家正统文人士大夫反击抑或规避明代艳情萎靡文风的一种手段。明代自《金瓶梅》问世以来，文学风气陷入艳情泥沼，专门写艳情之事的作品大量问世，受到了世人的欢迎，导致明代文风萎靡不堪、陷入泥潭，为世人所诟病，正如《红楼梦》（第一回）中借石头所说：“历来野史，或讪谤君相，或贬人妻女，奸淫凶恶，不可胜数。更有一种风月笔墨，其淫秽污臭，荼毒笔墨，坏人子弟，又不可胜数。”① 明清才子佳人小说创作者大多亲身参与过科举，饱读儒家诗书作品，形成了以“三纲五常”为主的传统儒家道德观、价值观，故而认为描写男女艳情之事的文学作品风气不正，有损儒家传统的道德价值观念。小说的创作者们设置“遗失”现象，有力反击或回避了这种淫秽艳情文风，摆脱对于市井糜烂生活的描写，大大雅化才子佳人文学作品社会风气。

其次，“遗失”现象的出现正是为了适应明代文学市场化的需要，吸引读者的兴趣。明代商品经济繁荣，市民阶层迅速扩大，关注探讨人性文学的作品大量出现，因而明代文学也因此表现出越来越世俗化的特征。文学的世俗化特征愈演愈烈，儒家所强调的诗词为正统文学的主张越来越不受世人待见。为了获得市场的认可，顺应文学发展潮流，才子佳人小说创作者不得不加入“遗失”现象，促使代表平民阶层的才子和代表贵族阶层的佳人合情合理地交往。这一思想甚至还高度影响了出身贫寒阶层的女子，如《玉娇梨》中的卢梦梨、《平山冷燕》中的冷绛雪、《宛如约》中的赵如子等皆是出身低微的贫民阶层女子。而“遗失”情节，也成了在她们和才子之间构筑沟通的桥梁，这既符合大众审美意识，又满足平民阶层对于与贵族通婚的美好期待，并推动社会阶层的流动，在一定程度上缓和社会的矛盾。此外，“遗失”现象的出现，也吸引了读者的兴趣，增加了故事的可读性。

最后，“遗失”现象的出现顺利将故事前后连接起来，起到丰富小说结构技法的作用。从小说的文本分布角度来看，“遗失”现象通常出现在小说的开头部分，创作者们借此巧妙地将小说的前后联系起来，从结构上丰富了小说的技法。例如《金云翘传》②（第二回）金重拾得王翠翘金钗，二人一见钟情，遂而私定终身。小说的创作者青心才人着重渲染金重与王翠翘二人相会之时，如痴如醉、如胶似漆的甜蜜气氛和二人归家之时依依

---

① （清）曹雪芹．红楼梦［M］．北京：人民文学出版社，1996.

② （清）青心才人．金云翘传［M］．沈阳：春风文艺出版社，1983.

不舍的痛苦氛围，也正暗示了“有情人终成眷属”所必然经历的磨难与痛苦，暗示了金重与王翠翹的必然分离。因而“遗失”现象的出现不仅使得小说的男女主人公得以相见相识，更是在为后文的故事发展做铺垫，摆脱毫无波折的叙事模式，使得故事呈现出波折起伏的状况。

2. 明清世人对婚恋自由的渴求

“遗失”现象在明清才子佳人小说中出现，与中国传统的婚姻观念有着必然的联系。首先，中国社会长期处于封建制度统治之下，统治者大肆宣扬儒家“父母之命，媒妁之言”的婚姻思想观念。另外，清代加强了礼教之防，“男女授受不亲”观念广泛传播，故而使得“父母之命，媒妁之言”的婚姻观念根深蒂固，因而“遗失”现象的出现表达了才子佳人对于自主婚姻的渴求，也推动了对封建压迫婚姻制度的反抗，并要求进一步瓦解封建婚姻观念的限制。

其次，婚姻关系在中国封建社会是一种合法的政治工具。无论是汉朝为解决匈奴之患而不得已实行的和亲政策，还是唐朝为震慑统治周边势力采取的远嫁行为，抑或是《红楼梦》里无奈远嫁他乡的四小姐贾探春，身处内闺的女子，成了封建家长们实现政治野心和解决争端的最大牺牲品，并且这一思想观念得到了统治者和封建家长的高度赞同。然而对于思想较为开放的明朝而言，欲要打破这一婚姻观念，倡导追求自主婚姻，“遗失”现象成为小说反抗封建婚姻观念限制的一个重要手段。“遗失”现象的出现实现了身处内闺的女子与才子之间的联系，并着力渲染才子佳人突破封建制度的精神。

最后，在明清才子佳人小说作品中，“遗失”现象的出现在一定程度上有助于肯定女性价值和推动男女社会地位平等。明清才子佳人小说以前的大多数文学作品，从人物角度来分析，女性的社会价值及其地位与男性的社会价值及其社会地位并不平等，甚至还出现了丑化女性形象的现象，如《水浒传》中的女性被描绘成女英雄、恶妇、弱女子和淫妇四类主要形象。可想而知，在之前的文学作品中，女性在婚姻选择上，几乎没有太多自我选择的权利，她们的社会价值及其地位与男性相比，更无平等可言。然而明清才子佳人小说在婚姻选择上赋予女性一定自我选择的权利，这使女性的社会地位较之前文学作品中的社会价值及社会地位有了较大提升。某些作品甚至出现拥有了与男性平等的社会价值和社会地位的女性角色，有些作品更表现出女主人公为了爱情不畏权贵，誓死捍卫爱情的精神。例如《飞花咏》[①]（第十一回）容姑写了一首“桃源忆故人”小词，因其书

① 飞花咏［M］．沈阳：春风文艺出版社，1983.

稿“遗失”被其父昌全所拾，认为其有损闺门礼制，将其许配他人，容姑因而久病不起，后其父问其故，才知其与表兄唐昌有婚姻之约。

3. 小说作者因袭与模仿的促进

明清才子佳人小说自《玉娇梨》《平山冷燕》之后快速发展，与“遗失”现象的出现也有着一定的联系。《玉娇梨》《平山冷燕》作为明清才子佳人小说的代表作，塑造了极为经典的才子与佳人形象，同时也形成了相对固定的叙事模式，即设置“遗失”现象，将才子和佳人之间联系起来，沿着“一见钟情—私定终身—拨乱离散—及第归娶”的顺序发展，完成整篇故事。然而，“遗失”情节创作方法较为简单，无非才子拾得佳人“遗失”之物，借此促使故事进一步发展。由于早期才子佳人小说的巨大成功，小说的创作者们相互模仿，极大促进了“遗失”情节在整个明清才子佳人小说中的发展。正如鲁迅在《中国小说史略》中谈道：“《金瓶梅》《玉娇李》等既为世所艳称，学步者纷起，而一面又生异流，人物事状皆不同，惟书名尚多蹈袭，如《玉娇梨》《平山冷燕》等皆是也。”①

（二）“遗失”现象出现的影响

明清才子佳人小说是明清时代较为流行的文学样式，其作品数量繁多，作家群体庞大，拥有众多读者，因而作者们千方百计巧设安排，通过书写“遗失”现象使得才子佳人能够顺利交往、一见钟情，进而私定终身，从而制造矛盾、冲突，吸引观众。对于“遗失”现象的设置，本文将从其有利影响和不利影响进行深入分析。

1. 有利影响

明清时才子佳人小说尽管备受后世诟病，但不得不承认它在当时获得了巨大成功，这一成功与明清才子佳人小说中的“遗失”现象有着紧密的关系。首先，“遗失”情节的设置是早期明清才子佳人小说创作者探索丰富小说叙事方式的重要手段，其影响了后期才子佳人小说的叙事创作。早期的才子佳人小说的创作者基于社会现实的沉重压力，设置“遗失”情节将才子与佳人合情合理地联系起来，创新了文本的叙事模式。然而这一模式的成功，导致后期的创作者们相互模仿，促使有着大量“遗失”现象的才子佳人小说作品快速发展，进而在中国文学史上形成了一个独特的小说类型——才子佳人小说。前期的才子佳人小说在作品中巧设“遗失”情节，不仅为后期才子佳人小说作品的发展提供了新的叙事方式，丰富了小说的叙事情节，同时为在封建婚姻观念统治之下的现实男女自由恋爱探索

---

① 鲁迅．中国小说史略［M］．北京：人民文学出版社，1976.

了一条出路。

其次，明清才子佳人小说对近代文学作品也产生了较为深远的影响，鸳鸯蝴蝶派的作品之中有许多对于“遗失”情节的书写。鸳鸯蝴蝶派出现于20世纪20年代，其小说模式依旧是才子合配佳人，鲁迅在其《上海文艺之一瞥》中将其创作称为“新的才子+佳人小说”。鸳鸯蝴蝶派小说创作者沿用这种方式倡导自由恋爱，呼唤年轻人走出落后家庭的约束，追求自由恋爱。如鸳鸯蝴蝶派代表作家徐枕亚的《玉梨魂》① （第三章）何梦霞深夜闻听梨娘哭声，后又知梨娘为多才女子，只可惜命运不济，感同身受。虽然这里改变了才子佳人小说以诗词传情的场面，但是其哭声之“遗失”仍然存在，哭声“遗失”依旧符合交流话语中的“遗失”概念，因而“遗失”现象对现代文学的发展影响较深。

最后，才子佳人小说的创作者们借助“遗失”情节传播“天缘”婚姻观念，借助“天地做媒”的理念发展自由恋爱，减轻传统礼教的压力。如《燕子笺》② 中佳人郦飞云题于花笺上的诗被燕子叼走，“遗失”在才子霍都梁手上，故而使其相知相识，结为婚约。燕子本是无情之物，《燕子笺》的作者阮大铖借助燕子叼诗，将燕子化用为人间爱情的使者，完美借助天缘诠释才子与佳人之间爱情。这一点对于后世文学《红楼梦》也有巨大影响，因而《红楼梦》中也化用类似的情节。《红楼梦》③ （第二十六回）贾芸种树之时拾到一块罗帕，后来得知是红玉的，喜不自胜，结下一段姻缘。贾芸虽是贾家出身，但身份并不尊贵，同样红玉虽是贾府中人，却也只是下人。曹雪芹似乎考虑到贾府严苛的等级制度和顽固的封建家长观念，故而在此设置红玉罗帕“遗失”，促使贾芸与红玉感情发展，成就《红楼梦》中为数不多得以善终的爱情。

2. 不利影响

“遗失”情节是才子佳人小说创作者们早期探索男女主人公相知相会的一种方式，其中既包括女子贴身之物“遗失”，也包括书信诗稿“遗失”以及交流话语“遗失”。尽管后期的才子佳人小说创作者们一直在想方设法丰富并突破“遗失”现象的叙事模式，促使才子佳人以一种新的范式相遇相逢，促使小说情节更为合情合理，但由于“遗失”手段有限，无论后期的才子佳人小说创作者们如何创新，终究难以突破其原有的“遗失”情节的叙事模式和套路。这也是明清才子佳人小说叙事模式相对固定的原因之一，因此曹雪芹在《红楼梦》中总结才子佳人小说人物形象“千人一面”“千部

① 徐枕亚．玉梨魂［M］．上海：上海大众书局，1912.

② （明）阮大铖．燕子笺［M］．上海：上海古籍出版社，1986.

③ （清）曹雪芹．红楼梦［M］．北京：人民文学出版社，1996.

一腔”。

通过总结明清才子佳人小说的特点，不难发现真正束缚才子佳人小说发展的是其题材有限和叙事情节有终，况且这样相对固定的叙事模式必然会造成观众的审美疲劳。可想而知，“遗失”现象在一定程度上也决定了明清才子佳人小说的失败和终结。

结　语

“遗失”现象在明清才子佳人小说中较为多见，小说创作者通过设置女子贴身之物“遗失”、书信诗稿“遗失”和交流话语“遗失”现象促使才子与佳人相见相识，继而围绕“一见钟情—私定终身—拨乱离散—及第团圆”的叙事模式发展，成功塑造了大量敢于追求婚恋自由的经典人物形象。此外“遗失”现象不仅成为明清才子佳人小说作品中诱发后文故事的契机，还掌控整个故事的叙事节奏，起到了营造叙事氛围的作用。

“遗失”现象出现于明清才子佳人小说作品中，主要有以下原因：适应文学现实发展潮流，并丰富小说创作技法；突破传统封建婚姻“父母之命，媒妁之言”的思想观念限制，并倡导追求自主婚姻。同时“遗失”情节创作方法相对简单，小说创作者们互相借鉴模仿，从而导致明清才子佳人小说作品中“遗失”现象的大规模出现。

“遗失”现象的出现对于后世文学影响深远，它不仅高度影响了《红楼梦》的创作，甚至在后世的才子佳人小说派——鸳鸯蝴蝶派中依然能够看到“遗失”现象的影子。然而由于其“遗失”情节的叙事方式相对固定，叙事方法套路终有其尽，再加之观众的审美疲劳，导致才子佳人小说很快衰落，因而“遗失”现象对于明清才子佳人小说的影响具有两面性，一则因其快速崛起，二则因其迅速衰败。

参考文献

[1] 毛泽东．在延安文艺座谈会上的讲话［M］//毛泽东选集：第3卷．2版．北京：人民出版社，1991.

[2] 杨义．中国叙事学［M］．北京：人民出版社，1997.

[3] 傅修延．中国叙事学［M］．北京：北京大学出版社，2015.

[4] 苏建新．中国才子佳人小说演变史［M］．北京：社会科学文献出版社，2006.

[5] 鲁迅．中国小说史略［M］．北京：人民文学出版社，1976.

[6]（清）荑荻散人．玉娇梨［M］．沈阳：春风文艺出版社，1981.

[7] 卜维义．麟儿报［M］．沈阳：春风文艺出版社，1983.

[8] 曹雪芹．红楼梦［M］．北京：人民文学出版社，1996.

[9]［美］浦安迪．中国叙事学［M］．北京：北京大学出版社，2018.

[10]唐伟胜，傅修延．叙事学与中国叙事传统：傅修延教授学术思想访谈［J］．英语研究，2020（2）．

[11]傅修延．从西方叙事学到中国叙事学［J］．中国比较文学，2014（4）．

[12]苏建新．才子佳人小说叙事演变新探［J］．中国古代小说戏剧研究丛刊，2007（2）．

[13]郭彩飞．试谈才子佳人小说中诗歌的叙事意义［J］．史志学刊，2007（6）．

[14]刘雪莲．《红楼梦》对才子佳人小说“一见钟情”叙事模式的承袭与应用［J］．红楼梦学刊，2011（2）．

[15]吕堃．信物在明末清初才子佳人小说中的叙事作用［J］．明清小说研究，2007（4）．

[16]胡元翎，刘雪莲．从才子佳人小说到《红楼梦》“信物”功能衍变论析［J］．中国文学研究，2011（1）．

[17]侯陈辉，宋剑华．从古典到现代：论新文学对才子佳人叙事模式的现代演绎［J］．现代中国文化与文学，2016（2）．

[18]朱业华．明清才子佳人小说叙事模式及其文化批判［J］．安徽文学（下半月），2009（9）．

[19]荆会玲．浅析“才子佳人”叙事模式在当代小说中的发展［J］．名作欣赏，2021（20）．

[20] JO E & JEON A Y. A suggestion of narrative generation basic model for scenario creation: focused on the function theory of Propp and narrative theory of Greimas [J]. Humanities contents, 2019 (52).

[21] XUN G J & SON P Q. Reason for the vogue of Chinese stories of talented scholars and beauties and its effect to the Japanese, Korean and Vietnamese literature [J]. The International journal of engineering and science, 2017, 6 (1).

[22]林沙欧．中国古代小说体叙事的历时性研究［D］．杭州：浙江大学，2011.

[23]肖田田．明末清初才子佳人小说“小人拨乱”叙事模式研究［D］．青岛：青岛大学，2014.

[24]薛淑元．明末清初才子佳人小说叙事情节微观变化研究［D］．大连：辽宁师范大学，2011.

[25]刘媛媛．从叙事模式看清初到民初言情小说的发展：以才子佳人小说和鸳鸯蝴蝶派小说为中心［D］．上海：复旦大学，2008.

指导老师：杨晓丽

下　编
汉语言文字学与语言学

本书“下编”的三篇论文，包含古典文献学、汉语言文字学、语言学及应用语言学领域。《〈庄子·秋水〉对话艺术分析》从篇章语境和背景语境两个方面对传统文化进行现代语用学考察；《老舍“京味”言语特征分析——以〈四世同堂〉为例》以言语风格学和语言学理论为指导，对经典文学作品典型特征进行语言学和修辞学分析。《国庆阅兵式解说词的修辞特色研究——以中华人民共和国成立70周年阅兵式解说词为例》使用文献分析法、归纳法和比较法等方法对中央广播电视总台国庆70周年阅兵式解说词进行语言学分析。

《庄子·秋水》对话艺术分析

张 衡
中国语言文学学院汉语言文学 2018-7 班

绪 论

（一）研究目的

庄子一生创作丰富，作品被收入《庄子》中，文笔汪洋恣肆，具有浪漫主义的艺术风格，是先秦诸子文章的典范之作，标志着先秦散文发展到成熟阶段。鲁迅曾评价说：“其文则汪洋辟阖，仪态万方，晚周诸子之作，莫能先也。”[①]《秋水》作为《庄子》的外篇，具有独特的价值，综合了庄子“无所待”和“齐物论”两方面的哲学思想，是对《逍遥游》和《齐物论》两篇文章的精彩阐释及总结。庄子在其中采用推理和说理的形式，成功地表达了自己深邃的哲学思想，并对后世人们的思想表达产生了深远影响。

语言是人类社会最重要的交际工具。在当今社会中，不同立场、不同背景下的对话交际越来越多，如何更好地处理日常生活中的对话行为值得人们思考。我们需要批判地继承传统文化中的优秀文化，借鉴庄子的对话艺术，用以指导我们的日常交际。本文将以马克思主义思想为指导，在语用学视角下，从篇章语境和背景语境两个方面，揭示《庄子·秋水》中人物对话的信息意图和交际意图，分析人物对话中使用的语用原则和语用策略，结合《国务院办公厅关于全面加强新时代语言文字工作的意见》以及当今社会中部分人在生活中的对话交际行为，讨论《庄子·秋水》中的对话艺术对当代话语交际的价值，助力人们更好地掌握会话艺术，形成和谐、文明、有效的对话交际环境。

（二）研究意义

1. 理论意义

首先，笔者通过详细阅读文本，将《庄子·秋水》中的语用现象进行

① 鲁迅．鲁迅全集［M］．北京：人民文学出版社，2015：32.

分类整理，并结合语用学中的相关概念和原则，进行分析文中不同的语用类型，以及庄子文中塑造的不同人物形象在对话中体现的语用策略，有助于阐释庄子独特的对话思想和对话艺术。

其次，本篇论文的研究有助于拓宽《庄子·秋水》研究的广度和深度，完善研究道家经典代表作品《庄子》的路径与方法，为其引入一些独特的思路和研究方法，为日后学术界对古代文学作品中的其他语用现象研究作铺垫。

最后，基于对庄子对话思想和对话艺术的研究，理解对话艺术在庄子思想表达中的重要性，探讨庄子在《庄子·秋水》中设置的对话语境、语用原则和语用策略，有助于从不同角度把握《庄子·秋水》所蕴含的丰富的语用内涵，深化对庄子对话艺术的研究，提高理论界和学术界对庄子思想表达手法的关注推动我国优秀传统文化中语用艺术的传承与发展。

2. 现实意义

第一，研究《庄子·秋水》的对话原则，阐释河伯、海神若等人物使用的语用策略契合时代主题，有助于服务当今社会文化建设，积极发挥中华优秀传统文化中语言文字在现实生活中的教育教化和价值引导作用。从而达到在网络生态和日常生活中消除人际交往屏障、减少交际失误、提升人际交往能力的效果，帮助人们形成良好的对话交际观念，打造文明、和谐、有效的对话环境。

第二，研究庄子的对话艺术，对于道家优秀文化的传承、创新、发展都具有现实的推动意义。以老庄为代表的道家文化是中国传统文化的重要内容，作为道家经典代表作品的《庄子》更是中国传统文化长久以来关注的一个重点。通过探讨庄子的对话思想，可以更好地促进道家优秀文化的发展，进而推动语言文字事业繁荣兴盛，从中汲取精神力量，建设社会主义文化强国。

（三）文献综述

通过查阅资料可以发现，知网上共有95篇关于《庄子·秋水》的期刊论文、学位论文，本文主要针对一些代表性文献，梳理《庄子·秋水》的研究动态。

一是哲学思想方面的研究。何新莲（2009）《从〈秋水〉篇看庄子的认识论思想》分析了庄子认识论产生的特殊历史条件，认为庄子的认识论虽然受制于时代背景，有其局限性，但对当代文化冲突，特别是对于现在的文化霸权主义现象仍然适用，为现代人的文化精神生活提供了理论资源和发人深省的启迪。刘世琪（2018）《从〈秋水〉篇看庄子的思想》一文通过对《庄子·秋水》的文本解读，主要分析庄子在《庄子·秋水》中所表达的关于“道”的思想以及朴素的相对主义思想，揭示了庄子思想对于现世的意义和价值。孙明君（2021）认为《庄子·秋水》继承和发展了《庄子》内篇的天人思想，庄子从天的角度提出了“无以人灭天”的思想理论道路，从人的角度提出了“达理明权”的行动指南，进而凝练出“反其真”的思想境界。周飞童（2021）《〈庄子·秋水〉中伦理学思想的超越性》一文，对郭象、成玄英、王夫之关于《庄子·秋水》的注疏进行了梳理，揭示其伦理学含义及其关于原文中伦理学指向的偏离，认为《庄子·秋水》中河伯与海神若的第七番对话主要讨论人与动物及人与天的关系，其中包含着对于人类中心主义与功利主义的超越性的伦理学指向，指出《庄子·秋水》中的伦理学指向对于今天生态文明建设的意义与遗留问题。

二是审美方面的研究。万秋娣（2007）在《〈庄子·秋水〉的审美特质》中，分析了《庄子·秋水》中寓言的运用、意境的描绘、比喻的使用，认为其具有结合美、气势美，体现了庄子文章的审美特质，很好地体现了庄子的散文特征。程相占、孟令恺（2018）的《庄子“游鱼之乐”的生态审美意蕴阐释》一文，在细致分析“游鱼之乐”原典基础之上，参照历代学者对此命题的注解与观点，借助现代生态审美思维，将古老的命题进行现代生态审美意蕴的阐释，指出庄子思维的现代价值和其对西方近代美学的启示。

三是字词考辨方面的研究。李先华（1999）在《〈庄子·秋水〉“两涘渚崖”注商》中，对“渚”进行了考证，认为“渚”义应为“水边”“岸边”，“涘”“渚”“崖”是三字同义连用。徐厚广（2005）在《〈庄子·秋水〉篇“旋其面目”解》中，通过考证“旋”和“面目”，认为《秋水》中的“旋其面目”包含了一种特殊的语言现象，所谓“旋其面目”实际上就是“眩目”中间插入了一个没有实际意义的“其”字，所以“旋其面目”就是“眩目”的意思。黄金贵（2006）在《〈庄子·秋水〉“望洋”新诂》中，通过梳理“望洋”的连绵脉络，结合魏晋南北朝前的文献，认为“望洋”本是一种眼病，并不是联绵词，其意应为“定睛向上视的样子”；而其之所以被误解主要有两个原因：一是词义训诂只释名不释物，二是对联绵词存在误识与误诂。

四是文本对话方面的研究。刘莹（2021）在《〈庄子·秋水〉对话艺术分析》中从庄子预设语境的寓言故事、人物形象设置的虚构和对话语言的多种修辞使用三方面，分析了《庄子·秋水》中的对话艺术，说明《庄子·秋水》对后世的深远影响。

五是其他方面的研究。经纶（2012）在《“反其真”：〈庄子·秋水〉篇主旨新论》中讨论了文章展示的一条层层推进的为何、又如何“反其真”的逻辑线索。李生龙（2015）在《宋以后对〈庄子·秋水篇〉之推崇与思想艺术探骊》中分析了唐前宋后人们对《庄子·秋水》的接受情况。刘彤彤和马晓荣（2021）等人分析了《庄子·秋水》在教育学思考中的意义。

从以上论述可以看出，《庄子·秋水》具有独一无二的思想价值，对当今的社会建设和美学思考仍有很大的参考作用和借鉴意义。虽然学者们对《庄子·秋水》进行了积极的探索，成果丰富，但在语用学方面的研究还存在着不足之处，尤其是在庄子语用艺术的探讨及其现代价值方面。本文将从语用意图、对话原则两个方面对《庄子·秋水》进行探讨，分析庄子的对话艺术及其现代意义。

（四）相关概念

1. 语用学

不同的学者对语用学的定义不同，有如“语用学研究语言结构中被语法化或编码的语言和语境之间的关系”① “语用学研究使用者将语句和恰当地使用该语句的语境结合起来的能力”②。一般来说，语用指人们在一定的语境中对语言的具体使用，它包括话语意义的理解表达，以及相同话语在不同情况下可能产生的不同效果，语用学就是研究语用的一门学科。从语用角度观察语言，语言是人们在一定的语境中的动态行为过程。如“灯！”字面上看就是灯的意思。但在夜晚的语境中，房间里漆黑一片，这时“灯！”的意思就是开灯。而在白天，房间内光线充足，这时说“灯！”就是把灯关掉，不需要灯的意思。

2. 语境

语境，即语言所处的具体环境，“简单来说是指人们运用自然语言进行言语交际的言语环境”。③ 宫媛（2003）认为：“语境是在言语交际中说写者在特定的环境下表达其意图从而使听读者准确理解说话主体所传递的真正含义而试图激活的交际双方共有的相关知识命题。”④ 语境包括语言的

① 何自然，冉永平. 新编语用学概论［M］. 北京：北京大学出版社，2009：7.

② 何自然，冉永平. 新编语用学概论［M］. 北京：北京大学出版社，2009：8.

③ 文健. 语用学引论［M］. 昆明：云南大学出版社，2016：10.

④ 宫媛. 语境及其在言语交际中的作用［D］. 乌鲁木齐：新疆大学，2003：23.

语境和言语的语境，即言内环境和言外环境。言内环境包括句子语境、段落语境、篇章语境等，言外环境包括情景语境和背景语境。

3. 话轮

话轮（turn），由美国社会学家萨克斯等人提出，是会话中的基本结构单位，指说话人的话语从开始到结束的过程。如：

甲：吃了吗？
乙：等会吃。
甲：等会一起去？
乙：好。

在例子中，甲和乙的会话呈现出“A_1—B_1—A_2—B_2”的模式，共有四个话轮。一个话轮的终点被称为“转换关联位置”。在连续的对话中，除去最后一个话轮，每个话轮结束时，听话人和说话人的角色会发生转换。话轮不分长短，只要说话人改变，那么这个话轮就算结束。

4. 相邻对

相邻对，是对话参与者各说一次话所构成的“对子”，它由一前一后两个话轮组成。前一个话轮人们称之为始发语，后一个话轮被称为应答语。始发语和应答语彼此相邻，相互关联，由对话双方相继说出。如：

甲：请问你家装网线了吗？
乙：装了。

但是在实际对话中，相邻对并不总是一个接一个的顺序排列，常常会被其他的话语隔开，这些插入的话语就叫做“插入语列”。插入语列并不是话题的转移，而是应答语的前提条件。

（五）研究方法

首先，通过学校的图书馆馆藏书籍以及知网等电子资源数据库，获得与研究课题相关的文献资料，深入学习中国特色社会主义思想相关理论、《国务院办公厅关于全面加强新时代语言文字工作的意见》等文件精神，为论文设计研究提供参考和思路。

其次，使用文本分析法。重视对原典的研读，本文将主要立足于《庄子》一书，力图从篇章语境和背景语境两种语境下，以话轮和相邻对分析《庄子·秋水》中的对话意图，着重分析庄子在对话中使用的语用原则，展现庄子塑造的人物形象和庄子对话的交际效果，并结合各家注疏和今人研究的成果，试图把握庄子的对话思想和对话艺术。

一、人物对话中的语用意图

（一）人物对话的语用功能

1. 语境的作用

“语义就语言符号的理解和分析而言，是一种隐含的、模糊的概念，只有通过一定形式才能被感知，也只有在一定语言环境中才能得以体现。”[①] 无论是言内环境，还是言外环境，都对语义起着重要作用。具体来说，语境的作用可以分为解释作用和限制作用。

语境的解释作用，是指不同的语境对语义有一定的解释功能，语义需要从语境中推导得出。语言符号承载语义，但语义在大多数情况下并不能直接通过语言符号本身得出，符合交际者意图的语义隐藏在所有语境关系中，听读者需要结合自身经验、文化习俗等，才能对未知或不明确的语义进行推导，从而得出符合交际意图的语义。如“怎么样?”这句话，如果不是在特定的语境中，人们听到它时只会下意识地想“什么怎么样?”或“什么意思?”。但在特定的语境中，就能推出与语境相关的明确含义。语境对语义的解释作用是由浅入深、由外而内的。

语境的限制作用，是指人们在语境中能够最大限度地提取最符合实际、最有可能的语义。结构主义语言学认为，即使话语或作品文本体现了说写者意欲表达的意义，但意义只能在听读者接受话语和文本的过程中生成，因而话语或文本并不存在一成不变的、固有的意义。意义在理解和确定的过程中，没有绝对唯一，只有相对可能。对话交际意图的实现，语义的歧义消除，都得益于语境的限制作用。比如“骄傲”一词有自视高人一等、高傲、自豪三种含义，“妈妈为你骄傲!”这句话中，骄傲被相关语境限制，只能理解为“自豪”的意思，如果听读者采用其他释义则会导致语义不顺。语境的限制作用，在对话交际中最突出的作用就是确定语义、避免歧义，通过特定语境的限制，能使语义得到最大程度的发挥，让对话双

① 文健．语用学引论［M］．昆明：云南大学出版社，2016：47.

方的理解准确巧妙。

2. 信息意图与交际意图

语用意图是说话人在对话交际中话语表达的意图。斯珀伯与威尔逊的明示推理模式认为，在对话交际中对话者的明示行为后面存在语用意图，包括信息意图和交际意图。信息意图指“交际者生成一定的刺激（如话语），目的就是让听话人明白或更加明白一系列的设想”①，也就是提供交际内容的意图。如甲对乙说：“我还要做一个实验。”甲的信息意图是让乙知道这个信息，而让乙知道甲有一个传递信息意图的意图就是甲的交际意图。甲想让乙明白自己有一个传递信息的意图后，对自己的信息意图做出相应的反应，如甲因为要做实验，所以不能和乙一起下班等。简单来说，信息意图就是话语的字面意义、自然意义，它为听话人的推理提供直接现实依据，说话人在这个意图中希望自己生成的话语能够对听话人产生一定影响。而交际意图是话语的另一层次上的意义，它和听话人理解话语时的推理行为有关，说话人在这个意图中希望听话人能够识别他的信息意图，然后才能够推导他的交际意图。成功的对话交际只需要获取说话人的交际意图即可。

（二）人物对话中的语境和意图分析

《庄子·秋水》因篇首“秋水”二字而得名，以河伯和海神若的对话为主体，共七问七答，还有五篇相关的寓言故事附在后面。本文对人物对话语境和意图的探讨，主要通过河伯和海神若的七番问答进行，下面进行具体的分析。

1. 话轮分析

秋水时至，百川灌河；泾流之大，两涘渚崖之间不辩牛马。于是焉河伯欣然自喜，以天下之美为尽在己。顺流而东行，至于北海，东面而视，不见水端。于是焉河伯始旋其面目，望洋向若而叹曰：“野语有之曰：‘闻道百，以为莫己若者。’我之谓也。且夫我尝闻少仲尼之闻，而轻伯夷之义者，始吾弗信，今我睹子之难穷也，吾非至于子之门，则殆矣，吾长见笑于大方之家。”②

---

① 何自然，冉永平．新编语用学概论［M］．北京：北京大学出版社，2009：303.

② 陈鼓应．庄子今注今译［M］．北京：中华书局，2009：442.

图 1　话轮分析示意图

在这个话轮中，河伯表达了自己看到海洋后的感叹，这里体现的信息意图与河伯的自我认知变化有关。河伯先用俗语引出话题，说俗语中有一句话："听到了很多道理，就认为没有人能够比得上自己。"这句话说的就是他自己。接着他用自己听说有人小看孔子的博学，轻视伯夷的忠义这一真实经历增强话语的说服力。最后得出结论，现在他看到海神若的博大浩瀚而难以穷尽之后，他改变了自己的自大想法，并说如果不是到达海神若这里，知道了自己的渺小不足，他一定会被懂得大道的人嘲笑的。由此可见，这个话轮的信息意图就是字面意义，即河伯向海神若表达自己见闻的感慨。

话轮的交际意图需要结合言内语境才能完整准确地推导出来。河伯作为河神，在秋水到来，水位上涨后，开始骄傲自大起来，认为天下的盛景美好都在自己这里。但是当他顺着河流往东去的时候，看到了海洋的宽广无边，就立马改变了自己的骄傲面目，放下高傲的姿态，真诚地向海神若诉说自己的感慨，这些是话轮的段落语境，而河伯的一次次提问则是话轮的篇章语境。话轮内容的不同层次与语境中河伯态度变化的过程相符合，二者相互支撑、相互照应，因此文本的交际意图是塑造一个能够知道自己不足就立马改正，并虚心向人求教的人物形象。话轮的交际意图也为下文河伯和海神若的一次次问答作铺垫，河伯这个人物形象是庄子特意虚构出来表达自己思想见解的，结合篇章语境来看，海神若正是因为河伯知"丑"的交际意图，才会和河伯探讨大道，有层层递进的问答对话，庄子的"言外之意"才能够抒发。

2. 相邻对分析

成功的对话交际，需要说话人保持自己话语间思想见解表达的连贯，同时也保持听话人接受状态的连贯，《庄子·秋水》中的对话交际是否成功，从文本的相邻话对中就可以看出。

河伯曰："何谓天？何谓人？"

北海若曰："牛马四足，是谓天；落马首，穿牛鼻，是谓人。故曰：无以人灭天，无以故灭命，无以得殉名。谨守而勿失，是谓反其真。"①

图 2　相邻对分析示意图

在这组话对中，河伯向海神若问道："什么是天？什么是人？"信息意图就是河伯继续向海神若提出自己的疑问，对他而言什么才是天然的，什么又是人为的。交际意图则是维持河伯虚心请教、对问题坚持到底的人物形象。而海神若的信息意图是回答河伯提出的问题，先以日常生活中常见的事物举例说明，接着继续向河伯表达自己的思想主张：不要用人为毁灭天然的本性。海神若在话对中传递的信息意图是话语的自然意义，而交际意图则有两个：一是维持庄子塑造的海神若的人物形象，二是庄子借海神若的话批判当时的社会状况，表达自己的理想主张。推导海神若话对中的交际意图，只凭借篇章语境是不够的，需要分析言外语境。虽然河伯和海神若的对话中没有社会背景和文化背景的描述，但海神若作为庄子表达思想的主要载体，我们可以通过探究庄子生活的时代背景来分析海神若的交际意图。

庄子生活的社会处于急剧变动之中，各个学派都提出了自己的理想主张。儒家学派、墨家学派是庄子思想形成的观念背景，但庄子的思想和儒墨思想是相悖的。儒家推崇圣人，庄子则宣扬"绝圣弃知"；儒家主张"克己复礼"，希望天下大同，而庄子反对"人为"，希望社会是"至德之

① 陈鼓应．庄子今注今译［M］．北京：中华书局，2009：442.

世”；儒家宣扬君臣父子的等级观念，庄子认为道在万物，万物平等。庄子和墨家一同批判儒家，但墨家是站在世俗功利主义的立场，庄子是站在自然主义的立场，所以庄子对墨家也是持批判态度的。

了解了庄子生活的时代背景和庄子对当时社会思想的态度，话对中海神若的交际意图就可以推导出来：庄子借海神若之口批判当时诸子百家的思想主张，认为儒、墨等各家过多地强调“人为”，忽视了人自然的本性，希望人们能够顺应物之本性，达到天人平等的理想状态。因此，海神若才在最后说道：“无以人灭天，无以故灭命，无以得殉名。”庄子认为只要遵循这些道理不去违反它，就能够回归到理想的境界。所以，河伯和海神若的对话交际是成功的，二人在对话过程中都保持了自身话语的连贯，也保持了听话人接受状态的连贯，从而使对话顺利进行。庄子在对话中把河伯化作诸子百家的代表，把海神若塑造成自己的化身，可以说，《庄子·秋水》篇的主要意图就是庄子以连贯的思想通过“言外之意”与诸子百家对话。

二、语用原则下的对话分析

不同学者对语用原则的理解不同，但学界一般认为语用原则主要包括格赖斯提出的合作原则和利奇提出的礼貌原则。通过分析《庄子·秋水》中的语用原则，可以更好地理解庄子的对话艺术，把握庄子的语用策略。笔者将在下面对合作原则和礼貌原则进行阐释，并结合相关文本进行具体分析。

（一）《庄子·秋水》中的合作原则

1. 合作原则

对话交际必须由两个或者两个以上的交际者共同完成，因此对话合作的基本形式是对话双方有问有答。但是交际双方在共同的对话基础上，又有着各自的目的，按照各自的语用意图进行对话。在这样的前提下，格赖斯（1967）指出：“为了保证会话等言语交际行为的顺利进行，说话人和听话人双方必须共同遵守一些基本原则，特别是合作原则；并认为，言语交际中人们总是相互合作的，双方都有这样一个共同愿望：双方的话语都能互相理解，共同配合。”① 因此，合作原则是指交际者在对话过程中，使自己的话语表达符合交际的共同目的或方向的原则，它包括量准则、质准

① 何自然，冉永平．新编语用学概论［M］．北京：北京大学出版社，2009：67.

则、关系准则和方式准则。

量准则指对话者在话语中提供的信息是交际所需要的，并且所提供的话语不能超出或者少于交际目的所需要的信息。如“我家有四口人”，如果说话人家里有且只有四个人，那么这句话包括的信息就是说话人提供的全部信息，表明说话人遵循了量准则。质准则是指对话者的话是真实的，不说虚假的话或者是缺乏足够证据的话，如“李白是一个浪漫主义诗人”，说话人能提供相应的证据，那么这句话就遵循了质准则。关系准则指说话人话语中提供的信息要与交际相关或关联。方式准则指说话人提供的信息要井井有条、清楚明白，避免歧义、晦涩、啰唆。

2. 文本对话分析

《庄子·秋水》中的人物对话，基本遵循语用学的合作原则，但是也有违反合作原则各项准则现象的出现。无论是哪种情况，都充分显示了庄子高超的对话艺术。因为不同的说话人在不同场合对合作原则各项准则的选择与侧重不同，合作原则的具体使用需要视具体情况而定。下面以《庄子·秋水》中庄子和惠子游于濠梁之上的故事为例，进行具体分析。

庄子与惠子游于濠梁之上。庄子曰：“儵鱼出游从容，是鱼之乐也。”惠子曰：“子非鱼，安知鱼之乐？”庄子曰：“子非我，安知我不知鱼之乐？”惠子曰：“我非子，固不知子矣；子固非鱼也，子之不知鱼之乐，全矣！”庄子曰：“请循其本。子曰‘汝安知鱼乐’云者，既已知吾知之而问我。我知之濠上也。”①

在这个故事中，惠子是遵循合作原则的代表，庄子则是违反合作原则各项准则的代表。

庄子看着水中的鱼儿对惠子说：“悠哉悠哉出来游玩的鱼儿是快乐的。”庄子的这个话轮引出话题，是始发语。惠子回答说：“你又不是鱼儿，你怎么知道鱼儿是否快乐呢？”惠子的话语提供的信息与庄子的话语相关，语义简练明确，并且把自己对庄子能感知鱼儿快乐的疑惑完整地表达出来，遵循了语用学的合作原则。庄子听到惠子的疑问，回答说：“你又不是我，怎么知道我能不能知道鱼儿是否快乐呢？”在这个特殊的场合中，庄子回答的话语侧重的是合作原则中的关系准则，即庄子的回答只是与惠子的提问有关，而回答的话语中既没有足够的信息表明自己是否真的知道鱼儿的快乐，也没有清楚明确地表达自己怎么知道鱼儿的快乐，并含

① 陈鼓应. 庄子今注今译［M］. 北京：中华书局，2009：476.

有歧义的交际意图，违反了量准则、质准则和方式准则。

惠子继续回答庄子，这个应答语是合作原则的完美体现。首先，惠子的回答提供了对话交际需要的信息，没有超出或少于庄子提问所需要的信息，遵循了量准则；其次，惠子的回答是真实的，并向庄子提供了足够的证据，即采用类比推理的形式，我不是你，所以不知道你是否知道鱼儿是否快乐，你不是鱼，同理可得你也不知道鱼儿是否快乐，遵循了质准则；再次，惠子所说的话与庄子的问题，与整个言语交际都有关联，所以他遵循了关系准则；最后，惠子的对话条理清晰，语言简洁，没有歧义，遵循了方式准则。至此，庄子和惠子两个人的对话逻辑是非常清楚的，整个话题到此应该已经结束。但庄子又一次回答了惠子，他的话语可以说既遵循了合作原则，又违反了合作原则，他说请回到话题的开始，直接告诉对方他是在濠水桥上知道的。庄子的话语虽然避开了惠子的话语，但是和二人对话交际的共同目的有关，并且使二人的对话交际顺利完成，突破了惠子所给的封闭思路，打破了僵局，显示出庄子身为道家代表人物高超的思想境界和出神入化的语用技巧。

庄子、惠子二人对合作原则的遵循与违反，和二人不同的思想主张有关。濠梁之辩隐含着一个基本命题，即不同物体之间能不能相互沟通的问题。惠子认为不同的物体之间、不同个体之间是不能沟通的，庄子不是鱼儿所以不能了解鱼的感情。庄子则认为人和万物之间都是可以沟通的，反对片面地认识世界，所以最后辩论不过惠子的时候，庄子就跳出正常的逻辑推理，直接回到最初来回答惠子的问题。如果庄子再按照惠子的逻辑推理下去，就和惠子一样“离”“析”地看待问题，这对庄子来说是很重要的。所以《庄子·秋水》中合作原则的使用，不仅和庄子所处的具体语境有关，也和庄子整体的交际意图相符合，是庄子思想对话表达的重要工具。

（二）《庄子·秋水》中的礼貌原则

1. 礼貌原则

虽然格赖斯的合作原则对语用学做出了重大贡献，阐明了对话交际参与者为了成功高效地进行交际所应遵循的原则。但是该原则也存在不足之处，如为什么人们遵守合作原则时又要故意违反合作原则，为什么应答语中会出现答非所问的间接性言语行为等。基于此，莱可夫、利奇等人提出了与合作原则相互补充的礼貌论，提升对言语交际行为中语用现象的解释。其中，最重要的是利奇的礼貌原则，它包括六个准则：得体准则、慷慨准则、赞誉准则、谦虚准则、一致准则和同情准则。

得体准则指说话人在交际中要减少表达有损于听话人或他人的观点，尽量让别人多受益。如甲想让乙帮忙带书，“不知是否方便把我的书带来?”相较于“把我的书带来”更为礼貌，听话人有更多的选择余地，受损更小。慷慨准则指少表达利己的观点，说话人要尽量让自己少受益多吃亏，如“我必须帮你”比“你必须让我帮忙”更加礼貌。赞誉准则指少对他人贬损，多赞美他人，如“表现得很不错”比“表现可以”在交际中更礼貌。谦虚准则指说话人尽量多贬低自己，少赞誉自己，在汉语中表现为谦辞，如“犬子”“卑职”等。一致准则指减少自己与他人在观点上的分歧，如小张说：“小刘和小王都不错，工作踏实。”老冯说：“是啊，小刘人不错。”老冯对小张的部分观点进行了否定，但同时也认同了对方的部分看法，尽量减少了与对方意见的分歧。同情准则指增加双方的同情，减少自己与他人情感的对立，如听话人听到对方说不幸的事情时，总会下意识地安慰对方，让对方感到同情与关心，从而促进双方的人际关系。

礼貌具有文化性和民族性，本文的分析以利奇的礼貌原则为主。

2. 文本对话分析

礼貌原则作为一种语用原则，无论在什么样的对话交际现象中都存在，是一种普遍规律。《庄子·秋水》中的人物对话都不同程度地使用了礼貌原则的各项准则，体现了庄子的礼貌观念。礼貌原则中最重要的是得体准则，这一准则基本贯穿了文本对话的全过程，其他各项准则起辅助作用。下面以庄子钓于濮水为例，进行具体分析。

庄子钓于濮水。楚王使大夫二人往先焉，曰：“愿以境内累矣!”庄子持竿不顾，曰：“吾闻楚有神龟，死已三千岁矣。王巾笥而藏之庙堂之上。此龟者，宁其死为留骨而贵乎？宁其生而曳尾于涂中乎?”二大夫曰：“宁生而曳尾涂中。”庄子曰：“往矣！吾将曳尾于涂中。”①

礼貌原则的使用，首先要考虑对话双方各自扮演的角色协调，否则就会达不到预期的交际效果。楚威王听说庄子才华横溢，想要邀请庄子到自己的国家做官。但他没有亲自前往，是为了给庄子的选择留下余地，使庄子更多地享有选择的权利。庄子崇尚自由的名声是广为人知的，他不一定会答应楚威王的请求。这样，楚威王也给自己留下了保护面子的余地，避免增加自己受更大损失的风险，庄子拒绝使臣的请求，并不会伤及楚威王自己的面子。采用这一交际策略，体现了楚威王的得体准则。楚威王表达

① 陈鼓应. 庄子今注今译［M］. 北京：中华书局，2009：474.

自己心意的话语也充分体现出了其他的礼貌准则，他说“我愿把国内的事物托付给先生”，其中“愿”字是站在说话人自己角度发出的，他希望把国内政事处理的权力都交给庄子，表达的是利庄子的观点，而不是利己的观点。“累”字以听话人为出发点，既然庄子崇尚自由，那么不论做官的权力有多大，对于庄子来说都是无用的、累赘的，所以用的是拖累、连累的“累”。在这里，楚威王以自己整天忙于俗务衬托庄子对自由的追求和其思想境界的高远，并且站在庄子的立场以庄子的感情为准用词，减少了庄子的反感，体现的是谦虚准则、赞誉准则和同情准则。

虽然楚威王派出的是使臣，而不是自己亲自前往，但使者的身份和其代表的“面子”仍然迫使庄子根据语境选择合适的言语。庄子知道自己无论是直接回答两位使臣，还是通过使臣回答楚威王，他的言语行为都会威胁到对方的利益。在这样的条件下，庄子向使臣提出了一个神龟的问题，问使者楚国的神龟是愿意死去留下骨头让人尊敬呢？还是愿意活下来拖着尾巴在泥中玩耍呢？在自己的言语行为可能威胁到对方面子的时候，庄子没有直接回答请求，而是采用声东击西的策略予以维护。庄子以说话人的身份把“愿以境内累矣”的利益用乌龟作喻，巧妙地转换到了不在场的第三者身上，问使者乌龟是愿意死去而尊贵，还是活着而平庸，这是面子威胁行为理论中最常用的语用移情策略。把使者和自己都放到了第三者的立场上，使者可以更加公正客观地回答问题，因为这不涉及使者自身利益或者是使者代表的利益。面对生死，人们通常情况下都会选择生，使者自然回答说宁愿活着，使者也能因此设想、理解庄子的用意。在此语境下，庄子表达了婉拒对方的意愿。庄子的回答既没有有损于他人的观点，也没有否定对方的观点，而是把使者和自己放在同一立场上增加了双方的同情，减少了双方情感的对立，是结合得体准则、一致准则和同情准则运用调控策略的典范。

无论是合作原则，还是礼貌原则，皆与对话参与者的利益相关，以听话人这一角色为中心。《庄子·秋水》中的人物对话交际行为便是合作原则和礼貌原则运用的典型代表，文本中的庄子本身，以及庄子借以表达思想的化身，二者在语言的使用选择上、在随着说话人和听话人的角色轮番交替变化而变化的利益中心转换上，都充分体现着庄子娴熟的语用技巧和无穷的语言魅力。

三、《庄子·秋水》对话艺术的现代意义

党的十八大以来，以习近平同志为核心的党中央高度重视中华优秀传

统文化的传承发展，在语言文化建设方面提出了一系列新的要求，为党和国家的语言文字事业指明了新的方向，党的十九届五中全会上更是明确提出，到2035年建成文化强国的远景目标。“语言是交际工具、思想依托，也是文化载体和文化的重要组成部分，传承传播中华优秀语言文化是新时期语言文字事业的重要任务。”① 我们应该从中华优秀语言文化中汲取力量，尤其是从道家经典《庄子》的对话文化中获得启发。

（一）《庄子·秋水》的对话艺术

《庄子·秋水》中的对话艺术，不仅体现在各种语用原则使用得出神入化、人物对话意图表达得准确生动，还表现为对话中哲理与形象的结合美。庄子在文中将抽象的哲理与具体的事物相结合，既不单纯地讲哲理思想，也不简单地罗列事实，而是把二者融为一体，相互促进，相得益彰。如海神若第一次对话河伯时，庄子想要通过海神若之口表达人的认知有限，但他并不直接说明这一人生哲理，而是把它融入具体的事物中去。海神若说，居处狭小的井底之蛙眼界短浅，不能和它谈论大海的广阔；生命周期短暂的夏虫，不能和它谈论冬天的冰；受礼教束缚的、见识短浅的书生，不能和他谈论大的道理。庄子将自己博大的思想知识通过空间、时间、见识三个方面的具体事物进行阐释，具有深刻的哲理性和独特的形象性。因为独特的艺术特质和发人深思的思想，这段对话被后人广泛地使用。

除了结合美外，庄子的对话艺术中还有恢宏有力的气势美。庄子的文章一向富有气势，这主要来自人物对话中说理、推理的逻辑力量，也和语言技巧也有关系。如在河伯和海神若的对话中，庄子先描述海洋的广大、天地的无穷，让人的思想视野舒展开来，使人的心胸为之开阔。接着庄子又从时空的无穷性、事物变化的不确定性、大小贵贱的无常性，一步步破除人主观思想的限制，指出人认识自然规律后就能明白事物变化的真相，从而得守勿失，返回到天然的境界。整个思想论述逻辑严密、条理清晰、层层递进，使听话人的思想紧跟庄子的思想，最终理解庄子的思想主张，达到对话交际的目的。并且庄子在论述中使用比喻、排比等修辞手法，使句子整齐而又不失生动，节奏明快、富有趣味、气势宏大。

正是因为《庄子·秋水》人物对话艺术展现的独特美感，庄子在其中表达的思想才能经久不衰、历久弥新，不论与作品对话者的身份、地位、

---

① 国家语言文字工作委员会．中国语言文字事业发展报告（2017）［M］．北京：商务印书馆，2017：172.

年龄、性别如何，都能给人以振聋发聩的感觉，使人为之叹服。

（二）《庄子·秋水》对话艺术的启示

1. 重视文化差异，理清语境条件

《庄子·秋水》中的语言文化之所以是和谐有效对话交际的典范，原因在于庄子设置人物对话时已经理清了语境条件，注重了对话双方的文化差异。交际必然涉及各种顺应，说话人用言语表达意义也是一个根据语境进行顺应的动态过程，只有重视对话双方的文化差异、理清语境条件、削弱双方的认识分歧，才能更好地顺应对方，达到交际目的。河伯和海神若对话时，河伯虽然不知道海神若是什么样的人，但他首先给自己设置了一个知错就改的形象，并且自嘲“常见笑于大方之家”，河伯的始发语为海神若的回答理清了语境条件。海神若通过河伯的引用俗语、过往经历和现在的感受三方面，对河伯个人有了一定的认识，所以他才从空间、时间、见识三个方面的限制讲起，为河伯的面子弥补找理由，顺应对方的话语，说河伯现在知道了自己的不足后才可以跟他谈论大的道理。海神若随之又为河伯讲解了价值大小判断的相对无穷性，但是每一次回答河伯时都会结合生活中的常见现象论述，因为河伯和海神若二人的文化差异实质上是不了解道家思想的人和道家代表人物庄子之间的认知差异。二者也不仅仅存在秋水到来的具体语境，还包含着庄子生活的背景语境。海神若一直顺应着河伯的话语进行对话，通过不断地举例子设置更加具体的语境背景，使得双方对话的语境条件一直清晰、明确，从而弥补了双方的文化差异，向河伯阐明了庄子的“道”，实现了自己的信息意图与交际意图。

在《庄子·秋水》中还有类似的例子。如孔子游于宋中，子路问孔子为何在宋人包围的情况下还能欢娱。孔子先说他道路不能行通、穷困潦倒是因为命运、时运，又怕子路因为个体的文化差异不能够理解自己，所以接着用尧、舜、桀、纣这些天下士人皆知的人物形象理清了双方对话的相关语境条件，形成篇章语境加以印证，明确了自己的对话意图。并用渔夫、猎人的行为进一步论述圣人的勇敢，阐发自己的心意，这里顺应的是子路的言语接受能力。公孙龙问于魏牟中，公孙龙作为知名的辩论家，他在一开始就先理清了自己对话的语境，说自己从小学习古圣王，能够把事物的不同与相同合一，使众多善辩的人理屈词穷。但他听完庄子的言论后却没办法开口，不知道是什么原因。公孙龙作为名家离坚白派的代表，显然和庄子的思想观念有很大的差异。魏牟作为庄子的化身，要回答名家的问题，首先要重视道家和名家的差异，重新整理双方对话的语境条件。魏牟以水井中的青蛙与东海之鳖比喻名家和庄子思想的差距，最后又以邯郸学步的故事劝告公孙龙，顺利地解答了公孙龙的疑问，成功地进行了对话交际。

2. 提高对话交际能力

重视文化差异、理清语境只是成功进行对话的前置条件，对话交际的最终效果关键还在于对话者的交际能力。全面提高对话者的语用交际能力，要从根本上提高其对语境的认识能力，进而准确理解对方的话语意图，并能够准确地表达自己的交际意图。这涉及语用移情和语用预设两个方面。语用移情指说话人需要从听话人的角度出发，设想或理解对方的意图，最后达到对话双方情感的互通，与礼貌原则的同情准则类似。语用预设区别于语义预设，是实施一个言语行为所要满足的恰当条件，即从言语交际功能出发，把预设看作对话交际双方的共同背景知识或背景信息。它既可以蕴含在对话双方的言外语境之中，也可以通过对话者的话语在交际中即时地塑造出来。听话人必须根据预设和它表达的功能才能推导出说话人的语用意图。

《庄子·秋水》中的语用移情和语用预设往往是成对出现的，如河伯和海神若的对话、庄子以神龟生死作喻拒绝楚国使者请求的对话、魏牟以井中之蛙与东海之鳖讽刺公孙龙的对话等，都是庄子及其化身从对方的角度出发，用生活中常见的形象进行预设从而类比推理，达到双方认知、情感的相通，二者相互作用、相互影响。

惠子相梁，庄子往见之。或谓惠子曰：“庄子来，欲代子相。”于是惠子恐，搜于国中三日三夜。庄子往见之，曰：“南方有鸟，其名为鹓雏，子知之乎？夫鹓雏，发于南海而飞于北海；非梧桐不止，非练实不食，非醴泉不饮。于是鸱得腐鼠，鹓雏过之，仰而视之曰：‘吓！’今子欲以子之梁国而吓我邪？”①

惠子身为庄子的好友，对庄子应该非常了解。但在惠子相梁的故事中，惠子身为梁国的宰相，听人说庄子前来梁国是要代替他做宰相，就非常惊恐，搜索庄子三天三夜。庄子听说惠子做了宰相，前来梁国显然是为惠子庆祝，并不是为了所谓的相位。面对惠子的态度，庄子以鹓雏和鸱两种鸟儿作语用预设。他说南方有一种鸟儿叫鹓雏，从南海出发飞往北海，途中非梧桐不息，非竹实不吃，非泉水不饮。这里的梧桐、竹实和泉水都代表的是美好的事物，以此来映衬鹓雏的高洁之志，寓意庄子本人。一只猫头鹰寻找到一只腐烂的老鼠，这时鹓雏正好从它头上飞过，猫头鹰仰起

① 陈鼓应. 庄子今注今译［M］. 北京：中华书局，2009：475.

头来对鹓雏叫道："吓!"这里腐烂的老鼠代表的是世俗的功名利禄，猫头鹰寓意惠子。庄子通过二者的对比，让惠子了解到了自己的心理感情，把握到自己的真实意图。二人这一事件的后续人们不得而知，但通过庄子哭坟一事可以看出，庄子此次的言语交际行为非常成功，二人的友谊并没有因此破裂。庄子通过这一言语交际过程，表达出自己远大的人生理想，成功地在世人心中塑造出高洁的人物形象。由此可见，语用移情和语用预设在言语交际过程中的重要作用。

通过语用移情，我们可以更好地理解自身和对方的文化差异，具备跨文化意识。通过语用预设，我们具备在跨文化环境下实现交际目的或完成交际任务的能力，也就是跨文化交际技巧。在这两方面的基础上，让自己和对方逐步认可并接受不同个体的差异，实现双方意图的表达，完成言语交际，是提高对话者交际能力的主要方面。

提高对话交际能力，还需要交际者完善自身具备的基础知识，在交流中重视发音、词汇、语义概念，以及相关的语言文化问题，这在语言发展趋势多样化、丰富化、多元化的今天尤为重要。如近年来，每年年末国家语言资源监测与研究中心都会发布年度十大网络用语，2021年的年度十大网络用语为"觉醒年代""YYDS""双减""破防""元宇宙""绝绝子""躺平"和"强国有我"等。这些词是2021年人们在网络交流中使用最多的词汇，具有与时事紧密结合的社会意义，相关机构的公布又进一步推动了它们的流行。如果在对话交际过程中，尤其是在网络平台上进行交际对话的时候，一方使用了网络流行词语，另一方不具备相关的文化认识，双方的言语互动就会受到影响，导致对话交际偏误。如年轻人在与长辈对话过程中说："破防!"长辈很可能听成其他同音词语，如"破房"，认为对方在抱怨房子的陈旧。哪怕长辈听成"破防"一词，也不会想到"某人心理防线因为遇到事情受到冲击而被突破"的网络含义，只会认为什么防御被突破了，从而无法在对话交际中准确把握对方的意图。当今网络上出现的部分舆论事件，很大程度上是因为网络参与者在对话交际过程中自身具备的基础知识不够，存在基础认知思维偏差，从而导致对话交际中语用偏误的出现。

提高对话交际能力，还需要人们改进语言学习方法，拓宽语言学习的范畴，让语用锻炼更生动地贴近生活实际需要进行。在传统的语言学习过程中，人们主要依靠课本教材，通过单纯的阅读途径或是老师的领读进行语言学习。在抖音、快手、微信公众号等各种网络资源平台的冲击下，单一的语言学习方法已经不适用于时代发展的需要。人们应该积极主动地利用相关网络平台，丰富自己的语言知识库，改善自己的语言认知结构，把语言学习的听、说、读、写融为一体。同时，人们在网络语言学习的过程中也会发表自己的看法和主张，通过网络平台的传输就构成了与他人的对话互动，形成网络参与者的对话交际行为，进而影响网络对话环境。对话者改进语言学习方法，学习新生语言事物，不仅符合当今社会生活节奏快、学习时间碎片化的实际需求，也是营造和谐文明有效对话环境的社会需要。

结　语

需要指出，对庄子的对话艺术需要批判继承。庄子生活在战国中期，与当今的时代背景早已不同，文化观念、社会制度等方面也发生了重大变化。因此，我们主要是参考借鉴庄子的语用经验，而不能完全继承或结合时代生搬硬套庄子的语用方法。随着中国经济实力的发展，特别是国际地位的不断提高，国内、国外的对话交际正在发生深刻的变化。如何发挥好个人和国家的话语力量，从中华优秀语言文字文化中获得精神力量，助力实现中华民族伟大复兴的中国梦，将成为语言文字事业的重要课题。

参考文献

[1] 曹础基．庄子浅注［M］．北京：中华书局，1982.

[2] 陈鼓应．庄子今注今译［M］．北京：中华书局，2009.

[3] 崔大华．庄学研究［M］．北京：人民出版社，1992.

[4] 何自然，冉永平．新编语用学概论［M］．北京：北京大学出版社，2009.

[5] 文健．语用学引论［M］．昆明：云南大学出版社，2016.

[6] 习近平．决胜全面建成小康社会　夺取新时代中国特色社会主义伟大胜利——在中国共产党第十九次全国代表大会上的报告［M］．北京：人民出版社，2017.

[7] 国家语言文字工作委员会．中国语言文字事业发展报告（2017）［M］．北京：商务印书馆，2017.

[8] 王伟光，王京清，莫纪宏，等．习近平新时代中国特色社会主义思想学习丛书［M］．北京：中国社会科学出版社，2019.

[9] 刘莹．《庄子・秋水》对话艺术分析［J］．文学教育，2021（7）．

[10] 卢瑞芬．论庄子《秋水》说理形象化的艺术特质［J］．齐齐哈尔大学学报（哲学社会科学版），1993（6）．

[11] 郭莉．从语用学的角度重析庄子的语言观［J］．伊利教育学院学报，2002（2）．

[12] 姚微微，陈海庆．《庄子》会话语用修辞方式探微［J］．呼伦贝尔学院学报，2013（2）．

[13] 周毅．从《庄子》“三言”看庄子的语用［J］．沈阳师范大学学报（社会科学版），2011（2）．

[14] 谭亚婷．违反合作原则语用意义的认知分析［J］．文史博览，2014（9）．

[15] 王莹．论言语交际意图与语用行为选择［J］．吉林省教育学院学报（上旬），2012（11）．

[16] 梁燕华．论先秦诸子语用观［J］．语文建设，2014（5）．

[17] YANG G R. The world of Zhuangzi's thinking［J］．Dao，2008（7）．

[18] 宫媛．语境及其在言语交际中的作用［D］．乌鲁木齐：新疆大学，2003.

[19] 张雪．对话体语篇分析［D］．上海：华东师范大学，2006.

[20] 郑科红．语用逻辑中的语境研究［D］．重庆：西南大学，2008.

指导老师：王新菊

老舍"京味"言语特征分析
——以《四世同堂》为例

申爽爽
中国语言文学学院汉语言文学2018－3班

绪 论

作为我国杰出的语言大师，老舍将北京口语运用到文学创作中，其作品以"京味"著称，老舍也成为京味小说的奠基人。从最初的《老张的哲学》《二马》《赵子曰》到《离婚》《牛天赐传》，再到他的代表作《骆驼祥子》《四世同堂》，这些作品的语言都具有浓浓的京味，运用了大量的北京口语，成为研究老舍"京味"言语特征的重要文本。

《四世同堂》是一部抗日战争题材的长篇小说，写作时间长达4年之久，最终在美国完稿。老舍运用了大量具有"京味"言语特征的词语、句式和修辞格。词语是北京人口头使用的词和言语，句式灵活多变，修辞格的使用给文章的语言艺术表现添砖加瓦。全书分为三部，刻画了在日军侵华下的北平小羊圈胡同里小市民的生活状态。老舍运用高超的语言技巧将小羊圈的生活百态展现给读者，充足的语料、大量的对话片段使得《四世同堂》成为研究老舍"京味"言语特征不可缺少的文本。

（一）选题缘由

首先，老舍的长篇小说《四世同堂》具有宏大的叙事背景，讲述的是以我国抗日战争为背景的北平小羊圈胡同里小市民在国家危难时的人生命运。老舍"京味"言语在《四世同堂》中刻画了老北京胡同从事各行各业的人物，展现了当时的社会生活和老北京特有的城市文化。其次，由于笔者从小生活在京津冀地区，对老舍在《四世同堂》中具有浓厚"京味"的言语有切身的感受，于是在毕业论文选题之前，将自选题目《老舍的"京味"语言风格探析——以〈四世同堂〉为例》报给老师，在老师的悉心指导下，最后确定了论文题目为《老舍"京味"言语特征分析——以〈四世同堂〉为例》。前人关于老舍言语的研究从现代语言学、修辞学等角度进行研究，而关于《四世同堂》言语的研究则是选取文本中词语的一个方面进行研究。本文首先从具有“京味”特点的词语、句式、修辞格入手，归纳“京味”言语特点，然后探究形成“京味”言语的特征原因，进而探究“京味”言语在《四世同堂》中的作用。

（二）选题的目的及意义

1. 选题目的

《四世同堂》是老舍先生耗时四年，经历了抗战胜利再到赴美讲学创作完成的长篇小说，是京味小说的代表性巨作，写出了在日军侵华下的中国人民悲惨的命运。本文采用文本细读法阅读相关理论，细读文本《四世同堂》，总结归纳出老舍“京味”言语的特点，进一步挖掘老舍“京味”言语特征形成的原因，最后探究“京味”言语在《四世同堂》中所起到的作用。

2. 选题意义

（1）理论意义：本文以言语语言学和风格学相关理论为指导，并深入到文学作品中去研究，对于理解言语语言学和风格学的理论和在理论指导下的文学作品的赏析和写作有一定的意义。

（2）现实意义：本文的研究有助于认识老舍“京味”言语形成的原因，认识老舍“京味”言语的特征和其作品的言语特色，对于学习其在作品中具有“京味”的词语、句式、修辞格有一定的帮助，对于研究老舍其他作品也有一定的借鉴意义。

（三）研究的思路及方法

1. 研究思路

本文以言语风格学和语言学理论为指导，共分三个部分，第一部分通过阅读《四世同堂》，找出体现“京味”特点的词语、句式、修辞格，归纳“京味”言语特点。第二部分从主客观两个角度出发探究老舍“京味”言语特征形成的原因。第三部分分别从“京味”言语刻画的人物形象、展现的社会生活和城市文化三个层面分析老舍“京味”言语的作用。

2. 研究方法

（1）文本细读：仔细阅读《言语风格学》，熟悉相关理论，在相关理论的指导下开展本论文的写作。仔细阅读《四世同堂》，归纳整理所需的语料，对《四世同堂》相关词语、句子、段落进行解读和分析。

（2）文献资料：在中国知网搜索本论文的关键词，得到本论文相关参考文献，并对参考文献进行归纳整理，以此来为本文的写作提供参考和帮助。

(四)研究综述

老舍作为我国著名的语言大师和京味文学的奠基者，京味文学作品众多，不少作品被改编为电视剧、电影和话剧。因此，前人无论是对老舍的研究还是对老舍的作品以及《四世同堂》的研究，成果都颇为丰硕。《四世同堂》作为老舍创作的京味文学作品的代表作之一，自出版以来，就有相当多的学者对其文本进行研究。本文首先通过在中国知网上搜索不同的关键词查找并阅读相关文献，然后对文献进行归纳整理，发现相关文献的研究主要从以下三个方面展开。

1. 对老舍的研究

老舍作为闻名世界的语言大师，后人对他的研究也是语言研究一个非常重要的方面。唐一弘、蔡淑华在《视听》上发表的《从〈四世同堂〉看老舍语言风格的成因》一文，分析了《四世同堂》的语言风格，并探究了四个不同的方面对老舍语言风格形成的作用。① 这对于研究老舍文学作品语言风格的成因提供一定的帮助。

2. 对老舍言语的研究

老舍作为著名的语言大师，后人从多个不同的角度对他的言语进行研究。通过归纳整理主要分为以下四个方面：

一是从言语风格的角度，褚连波在《语文建设》上发表的《老舍文学创作的语言特征解读》一文，对老舍及其文学作品进行简要介绍，从方言和幽默的语言艺术对老舍文学创作的语言特色进行分析，进而探究老舍文学创作的语言特征，加深对老舍文学创作风格的理解。② 郑远汉在《老舍、赵树理言语风格比较》中分别从词语、句式、超句单位的安排以及修辞手段等几个方面比较了老舍和赵树理的言语风格的差异。

二是从现代语言学的角度，殷建东在《文艺争鸣》上发表的《现代白话文的语言型塑：老舍小说语言现代化管窥》一文，对中西语言进行比较分析并从以古文白话融汇的角度对老舍小说的语言现代化进行探究。③

三是从修辞学的角度，黄秋莹在《语文建设》上发表的《老舍小说的修辞语言研究》一文，选取老舍作品语言中最具特色的比喻和夸张探讨了

① 唐一弘，蔡淑华. 从《四世同堂》看老舍语言风格的成因［J］. 视听，2015（2）：170－171.

② 褚连波. 老舍文学创作的语言特征解读［J］. 语文建设，2016（6）：71－72.

③ 殷建东. 现代白话文的语言型塑：老舍小说语言现代化管窥［J］. 文艺争鸣，2020（7）：177－183.

老舍修辞语言的运用技巧。[①]

四是对译本中言语的研究，陈芳在《海外英语》上发表的《言语幽默概论视角下对老舍小说〈离婚〉中言语幽默翻译的探讨》一文中探讨了用本源概念和修辞手段同时生成幽默和单由不同修辞手段生成幽默的不同翻译方法及其各自在幽默效果保留方面的不同作用。

以上四方面对学界推进老舍言语的研究有重大意义，前三个方面也为本文的写作提供了非常有价值的参考。

3. 对《四世同堂》言语的研究

《四世同堂》作为老舍的代表作，学者对其研究颇多。笔者以“四世同堂”为主题在中国知网进行检索，截至2022年4月，共有中文文献473篇，对其归纳整理并筛选，将其分为三类。

从修辞学的角度，李莉勤在《语文建设》上发表的《老舍〈四世同堂〉文学修辞语言赏析》一文剖析了《四世同堂》的量词和动词的超常搭配带来的语言表达效果，并从主客观两个维度分析其成因。[②] 刘芳池、何丽敏在《名作欣赏》上发表的《〈四世同堂〉中比喻的魅力》一文探讨老舍在《四世同堂》中借助比喻这种修辞手段营造的幽默情境、塑造生动鲜明的人物形象以及爱憎情感的表达。[③]

从社会语言学的角度，王云辉的硕士论文《〈四世同堂〉称谓语的社会语言学研究》重点探讨了《四世同堂》称谓语的使用情况和特点以及其蕴含的社会文化内涵及影响因素。[④] 刘丽丽在《北方文学》上发表的《从称谓语窥探戏剧语言的艺术魅力：以话剧〈四世同堂〉中“冠晓荷”的称谓语为例》一文，从社会语言学的角度出发，对称谓语的相关理论做出阐述，然后选择冠晓荷在不同的交际动机、不同交际语境、不同情感下对钱默吟、瑞宣、尤桐芳、女儿高第、日本人等的称呼的变化，论述了这些变化合乎当时的文化背景、交际目的、语境、人物性格和心理。[⑤]

在词语方面，张雅琦在《从〈四世同堂〉看老舍的“京味”语言》中从词汇和句式的角度对通俗、地道的京味口语做论证，并举例论证特有名词和词汇对于北京风土人情、生活习惯的作用以及其所反映的深厚的文

① 黄秋莹．老舍小说的修辞语言研究［J］．语文建设，2016（26）：83－84.

② 李莉勤．老舍《四世同堂》文学修辞语言赏析［J］．语文建设，2015（2）：56－57.

③ 刘芳池，何丽敏．《四世同堂》中比喻的魅力［J］．名作欣赏，2010（27）：115－117.

④ 王云辉．《四世同堂》称谓语的社会语言学研究［D］．大连：辽宁师范大学，2012.

⑤ 刘丽丽．从称谓语窥探戏剧语言的艺术魅力：以话剧《四世同堂》中“冠晓荷”的称谓语为例［J］．北方文学，2008（3）：19－20.

化内涵。[①] 任娟在《〈四世同堂〉词汇研究》一文中，对《四世同堂》的词汇概貌进行探究，并重点分析了方言词、儿化词等典型词语。[②]

以上的研究对于本文的第一部分探究老舍“京味”言语的特点提供了帮助。通过阅读并对以上文献进行整理分类，笔者发现无论是对老舍言语的研究，还是对《四世同堂》言语的研究，学术界都从多个角度进行了研究。以上探究让笔者了解了当前的研究动态，给本文的写作以思路启发。同时通过阅读以上文献资料，笔者发现对于老舍“京味”言语的探究多是选择老舍的某部文学作品中的词汇、语音、语法及句式进行研究，但其也仅仅是从作品中摘录出某几个词和儿化音、短语、句子等来论证，或是仅仅就词语的一个方面进行探究。而本文的创新点就在于在言语语言学和风格学理论的指导下，首先从词语、句式、修辞格对老舍“京味”言语的特点进行探析，总结言语规律。然后从主客观两个方面探究老舍“京味”言语特征形成的原因，进一步探究老舍“京味”言语在《四世同堂》中的作用。这为研究老舍小说提供了新的视角，通过了解老舍言语的“京味”特点，从而加深对老舍作品的理解。

（五）关键概念界定

1. 语言和言语

语言和言语的概念是现代语言学之父索绪尔首先提出的，他认为“语言是抽象的语法系统和词汇系统，存在于人的潜意识之中，是社会产物，不从属于某一个人。言语是由个人通过运用语法规则将语言单位组织起来的结果，因此言语是语言的具体体现，而语言则是言语的抽象”[③]。举例来说：A. 语言是人类进行沟通交流的工具。这句话中的“语言”便是索绪尔对于语言的定义，因为这里的“语言”是抽象的，可以是任何一套的语言规则系统，并没有具体到某一个人身上，不是某人讲话或写作的结果。B. 老舍作品的“京味”语言风格是幽默诙谐、通俗晓畅的。这里的“语言”则是索绪尔对于言语的定义，老舍的这种“京味”语言风格，是老舍写作的结果，即老舍作品的言语所表现出来的语言风格。

2. 言语个人风格

“言语个人风格是在言语活动和言语作品中表现出来的个人运用语言的特点的综合。”就文学作品的个人言语风格而言，其是作者运用具体的

---

① 张雅琦. 从《四世同堂》看老舍的“京味”语言 [J]. 现代语文（语言研究版），2008（3）：19－20.

② 任娟.《四世同堂》词汇研究 [D]. 保定：河北大学，2015.

③ 徐今. 索绪尔《普通语言学教程》精读 [M]. 武汉：武汉大学出版社，2016：26.

词语、句式、修辞格等语言单位和手段进行文学创作而表现出来的风格。就本文而言，要探究老舍的“京味”言语特征，就必须选取老舍创作的京味文学中极具代表性的作品，选取其中典型的词语、句式、修辞格进行详细的分析，归纳梳理出语言风格特点。

一、老舍“京味”言语的特点

“风格表现是具体的、实在的，体现在语言运用的各个方面，包括词语的运用、句式的选择、话语篇章的组织等。”① 《四世同堂》是研究老舍“京味”言语特征不可缺少的文本，全书分为《惶惑》《偷生》《饥荒》三部，其以中国的抗日战争为背景，主要讲述的是北平小羊圈胡同里不同小市民的选择和命运，老舍用独具“京味”特征的词语、句式、修辞格将北平小羊圈胡同里小市民的形象和生活一一展现给读者。

（一）老舍“京味”言语词语的特点

使用频率极高、次数出现相当多的词语以及特有词语的运用往往可以反映出作者个人的言语风格。老舍在《四世同堂》中运用了大量的北京口语词语，尤其是儿化词、北京话单音节词、惯用语，这些词语与老百姓的日常生活息息相关，口语化很强，通俗易懂。

1. 儿化词

京味文学对儿化词有独特的“偏爱”，《四世同堂》中使用的儿化词数不胜数。以下选用了《四世同堂》的第一部《惶惑》中的儿化词，并从语义特征的角度出发将其主要归为以下三类：

（1）表示细小、喜爱、亲昵、俏皮有活力等正面的语义色彩。

A. 一会儿　刀刃儿　小罐儿　枪子儿　一条缝儿　针儿　莲蓬子儿
B. 手绢儿　泥兔儿　花儿　玩意儿　兔爷儿　小人儿　玻璃珠儿
C. 小顺儿　小三儿　哥俩儿　小两口儿　大家伙儿　小妞儿

例 A 表示细小义，“一会儿”表示时间短，这也是《惶惑》中使用频率最高、次数最多的儿化词。例 B 表示喜爱义，兔爷儿是老北京特有的文化象征，其余儿词均表达北京人对其喜爱之情。例 C 表示亲昵义，“小顺儿、小妞儿、小三儿”分别是对祁家重孙辈的两个小娃和孙子辈最小的孙

① 郑远汉．言语风格学［M］．武汉：湖北教育出版社，1998：93.

子瑞全的称呼，喜爱亲昵之感溢于言表，其余儿词均存在一定的血缘、家庭、社会关系。

（2）带有轻蔑、鄙视、幽默、讽刺等感情色彩。

小偷儿　小日本儿　官儿　闲话儿　大赤包儿　刺儿　假装儿　娘儿们　病包儿

文中：“每打一次仗，小偷儿，私运烟土的，和嘎杂子们，就都抖起来一回。”[①] 此句中的“小偷儿”是对在日军侵华下从事投机倒把的人的称呼，这些人趁战乱去偷，去抢，去做违法乱纪的事儿。“小偷儿”一词，既有口语化特征，又极具幽默讽刺之感。又譬如：“你婆婆，简直是个病包儿，你跟她商量点事儿，她光会哼哼！”[②] 北京人骂人是不带脏字的，祁老太爷将天佑太太比喻成“病包儿”，极言天佑太太身体的虚弱不堪，和她是不能商量家里大小事儿的，口语感强。

（3）暗示抽象化的辅助方式和材料。

头儿　就手儿　抓早儿　赶明儿　买好儿　走溜儿　随手儿

以上几个词都使得原来具体的事物抽象化了。“头”本指“脑袋”，儿化之后，便有某个团队、组织等的领导人、负责人的意义。除此之外，在北京话里，“就手儿”是“顺便，顺手，就势”的意思；“抓早儿”是“赶早儿，尽快”的意思；“赶明儿”又名“赶明儿个”，是“未来的某时，将来”的意思。其余三词在北京话里也都有其特定的意思。

2. 单音节词

前人关于老舍在京味文学中使用词语的研究较少关注单音节词，在《四世同堂》中，老舍运用了大量的单音节词，将人物的形象和心理展现得淋漓尽致，语言极具北京口语色彩。

甭（副词）

A. 不拉就说不拉，甭绕弯子！你们这种人，就欠饿死！[③]

B. 得了，小崔，好男不跟女斗。甭跟她生气！[④]

---

① 老舍．老舍文集：第4卷［M］．北京：人民文学出版社，1983：59.

② 老舍．老舍文集：第4卷［M］．北京：人民文学出版社，1983：6.

③ 老舍．老舍文集：第4卷［M］．北京：人民文学出版社，1983：54.

④ 老舍．老舍文集：第4卷［M］．北京：人民文学出版社，1983：55.

C. 好！你们都甭去！赶明儿你爸爸挣来钱，你们可别伸手跟他要啊！[①]

“甭”是“不用”的合音，在北京话里表达“不必、不需、不用”的意思。例 A 刻画了冠晓荷的奸恶嘴脸。例 B 是桐芳安慰被大赤包打了一巴掌的小崔时说的话，写出了桐芳对普通老百姓的同情之心。例 C 写出了大赤包对两个女儿不出去给丈夫冠晓荷运动官职而感到气愤。

精（副词）

她虽还是病病歪歪的，而心里很精细，问了国事，再问铺子的情形。[②]

“精”在北京话里“用于某些形容词之前，表示程度，相当于‘十分、非常’等”[③]。这句话是描写天佑太太的语言，天佑太太的身体已经虚弱不堪，但是作者紧接着用“精细”二字来形容她，前后形成鲜明对比，说明天佑太太脑子并不糊涂，她的心里一直装着家里的人。在文中此类的用法还有“精微、精明、精巧、精美”等。

净（副词）

“净”可做副词，在北京话里有“总，都，全”[④] 的意思。

A. 你净拣好听的说！你有挣饭吃的本事吗？[⑤]

B. 我一辈子净帮人家的忙，就没遇见过这么挠头的事！[⑥]

例 A 是高第和招弟讨论父亲冠晓荷做汉奸的话语，高第表示坚决不做日本人的走狗，用“净”来修饰“拣”，写出了招弟的顽稚，口语化强。例 B 是李四爷因为钱家人接连丧命而发出的感慨，写出了在日军侵华下北平人民悲惨的生活境况，用“净”来修饰“帮”，从侧面也反映了李四爷为人乐善好施。

---

① 老舍．老舍文集：第 4 卷［M］．北京：人民文学出版社，1983：62.

② 老舍．老舍文集：第 4 卷［M］．北京：人民文学出版社，1983：67.

③ 高艾军，傅民．北京话词典［M］．北京：中华书局，2013：460.

④ 高艾军，傅民．北京话词典［M］．北京：中华书局，2013：461.

⑤ 老舍．老舍文集：第 4 卷［M］．北京：人民文学出版社，1983：62.

⑥ 老舍．老舍文集：第 4 卷［M］．北京：人民文学出版社，1983：208.

掰（动词）

“掰”在北京话里有“双手分别向相反方向用力，将物品分开”“辨析，争辩”“关系破裂”① 三种意义。在《四世同堂》中“掰”主要采用前两种意义。

A. 我要再分有点力气，我掰下你的脑袋来！②

B. 她真想和胖婶子掰开揉碎的谈一谈家长里短，说说猪肉怎样不好买，和青菜怎样天天涨价儿。③

例A是孙七对卖国汉奸冠晓荷说的话，写出了孙七对冠晓荷的痛恨厌恶之情。例B描述了韵梅内心的苦闷，哪怕是和自己不怎么来往的妯娌聊聊生活琐碎，用“掰开揉碎”写出了韵梅的无聊。

露（动词）

“露”在北京话里有“让人看见，当众显耀”“露面”④ 两种意思。

A. 那好极了！丰！你这回可露了本事！⑤

B. 他本不愿出头露面，但是日本人一定教他领路。⑥

例A是因祁瑞丰在冠家夫妇那里拿到了“居住权”，而被太太夸奖的话语，祁瑞丰太太用“露了本事”来夸奖自己的丈夫，表达其激动的心情。例B描述了冠晓荷为了升官发财出卖了邻居钱诗人，他不愿意露面领路，刻画了冠晓荷奸诈虚伪的面目。

揍（动词、名词）

“揍”在北京话里有“器物打破了”“事情败坏”“极难听的骂人话”⑦ 三种意义。

A. 这一下把我的买卖揍到了底！⑧

B. 你去报告好了，你说我们老三抗日，我也会说你是共产党呀！你是

---

① 高艾军，傅民．北京话词典［M］．北京：中华书局，2013：20.
② 老舍．老舍文集：第6卷［M］．北京：人民文学出版社，1983：111.
③ 老舍．老舍文集：第5卷［M］．北京：人民文学出版社，1983：82.
④ 高艾军，傅民．北京话词典［M］．北京：中华书局，2013：567.
⑤ 老舍．老舍文集：第4卷［M］．北京：人民文学出版社，1983：198.
⑥ 老舍．老舍文集：第4卷［M］．北京：人民文学出版社，1983：123.
⑦ 高艾军，傅民．北京话词典［M］．北京：中华书局，2013：1105.
⑧ 老舍．老舍文集：第5卷［M］．北京：人民文学出版社，1983：17.

什么搒的？我问问你！[①]

联系文本可知例A中的“搒”为“事情败坏”的意思，在文中因日本人强卖导致了长顺生意的败落。例B的“搒”为“极难听的骂人话”，在文本中这是胖菊子（祁瑞丰太太）骂蓝东阳的话，反映了胖菊子的气愤。

老（形容词）

“老”在北京话里表示“排行最末的。如‘老儿子、老姑娘、老闺女、老姑太太’等”。[②]

A. 招弟先说了话。她是妈妈的“老”女儿，所以比姐姐得宠。[③]

B. 只有我们打胜，“小三儿”——她的“老”儿子——才能回来，她自己也可以放心的死去了。[④]

例A和例B都写出了在传统家庭中的大多数父母对家中最小的孩子往往比其他孩子更加偏爱一点，在北京话口语中使用，例如“这是我的‘老儿子’”，更具有亲切、喜爱之感。

巴（词缀）

“巴”在北京话“常常放在某些单音节动词后，重叠，表示动作轻微或果断、迅速。”[⑤]

A. 老太太的眼睛眨巴眨巴的，好像心中有许多妙计似的。[⑥]

B. 他记得不少的草药偏方，从地上挖巴挖巴就能治病，既省钱又省事。[⑦]

例A作者描述马老太太找小崔太太商量买日本人收音机时表现出的神态，“巴”放在“眨”之后，重叠，生动形象地写出了马老太太的“心眼多”，与她寡妇的身份贴切。例B是对常二爷的描述，“巴”放在“挖”后面，重叠，写出了常二爷具有丰富的处世经验。

---

① 老舍. 老舍文集：第4卷［M］. 北京：人民文学出版社，1983：396.

② 高艾军，傅民. 北京话词典［M］. 北京：中华书局，2013：513.

③ 老舍. 老舍文集：第4卷［M］. 北京：人民文学出版社，1983：61.

④ 老舍. 老舍文集：第4卷［M］. 北京：人民文学出版社，1983：381.

⑤ 高艾军，傅民. 北京话词典［M］. 北京：中华书局，2013：13.

⑥ 老舍. 老舍文集：第5卷［M］. 北京：人民文学出版社，1983：17.

⑦ 老舍. 老舍文集：第5卷［M］. 北京：人民文学出版社，1983：10.

3. 其他词语

京味文学最大的特点之一便是使用大量的北京方言词语。要写北京人、北京事儿、北京文化、北京的风土人情，必然离不开北京话的使用。任娟的《〈四世同堂〉词汇研究》从《四世同堂》中收集整理了270余种方言词语①，聂志平的《老舍作品中的性状类北京方言词语》从《四世同堂》中收集了413条方言词语，并将其分成5大类，14小类。② 前人关于《四世同堂》方言词的研究非常详细，本文就不过多论述。

《四世同堂》中还使用了大量的成语和惯用语，其词语量丰富至极。在成语中，也使用了大量的口头俗语，例如：结结巴巴、鸡毛蒜皮、日日夜夜、吃里爬外、以牙还牙等。惯用语有：串门子、挂白旗、留后手、拉关系、陈芝麻烂谷子、吃不了兜着走、不足登大雅之堂等，这些惯用语与日常老百姓的生活息息相关，通俗易懂，简易明白。

（二）老舍“京味”言语句式的特点

老舍“京味”言语的句式灵活多样，不拘一格，使用不同的句式也可以表现不同的言语风格。《四世同堂》中常用的句式有以下几种。

1. 问句

老舍在《四世同堂》中运用了数不胜数的问句，其中又以设问句和反问句最具特色。

（1）设问句。

设问句是作者采取自问自答的形式，先向读者抛出想要引起注意的问题，紧接着把答案说出来。恰当地使用设问句可以引起读者对所读文本的注意，加深对文本的理解。

为什么祁老太爷只预备三个月的粮食与咸菜呢？这是因为在他的心理上，他总以为北平是天底下最可靠的大城，不管有什么灾难，到三个月必定灾消难满，而后诸事大吉。③

作者用老百姓最关心的粮食问题来设问，然后用符合久经沧桑的祁老太爷身份的语言来回答，既解决了读者的疑问，又反映出了四世同堂中最高的一辈儿祁老太爷历经世事沧桑，有着丰厚的处世经验。

---

① 任娟.《四世同堂》词汇研究［D］. 保定：河北大学，2012.

② 聂志平. 老舍作品中的性状类北京方言词语［J］. 东方论坛，2022（1）：146－156.

③ 老舍. 老舍文集：第4卷［M］. 北京：人民文学出版社，1983：3.

（2）反问句。

反问句是以问句的形式呈现，其句意表达确定的意思，表达的情感和语气也更加强烈。《四世同堂》中的反问句既有肯定式的，又有否定式的。

A. 可是没有今天的牺牲与流血，又怎能谈到民族的永生呢?①

B. 可是，八个孩子，一个病包儿似的老婆，教我怎办呢? 难道我真该瞪着眼看他们饿死吗?②

例 A 和例 B 都是用肯定形式的反问表达否定意义的问句。例 A 的句意为：没有今天的牺牲与流血，就不能谈到民族的永生。此句话强调在民族存亡之际，流血和牺牲的必要性。结合例 B 的上下文语境，可知这是陈野求为了养活身体多病的老婆和八个孩子不得不投靠了日本人，连用两个反问句，写出了陈野求的无奈和气愤。

C. 他不明白，他觉得日本人的攻占北平一定有点错误，要不然，怎会没有他的事做呢?③

D. 要是几年下去，这行手艺还不断了根?④

例 C 和例 D 都是用否定的形式表达肯定的意义。结合例 C 的语境，可知冠晓荷认为：如果日本人攻占北平是对的，就肯定会有他的事儿做。但是现在他却没有得到一官半职，所以日本人还是有一点错误的。此句运用反问的形式，写出了冠晓荷的愚昧无知，在大是大非面前考虑的只是自己的利益。例 D 的本意是：再过几年，这手艺就得断了根。结合上下文语境，如果卖兔爷儿的手艺人对祁老太爷说“要是几年下去，这行手艺就断根儿了”，祁老太爷就很可能不会特别在意，因为这只是手艺人自己下的断论。但是作者使用反问句的形式，既是手艺人感叹自己的手艺会流失，同时也是将问题抛给祁老太爷，引起祁老太爷的重视。

2. 短句和散句

短句的结构成分简单，用词较少。散句是由形式参差、结构不同的句子组成，其长短不一，舒展自如。相比于长句和整句，短句和散句的口语性更强。老舍刻画人物和描写事物更倾向于用短句和散句，选取《四世同

① 老舍．老舍文集：第 5 卷［M］．北京：人民文学出版社，1983：76.

② 老舍．老舍文集：第 5 卷［M］．北京：人民文学出版社，1983：428.

③ 老舍．老舍文集：第 5 卷［M］．北京：人民文学出版社，1983：37.

④ 老舍．老舍文集：第 4 卷［M］．北京：人民文学出版社，1983：136.

堂》中的一段话分析：

钱大少爷——孟石——这两天正闹痢疾。本来就瘦弱，病了两天，他就更不象样子了。长头发蓬散着，脸色发青，他正双手提着裤子往屋中走，一边走，一边哼哼。①

这个句群由三句描述孟石患病状态的话组成。从结构形式上来看，这个句群的句子长短交错，结构不一，形式参差。除人名外最短的仅有3字，最多的有12字，长长短短，语言活泼自然。由此可见，老舍善于在轻松流畅的语言中刻画令人悲伤的人和事，将身体多病的孟石的生活姿态轻轻松松地展现给读者，语言轻松晓畅，但是在字里行间却无不表现出孟石病情的恶化，这也预示着孟石将不久于世，为后文孟石去世作了铺垫。

从句子的长短和结构上来看，此句群的句子形体短，用词的数量少。老舍就像在跟人们描述孟石的身体状况，从描述他身体抱恙，到他的相貌，说话走路的姿态，用短短几句话便叙述出来，自然晓畅，通俗易懂，口语色彩浓。

3. 倒装句

“倒装句是指单句中的某个（些）句子成分或复句中的某个（些）分句颠倒了通常的顺序，这样的句子称作倒装句。”② 其作用是通过改变通常的顺序突出重点，引起读者的重视。在北京话里就常有谓语在主语之前的这种倒装，例如：“吃了吗您?”，在《四世同堂》中最为典型的是宾语在谓语之前的倒装句：

“有功夫没有？我有两句话跟你谈谈！”他低声的问。

“有！要不是你来，我就关门睡觉去了！完全无事可做，连书也看不下去！”瑞宣低声的答对。③

这是《四世同堂》中钱默吟和瑞宣的一段对话，为了突出表达的宾语，老舍将宾语放在了谓语“问”和“答对”的前面，第一段为钱默吟先生说的话，突出了钱默吟想和瑞宣谈话的迫切心情。第二段为瑞宣说的话语，一方面表达瑞宣也想和钱默吟谈话的渴望，另一方面也突出刻画了北

① 老舍．老舍文集：第4卷［M］．北京：人民文学出版社，1983：125.

② 李庆荣，卢艳丽．现代实用汉语修辞［M］．修订版．北京：北京大学出版社，2010：145.

③ 老舍．老舍文集：第4卷［M］．北京：人民文学出版社，1983：108.

平陷落后北平人民的悲惨生活。

除此之外，在《四世同堂》中较为常见的还有状语在句首的倒装句：

A. 现在，她感到了充实与热烈，忘了仲石，而只记住钱先生。[①]

B. 现在，你要上哪儿去呢？[②]

例 A 是对高第在和钱默吟谈话后精神状态的描写，这原可以写成“她现在感到了充实与热烈……”，将状语“现在”提到句首，更加突出了高第前所未有的精神感受不是以前，也不是以后体会的，而是现在，是在和钱默吟谈话后的“现在”，突出表达了钱默吟勇敢正直的人格对高第的影响，这也为以后高第受钱先生影响从事抗日斗争的工作奠定基础。例 B 是祁老太爷对钱太太说的话，这时钱默吟已经被捕，钱太太的小儿子也殉难，大儿子正在害病，此句话将状语“现在”提到句首，强调时间，表达了祁老太爷对邻居钱太太一家的关心关爱之情，口语感更强，更符合老北京人日常说话的习惯。

（三）老舍“京味”言语修辞格的特点

“修辞格是人们在长期的语言交际过程中，在本民族语言特点的基础上，为提高语言表达效果而形成的格式化的方法、手段。”[③] 使用不同的修辞格可以表现鲜明的个人言语风格，老舍在京味小说的创作中喜用修辞格，也善用修辞格，其修辞格以比喻、反复和夸张最为典型。

1. 比喻

比喻可以使得被描写的事物更加形象化、鲜明化，也可以使复杂的内容变得通俗易懂，使得爱憎分明的感情表达得更强烈。老舍在《四世同堂》中使用了大量的比喻，通过归纳整理发现其喻体类型主要有人物类喻体、自然类喻体、社会生活类喻体三类。

（1）人物类喻体。

《四世同堂》中人物类喻体涉及古今中外、各行各业，上至位高权重的太后大臣，下至地痞流氓和强盗：西太后、关老爷、内阁大臣、菩萨、小鬼、耶稣、奴役、娼妓、强盗、英雄、汉奸、大诗人等。

---

① 老舍．老舍文集：第 4 卷［M］．北京：人民文学出版社，1983：108.

② 老舍．老舍文集：第 4 卷［M］．北京：人民文学出版社，1983：138.

③ 李庆荣，卢艳丽．《现代实用汉语修辞》［M］．修订版．北京：北京大学出版社，2010：188.

刚才，在小庙里，她看见一位活的菩萨；现在她看见一对小鬼。①

此句是从高第的角度出发，将钱默吟比作为活菩萨，而将自己的父亲冠晓荷和祁瑞丰比作一对小鬼。在高第看来，钱默吟先生是在国家危亡之际挺身而出的勇士，是给她指点迷津、引领她走向光明大道的恩师。而冠晓荷和祁瑞丰却整天做着白日梦，妄想再次投靠日本人，靠卖国卖家来换取荣华富贵的日子。前后对比鲜明，极具幽默讽刺意味。

（2）自然类喻体。

动物类喻体是《四世同堂》中使用频率最高、次数最多的喻体。有野生的，有家养的，有翱翔于天际的，有奔跑在大地的，有遨游于沧海的，其种类繁多：老鼠、牛、老虎、鸟、蛙、母鸡、蛆、王八、蜜蜂、狗、猪、猫、羊、鱼、狐狸、狗熊、猎犬、蜘蛛、苍蝇、兔子、狼、老鹰、鸽子、臭虫、猴子、壁虎、蛇、驴、孔雀、老虎、虱子、蚂蚁、鳝鱼、泥鳅等。

A. 征服者是狼，被征服的是一群各自逃命的羊。②

B. 他们象苍蝇与臭虫那样没有国籍。③

C. 战争使人与人的关系变成猫与狗的关系。④

例A将征服者比喻成狼，极言日本侵略者的野蛮、残暴、凶狠，而将被征服者比喻成一群各自逃命的羊，比喻恰当巧妙，写出了在凶残的侵略者的压迫下，普通百姓连自保的能力都没有，只能任其欺辱、屠杀。例B作者幽默地将新民会的头等顺民比作苍蝇和臭虫，实际上也是对以蓝东阳、祁瑞丰夫妇、冠晓荷夫妇为代表的这一类人的比喻。他们没有家国的观念，哪怕出卖自己的国家、同胞、亲人，只要可以满足金钱、名誉的欲望，他们可以做任何人的奴才。例C将人与人之间的关系比喻成猫与狗的关系，猫与狗是对手，写出了在残暴的日本侵略者控制下的北平，人与人之间连最基本的信任都不复存在，变得小心翼翼。

植物类喻体在《四世同堂》中出现的频率和次数较少。主要有：老树、倭瓜、花仔儿、萝卜、花朵、藤蔓、枝条、稻麦。

---

① 老舍．老舍文集：第6卷［M］．北京：人民文学出版社，1983：38.

② 老舍．老舍文集：第4卷［M］．北京：人民文学出版社，1983：189.

③ 老舍．老舍文集：第4卷［M］．北京：人民文学出版社，1983：251.

④ 老舍．老舍文集：第6卷［M］．北京：人民文学出版社，1983：172.

A. 他象一颗老树，在院里生满了枝条，每一条枝上的花叶都是由他生出去的。[①]

B. 我身在教育局，而往各处，象金银腾和牵牛花似的，分散我的蔓儿。[②]

例 A 将祁老太爷比喻成一棵老树，将他的儿孙们比喻成枝条、花叶，生动形象地展现了在日军侵略北平前祁家儿孙满堂、子女承欢膝下的场面，这与日军侵略后祁家人接二连三地丧命，老树变得枝叶凋零形成鲜明对比。例 B 是祁瑞丰将自己的人际关系比喻成金银腾和牵牛花的蔓儿，一方面是他向大哥炫耀自己的人脉，写出了他的骄傲自满，另一方面他也在“劝降”大哥祁瑞宣，以至可以和他们“同流合污”。

《四世同堂》中也有一些自然景观和现象为喻体的比喻句，喻体有：雷电、黑云、闪电、春风、霞、河水、山等。

A. 瑞全的半碗酒吃猛了点，一着凉风，他的血流得很快，好象河水开了闸似的。[③]

B. 刀枪的亮光是解放与自由的闪电。[④]

例 A 将血流的状态比作河水开了闸，使用极具夸张的比喻，写出了在酒精的刺激下，祁瑞全身体发生的变化，一个血气方刚的少年正要突破敌人的牢笼去寻求生的希望和拯救民族的道路。例 B 将刀枪的亮光比作解放与自由的闪电，闪电疾而亮，只有被压迫的人民敢于拿起刀、枪和敌人正面交锋，才可以取得抗战的胜利，才能获得自由和解放。

（3）社会生活类喻体。

食品类的喻体有：啤酒、鸡蛋、腊肠、豆腐、核桃、千层糕、汁液、芥菜疙瘩、大馒头等。

A. 瑞宣想说的话象刚倒满了杯的啤酒，都要往外流了。[⑤]

B. 她手指上的戒指都被肉包起来，因而手指好象刚灌好的腊肠。[⑥]

---

① 老舍．老舍文集：第 4 卷［M］．北京：人民文学出版社，1983：11.

② 老舍．老舍文集：第 5 卷［M］．北京：人民文学出版社，1983：102.

③ 老舍．老舍文集：第 5 卷［M］．北京：人民文学出版社，1983：44.

④ 老舍．老舍文集：第 5 卷［M］．北京：人民文学出版社，1983：244.

⑤ 老舍．老舍文集：第 4 卷［M］．北京：人民文学出版社，1983：179.

⑥ 老舍．老舍文集：第 5 卷［M］．北京：人民文学出版社，1983：33.

例A的喻体是刚倒满的啤酒，本体是祁瑞宣要给弟弟祁瑞丰说的话。在钱家遭遇灭门之灾时，祁瑞丰“规劝”祁瑞宣投靠冠晓荷、远离钱家，而祁瑞宣想借机规劝祁瑞丰改邪归正，他满肚子的良言善语都想说给这个血脉相连的弟弟，写出了祁瑞宣身为大哥的良苦用心。此句用要往外流的啤酒形容祁瑞宣的话，比喻得非常贴切、真实。例B将大赤包的手指比作刚灌好的腊肠，形容得非常巧妙奇特、幽默诙谐，旨在说明大赤包在成为妓女检查所所长之后越发地肆无忌惮，表现在身体形态方面，就是肥胖不堪了。

除食品外的社会生活类喻体还有：玻璃球儿、硬棒、庄稼、风筝、鸡窝、飞机、火山口、电棒、线、棺材、陀螺、堡垒、高射炮、钟摆、毒针、泡菜坛子、石头、火车头、井、机关枪、子弹、网等。

他以前没作过官，现在他要把官威施展得象走欢了的火车头似的那么凶猛。①

此句老舍将蓝东阳施展官威的强度比作火车头似的那么凶猛，形容得非常贴切、真实，极具幽默讽刺意味。

2. 反复

老舍的“京味”言语是通俗易懂、晓畅明白的，简单的反复，读之通俗易懂，但可以带来思想、情感和节奏上的变化。老舍在《四世同堂》中运用了大量的反复，又以连续反复为主。

人们因为关城就不来往了吗？北平人太泄气！太泄气！②

在北平陷落后，祁老太爷过寿但没人来贺寿，祁瑞丰因此抱怨北平人太泄气。此句写出了祁瑞丰的内心的抱怨，没法凑热闹的无聊。假若祁瑞丰因为生活在陷落的北平的人不敢反抗，而说北平人太泄气，也是合情合理的。可是他却因为没法凑热闹，而抱怨北平人太泄气，可见祁瑞丰是个只顾得自己吃喝玩乐的人，至于国家，他的脑子里一概不知。

动不动我就检查！动不动我就检查！怕疼，怕麻烦，给老太太拿钱来！拿钱来！拿钱来！③

---

① 老舍．老舍文集：第5卷［M］．北京：人民文学出版社，1983：317.

② 老舍．老舍文集：第4卷［M］．北京：人民文学出版社，1983：152.

③ 老舍．老舍文集：第4卷［M］．北京：人民文学出版社，1983：346.

连用两个反复，写出了大赤包的一朝得意的小人嘴脸，连用三个“拿钱来”，写出了大赤包的视财如命，她做妓女检查所所长的目的就是利用职务之便来谋财，钱是她的一切！

反正我有我的办法！我有我的办法！①

这是钱默吟将儿媳妇和未出世的孩子交给金三爷时说的话，此时的他已经决定独身去参加抗日的活动，“我有我的办法”反复出现，一方面是钱默吟先生为了打消金三爷的顾虑，少为自己担心；另一方面，联系下文可知，这也写出了钱默吟先生抗日的决心。

3. 夸张

夸张是“出于表情达意的需要，对描述的客观事物故意‘言过其实’，加以夸大或缩小”②。夸张可以使人物形象刻画得更加鲜明，给读者留下深刻的印象，语言表现力更强。根据其形式可以分为直接夸张和间接夸张两类。《四世同堂》中运用了大量的夸张，本文从形式层面并选取文本中四个典型例句进行分析。

（1）直接夸张。

直接夸张不借助于任何修辞格。例如：

A. 我晓得姐丈是个连一个苍蝇也不肯得罪的人，他一定没强迫过姐姐服从他。③

B. 他觉得自己若不改变作风，天下就要全属于东阳，而没有他的份儿了。④

例A是陈野求评价姐夫钱默吟的话语，此句话独自运用夸张修辞格，用“连一个苍蝇也不肯得罪的人”来形容钱默吟，刻画了钱默吟为人谨慎、与人为善的性格。例B是对汉奸冠晓荷思想活动的描述，此句话中的“天下”其实是指“做日本人的官，给日本人做事”，此处运用夸张，写出了冠晓荷的目光短浅，生动形象地勾勒出了冠晓荷卖国汉奸的形象。

---

① 老舍．老舍文集：第4卷［M］．北京：人民文学出版社，1983：426.

② 李庆荣，卢艳丽．现代实用汉语修辞［M］．修订版．北京：北京大学出版社，2010：220.

③ 老舍．老舍文集：第4卷［M］．北京：人民文学出版社，1983：188.

④ 老舍．老舍文集：第4卷［M］．北京：人民文学出版社，1983：396.

（2）间接夸张。

间接夸张借助除本身以外的其他修从辞格，《四世同堂》中最为常见的是比喻性夸张。例如：

A. 空山的大身子象巨蛇似的扭了扭。①
B. 东阳的怒气象夏天的云似的涌上来。②

例 A 老舍运用比喻性夸张，幽默地将李空山的动作姿态比喻成“象巨蛇似的扭了扭”，生动逼真地勾画出了李空山的身体姿态，给读者留下鲜明的印象。例 B 是对蓝东阳因在冠家输了八十块钱找祁瑞丰算账时心态的描写，老舍运用这一新奇贴切的比喻性夸张，生动形象地刻画出了蓝东阳的气愤，语言幽默有趣，给读者留下深刻的印象。

二、老舍“京味”言语特征形成的原因

形成个人言语风格的原因有很多，本文从主客观两个角度出发，分别从作者的生活经历、个人的言语素养、语言材料和修辞手段的运用三个方面出发分析老舍“京味”言语特征形成的原因。

（一）作者的生活经历

老舍的生活经历对他“京味”言语特征的形成产生了极其重要的影响，同时也为他用“京味”言语创作京味小说提供了大量的素材。老舍是个地地道道的北京人，熟悉老北京的一切。他是胡同里的人，知道胡同里面的事儿。老舍的京味文学使用了大量与老北京有关的词语，例如“胡同、小羊圈、西四北大街、护国寺”等，这些都是老舍生活过的地方。老舍的父亲就住在北平城内小羊圈胡同里，而这条胡同就在西四北大街上，离护国寺很近。这里与《四世同堂》里的那条胡同的位置是一样的，而且都把这个地方称为“小羊圈”。包括胡同的环境也是一样，老舍出身于落魄的旗人家庭，从小生活在既脏乱不堪又狭小破旧的小胡同中，生活极其困苦。《四世同堂》中的这个胡同可以说是老舍小时候生活过的胡同的“复制品”，老舍形象地将它比喻成一个葫芦，而且又细又长，葫芦的脖子堆着很多垃圾，环境脏乱不堪。

① 老舍．老舍文集：第 5 卷［M］．北京：人民文学出版社，1983：132.
② 老舍．老舍文集：第 4 卷［M］．北京：人民文学出版社，1983：328.

描写清末旗人的生活也是京味文学不可缺少的一部分。说起旗人，就不免谈到清末严格的八旗制度，八旗子弟不能远游，也不能从事其他职业，缺乏人身自由的他们内心异常苦闷与彷徨，转而去追求文化艺术，譬如在插科打诨中娱人娱己，生出幽默调侃之感。老舍在这样的环境中耳濡目染，深受影响。体现到他的言语风格上便是幽默讽刺、轻松诙谐。这些旗人在很多方面取得不小成就，老舍在文中细致地刻画了清末旗人的生活：

上自王侯，下至旗兵，他们都会唱二簧，单弦，大鼓，与时调……至不济还会诌几套相当幽默的悦耳的鼓儿词……像鸽铃，风筝……我们若是细心的去看，就还能看出一点点旗人怎样在最细小的地方花费了最多的心血。①

《四世同堂》中的小文则是当时清末民初“落魄”旗人形象的典型代表。小文虽然不是旗人，但是他承袭爵位的侯爷，继承了旗人的文化。文中首次介绍小文，说他表面上是票友，但其实在暗中拿“黑杵”。这里的“黑杵”指的就是“旧社会的票友，私下收到的报酬就叫‘黑杵’”②。小文有无数的家鸽和金鱼，他喜欢斗蟋蟀，养蝈蝈，唱戏，连装蝈蝈的葫芦都镶嵌着宝石，他生一次病就要糟蹋无数白花花的银子，老舍在文中是这样刻画小文的：“他吃，喝，玩，笑，象一位太子那么舒适，而无须乎受太子所必须受的拘束。”③

老舍将小文比喻成太子爷，极言小文身份之高贵，生活之富裕。但小文比太子爷过得更舒服、悠闲，因为小文靠祖上留下的产业肆意挥霍，而不用考虑国家兴亡和百姓疾苦，他的任务就是把自己逗乐。小文十三四岁的时候便开始当卖家里的东西，为了维持自己奢侈的生活，再大的家业，也经不住持续的肆意挥霍，最终小文只剩下了一把胡琴。幸好小文练就了一副好嗓子，可以靠歌唱去维持生活，而且可以当票友去拿“黑杵”，而不至于天天被人追在屁股后面讨债。

（二）个人的言语修养

“个人言语修养是形成个人言语风格最主要也是最活跃的因素。言语修养愈高，个人的言语风格愈成熟、愈完美。反过来说，个人的言语风格

---

① 老舍．老舍文集：第4卷［M］．北京：人民文学出版社，1983：260.

② 老舍．老舍文集：第4卷［M］．北京：人民文学出版社，1983：16.

③ 老舍．老舍文集：第4卷［M］．北京：人民文学出版社，1983：260.

乃是个人言语修养最集中最完美的表现。一个言语修养不高的人是不会形成鲜明独特的言语风格的。”①

北京话是老舍进行文学创作的宝藏。在老舍进行文学创作时，经过满洲人近300年对当时北京城流行的汉语言的改造，这种具有京腔京味的口语已经基本定型，这给老舍的京味文学提供了语料来源。当然，仅仅有语料是远远不够的，老舍将这些京味儿大白话运用到文学创作的实践中，在实践中总结语言运用的经验，不断地反思琢磨，他掌握了北京话的全部精华，最终将北京话运用得出神入化，成为运用京味儿大白话进行文学创作实践的先行者。

老舍运用北京话来进行写作并不是一蹴而就的，他是通过不断地阅读文学名著，从中学习运用语言的原则，为运用北京话写作打下坚实的基础。在汲取前人的营养之后，他又练习不同的文体，小说、话剧、鼓词、快板等，正是在写作的过程中，他对用字、造句进行仔细地揣摩推敲。老舍的文章读起来毫不费力、通俗流畅，在这背后，老舍先生不知反复琢磨修改了多少次。除此之外，非常重要的一点，就是老舍深入人民大众的生活中去学习语言。老舍之所以可以巧妙地运用北京话，和他细心观察身边的人和事密切相关。老舍可以写出胡同、大杂院、洋车夫、剃头匠等的生活，是因为老舍在胡同和大杂院里住过，熟悉胡同的环境，他的一些朋友就从事拉洋车、剃头等工作。但是仅仅知道这些也是远远不够的，老舍会仔细观察他们的行为，找出他们具有的思想、品质、情感，只有这样，才可以在具体的文学创作中写出符合各种职业的人的语言，写出真真正正的老北京胡同。

（三）语言材料和修辞手段的运用

对语言材料和修辞手段的选用体现作家对语言的加工能力和驾驭能力，只有恰当且创造性地使用这些语料和修辞手段，才有可能形成作家独特的言语风格。

正是老北京的口语大白话给老舍的文学创作提供了充足的语言材料，老舍是土生土长的北京人，对老北京话再熟悉不过。大量老北京口语的运用是他进行京味文学创作的基石，也形成了其文学作品鲜明的“京味”言语特征。老北京大白话口语提供的不仅是语言材料，更重要的是在这些语料的背后所展现的老北京人的生活和老北京文化。老北京人老舍真真切切

① 张德明．论个人的言语风格和言语修养［J］．锦州师院学报（哲学社会科学版），1991（1）：86.

地体会到了这些，并将这些语言材料背后所蕴含的文化真真实实地融入自己的文学创作中去。

“修辞是一种创造性活动。”① 修辞应具有创新性，且要运用得精准恰当，否则还不如不用。老舍先生在文学创作中喜用修辞，也善用修辞手段来刻画人物、表达情感。上文已探究，老舍尤善用比喻来刻画人物，展现社会生活，从而达到幽默诙谐的效果。老舍运用比喻的创新之处首先就在于喻体的选择上，其喻体涉及日常生活的方方面面，既真实贴切，又新颖巧妙。除此之外老舍还将多种修辞手段一起使用，使得表达的情感更加强烈，创新性更高，更容易吸引读者的注意。

回到《四世同堂》文本中，老舍使用大量表达不同意义的儿化词，独具老北京特色的单音节词，富有生活气息的北京方言词、俗语、惯用语，使得《四世同堂》充满浓浓的京味儿，极具口语色彩，作品通俗晓畅。句式的使用不拘一格，行文灵活自由。其修辞格的使用以比喻、反复和夸张最为典型，人物刻画得形象生动，感情表达更加强烈。从语言的形式上来看，老舍的“京味”言语风格是藻丽型的。总而言之，正是老舍恰当且创造性地使用了这些语言材料和修辞手段，才使得老舍“京味”言语呈现出轻松诙谐、幽默讽刺、通俗晓畅、藻丽繁丰的风格。

三、老舍“京味”言语的作用

文学作品是作者运用语言进行艺术加工并创作的结果。因此，词语、句式、修辞格等的选择和运用对文学作品的创作以及情感表达具有极其重要的作用。本文从人物形象的塑造、社会生活和城市文化的展现三个方面探究老舍“京味”言语的作用。

（一）老舍“京味”言语对于人物形象塑造的作用

文学作品中不同语言的运用可以反映不同人物的身份、心理活动，对于塑造不同的人物形象具有极其重要的作用。本文选取抗日英雄钱默吟和汉奸蓝东阳这两个“一正一反”的人物形象分析老舍“京味”言语对《四世同堂》中人物形象塑造的作用。

1. 钱默吟英雄形象的塑造

钱默吟的形象经历了由与世无争的小市民到组织人民群众的抗日英雄的转变。小说对于钱默吟形象的首次刻画是通过描写钱家的生活环境和他的爱好来展现的。文中写到"钱家的院子不大，而满种着花"[①]，"不大"和"满"形成鲜明的对比，极言钱默吟先生对花的喜爱。之后老舍又用浇花、看书、画画和吟诗几个词语形容钱默吟每天的工作，只有当他遇到特别开心的事情的时候，才会拿出点自己做的老北京茵陈酒。钱默吟所爱的是种在自己小院的花草，读的是前人的智慧结晶，喝的是老北京特产的茵陈酒。他吟诗也作诗，但是他作的诗仅仅供自己玩味，这就是老北京人的性格，体现在钱默吟身上便是自己自娱自乐就好，多么悠闲自在而又与世无争。老舍用"花、书、画、诗、茵陈酒"五个词刻画出了一个老北京读书人的形象。

虽然已有五十七八岁，钱默吟先生的头发还没有多少白的，矮个子，相当的胖，一嘴油光水滑的乌牙，他长得那么厚厚敦敦的可爱，圆脸，大眼睛，常把眼睛闭上想事儿。他的语声永远很低，可是语气老是那么谦恭和气，教人觉得舒服。[②]

这一段文字是对钱默吟正面的相貌描写，整段运用口语化的语言，连用短句，就像在日常生活中介绍别人一般，非常亲切自然。老舍写钱默吟先生是"矮个子，相当的胖"并且长着"一嘴油光水滑的乌牙"，这其中有调侃的意味在，但也仅仅是为了调侃而调侃，并没有别的用意。老舍用了一个 AABB 式的叠音词形容钱默吟：厚厚敦敦，生动形象地刻画出钱默吟的憨厚可爱。如果直接说"他长得那么厚敦"，则达不到这样的表达效果，甚至有一点儿讽刺的意味在里面。钱默吟老是闭上眼想事儿，联系文章可知，钱默吟除了极少数地去拜访祁家是几乎不出家门的，即使说话，也是用极其谦恭和气的语气低声地和别人讲话，他是不愿意和别人起争执的。如果没有日军侵华，他无非就是在小院子里养花、喝酒、吟诗，过着与世无争的小日子，一辈子如此。

导致钱默吟性格的转变是冠晓荷出卖了钱默吟致使他锒铛入狱开始，在狱中他遭受了非人的折磨，文中这样写道："一道布条，一道黑，一道红，一道青，一道白，他的背是一面多日织成的血网。"[③] 老舍将间隔反复、排比、比喻、拆词、夸张五种辞格合用，增强了表达的气势，将钱默吟的背比作血网，说明这是"多日累积"的结果。老舍将"青红皂白"拆开使用，用这四种颜色来形容这张"血网"的样貌，极言日军的惨无人

① 老舍. 老舍文集：第4卷［M］. 北京：人民文学出版社，1983：13.

② 老舍. 老舍文集：第4卷［M］. 北京：人民文学出版社，1983：14.

③ 老舍. 老舍文集：第5卷［M］. 北京：人民文学出版社，1983：211.

道。在他入狱期间，大儿子病情加重而去世，妻子也因承受不住突如其来的变故撞死在儿子的棺材上，一大家子人只剩下他和儿媳妇。国仇家恨加在一起终使这个与世无争的老书生成长起来，变得刚毅英勇。到最后他独自杀死两个特使，给在北平的日本人造成惊慌，他又劝谏高第参加地下抗战，为抗战的胜利付出了个人极大的努力，不愧是抗日英雄！

2. 蓝东阳汉奸形象的塑造

在日军侵占北平城的八年时间里，有无数像钱默吟、祁瑞全一样的人勇敢地站出来抗日。当然，也有一部分人像大赤包、蓝东阳，他们为了名誉、金钱，成了日本人的走狗。蓝东阳是个“表里如一”的人，他的心和他的相貌一样丑陋。文中对蓝东阳丑陋相貌的描写：

> 他的身量很矮，脸很瘦，鼻子向左歪着，而右眼向右上方吊着；这样的左右开弓，他好象老要把自己的脸扯碎了似的。①

老舍先生仅用寥寥数语便将蓝东阳丑陋的相貌刻画得淋漓尽致。生活中有“面善”的说法，但是蓝东阳恰恰是“面恶之人”，他的相貌完美地诠释了他的人格。蓝东阳是教务主任兼国文教员，就连校长都惧他三分，可见蓝东阳是不缺钱的。但是他的身量却很矮，脸也很瘦，足以说明蓝东阳是一个对自己也很吝啬的人。他的鼻子是向左歪着的，但是他的右眼却是向右上方吊着，一左一右，老舍将他的这种姿态夸张地比喻成要把脸扯碎了，生动形象地写出了蓝东阳面目的狰狞，一副小丑的形象赫然纸上。

老舍行文的高明之处体现在蓝东阳的相貌上，不断地描写蓝东阳在生活中小事情的相貌变化。当他拿到八毛钱的稿费的时候，他用右手压着向上吊着的眼，左手搬着鼻子，往一块儿拢合。老舍用幽默的话语，达到了讽刺的效果。除此，还体现在蓝东阳说的话语上，他坚决地告诉自己：“鼻子不要再歪呀！你，鼻子，要不偏不倚的指向光明的前途吆。”② 蓝东阳用他长歪的鼻子来指向光明的前途，多么滑稽可笑。

蓝东阳貌如其人，是个彻彻底底的奸佞小人，一方面想着如何讨好日本人，另一方面又欺软怕硬。为了得到日本人的赏识，他怂恿祁瑞宣和他一起组织学生参加庆祝保定陷落的游行，但是当祁瑞丰找到他时，他却故意推脱，并拿出领导训斥下属的姿态来恫吓祁瑞丰。

---

① 老舍．老舍文集：第4卷［M］．北京：人民文学出版社，1983：252.

② 老舍．老舍文集：第4卷［M］．北京：人民文学出版社，1983：254.

“他来，这件事也得由我主持！我，在，新，民，会，里！”这末几个字是一个一个由他口中象小豆子似的蹦出来，每蹦出一个字，他的右手大指便在自己的胸上戳一下。他时常作出这个样子，他管这叫做“斗争的姿态”。①

新民会是一个彻彻底底的反动政治组织，它是日军侵华时在华北的沦陷区成立的。而蓝东阳正是新民会的人，并且非常自豪地将“我，在，新，民，会，里”这句话像豆子似的一个字一个字地蹦出来说，此处运用比喻，生动形象地刻画出了蓝东阳欺软怕硬的性格，并且每说一个字都要在胸上戳一下，自己还恬不知耻地叫做“斗争的姿态”，老舍用幽默的语言讽刺蓝东阳不以作为“顺民”为耻辱，反而以卖国为荣，将蓝东阳卖国汉奸的本质暴露无遗。

（二）老舍“京味”言语对于社会生活展现的作用

在文学作品中，作者使用不同特点的语言可以展示不同时期人们的生活状况。老舍善于通过描写某个人的行为、动作和心态来反映这一时期以某个人为代表的一类人的生活状况。本文选取普通老百姓和卖国汉奸的生活进行对比，来探究老舍运用语言的独到之处。

1. 普通老百姓生活的展现

《四世同堂》中对于老百姓生活的描写主要分为两个时期，一个是和平时期的北平生活，此时期老百姓的生活虽然算不上富足，但也可以称得上不愁吃穿。文中对和平时期生活的描写是以回忆的笔法来书写的，例如描写小顺儿、妞子小孩子的生活。

用黄土泥磕好了泥人儿，泥饼儿，都放在小凳上，而后再从墙根采来叶儿还卷着的香草，摆在泥人儿的前面，就可以唱了呀：“泥泥饽饽，泥泥人儿耶，老头喝酒，不让人耶”。②

此段话运用了三个不同的儿化词，喜爱之感油然而生。泥人儿、泥饼儿、泥饽饽是老北京特有的“泥活儿”，这是老北京小孩子平时玩的东西。而且老舍将老北京特有的曲儿使用到文本写作中，当孩子们一听到这首曲儿，就知道是磕泥饽饽的手艺人来了。此外文中还有对于小孩们吃食的描

---

① 老舍．老舍文集：第四卷［M］．北京：人民文学出版社，1983：281.

② 老舍．老舍文集：第五卷［M］．北京：人民文学出版社，1983：3.

写，有豌豆黄、艾窝窝、玫瑰枣儿、柿饼子等，种类繁多，这些都是北京传统的小吃。可见，在北平陷落前，小孩子们的生活是丰富多样的。

另一个是陷落时期的北平生活。这首先体现在给祁老太爷过寿上，因为城门关闭且西单牌楼与西四牌楼的市场上一个摊子也没有，所以天佑买不到任何吃食，只能给父亲磕几个头来表达孝心。北平陷落以后，日军牢牢控制着北平的经济，一开始仅仅是生意上的凄惨冷淡，之后又到纸币、户口、吃食、生活用品等方方面面。北平小市民生活发生变化，程长顺的生意丢了，因为日本人要卖收音机。书店里新书消失了，学校也都由日本人监管，连北平的广播播放的都是评戏、相声和日本人的歌曲。

> 你怎么学得专会跑当铺呢？过日子讲究添置东西，咱们怎么专把东西往外送呢？①

祁瑞宣天天跑当铺，气得韵梅连用两个反问，表达她对丈夫祁瑞宣的怨气，同时也是在抱怨自己不会过日子。老舍用最普通老百姓生活中的细枝末节来反映在日军统治下的北平人民的悲惨生活。

北平人最难过的时期莫过于闹饥荒了，他们被饿得两眼昏花，面黄肌瘦。最令人痛心的是当抗战的胜利传遍北平的每一个角落时，妞子却被活活饿死了。文中写妞子被饿死时苦苦挣扎的状态：

> 她肚子阵阵绞痛，仿佛八年来漫长的战争痛苦都集中到这一点上了，疼得她团缩成一团，浑身冒冷汗，旧裤子，小褂都湿透了。她尖声叫喊，嘴唇发紫，眼珠直往上翻。②

老舍用夸张式的比喻，运用多个短句，简短有力地写出了饥饿给妞子带来的身体上的巨大的痛苦，将妞子饿死时苦苦挣扎的状态描写得淋漓尽致。妞子代表的是在闹饥荒时无数个被饿死的人，她的死是一个民族的悲哀！

2. 卖国汉奸生活的展现

此处选取卖国汉奸的典型人物大赤包的生活来分析老舍的“京味”言语的运用。在北平陷落后，大赤包做官之前，她的生活忙碌得很，每天不是找人游逛打牌，就是和桐芳“开战”，当然骂丈夫冠晓荷也是她生活的一部分。

---

① 老舍．老舍文集：第5卷［M］．北京：人民文学出版社，1983：20.

② 老舍．老舍文集：第6卷［M］．北京：人民文学出版社，1983：258.

你个松头日脑的家伙！你要管你自己的前途，管别人抄家不抄家干嘛！①

松头日脑是个詈词，大赤包说自己的丈夫是个松头日脑的家伙，讽刺冠晓荷呆头呆脑，不知灵活应变。她又“教育”冠晓荷为了自己的官运，牺牲别人的利益是合情合理的，写出了大赤包的心狠手辣。

当大赤包当上妓女检查所所长，更加肆无忌惮，生活也愈加奢靡。老舍用“象西太后坐在宝座上接受朝贺似的那么不客气”② 来形容大赤包，将她比作西太后，足见大赤包的嚣张跋扈。“大赤包变成全城的妓女的总干娘”③，老舍描述得非常精妙恰当，因为这些干女儿们不但可以在过节的时候送礼，还在她无聊的时候陪她闲逛；当然，更重要的是可以作为她牟利的工具。大赤包日常生活中玩的是麻雀、扑克、押宝、牌九，抽的是高贵的香烟，喝的是高等的香片与龙井，对待特号的客人，她有英国府来的红茶、白兰地酒、大烟台烟，还有精美的鸦片烟烟具。从老舍使用的这些词语可以看出，大赤包的吃喝玩都可算得上中外的“极品”，其生活极尽奢靡。

大赤包的下场是非常凄惨的，这无疑也是所有卖国汉奸的下场。

她已不辨白天与黑夜，不晓得时间。她的梦与现实已没有了界限。她哭，笑，打，骂，毫无冲突的可以并举。她是一团怒火，她的世界在火光中炫舞。④

大赤包在做官时是极其嚣张跋扈的，在上文中老舍用幽默的文笔写大赤包哭、笑、打、骂是毫无冲突的，可以并举，并且将她比喻成一团怒火，形象生动地写出了大赤包疯癫之后的状态，讽刺了大赤包在疯癫之后仍然不改本性，最后只能在自己的梦中死去。

（三）老舍“京味”言语对于城市文化展现的作用

作为文化的产物和载体，语言对文化的交流、传播和发展具有不容忽视的作用。体现到文学作品中，作者运用语言和当地特有的方言口语描写当地的习俗、生活习惯等，从而向读者展现当地特有的城市文化。《四世

---

① 老舍．老舍文集：第4卷［M］．北京：人民文学出版社，1983：103.

② 老舍．老舍文集：第4卷［M］．北京：人民文学出版社，1983：361.

③ 老舍．老舍文集：第5卷［M］．北京：人民文学出版社，1983：28.

④ 老舍．老舍文集：第6卷［M］．北京：人民文学出版社，1983：17.

同堂》主要展现老北京城特有的两种文化：胡同文化和邻里文化。

1. 胡同文化的展现

“胡同文化是老北京文化的重要代表，它是一种封闭的文化。住在胡同里的居民大都安土重迁，不大愿意搬家。”① 《四世同堂》中的“小羊圈”便是一个像葫芦的小胡同，在这个小胡同里有德高望重的祁老太爷、诗人钱默吟、做布铺掌柜的天佑、剃头匠孙七、做教务庶长的祁瑞丰、拉洋车的小崔、教书先生祁瑞宣、棚匠刘师傅、靠唱戏为生的小文夫妇等。

《四世同堂》中最具代表性的人物是祁老太爷，文中写道：“他们生，他们死，他们兴旺，他们衰落，只有祁老人在这里生了根。”② 此句话运用间隔反复，两对反义词：生—死，兴旺—衰落，写出了祁老太爷待在胡同里住的时间之久，他不但是“四世同堂”中最高的一辈儿，而且已经成了全胡同的老太爷。这种固守的思想在汉奸冠晓荷身上体现得也非常鲜明，文中“在他的心的深处却藏着点北平人普遍的毛病——怕动，懒得动”③，在这里老舍先生直接指出北京人身上的特点，冠晓荷爱财、爱官，但是让他出北平去活动，哪怕从北京到天津只有三个小时的路程，他也认为这是“出外”，是非常不安全和冒险的事情。

“胡同文化的精义是‘忍’，安分守己、逆来顺受。”④ 但是在特殊的环境中，又有“包容、宽容”的意思。《四世同堂》中对“忍”文化的展现无处不在。文中马老太太说：“咱们北平人不应当说这样的话呀！凡事都得忍，忍住了气，老天爷才会保佑咱们不是吗?”⑤ 联系上下文可知，马老太太一方面苦口婆心规劝小崔夫妻之间要“忍”，则是要规劝他们要多多体谅对方，学会互相包容。另一方面，马老太太也是规劝小崔和孙七不要一时冲动就跑出北平去当兵打仗，要做“顺民”，这样才能保全性命。这种安分守己、逆来顺受是当时大多数北平人的生活状态，他们在日军的残暴统治下，逆来顺受地活着，不敢反抗，也不敢逃出北平。

2. 邻里文化的展现

在老北京的胡同里生活着从事各行各业的人，这种邻里文化也就随着老北京人在日常生活中相处的模式发展起来。老舍用符合他们职业特征的语言将这些活生生的人物全部融合在这个小胡同的“大杂院”里。例如形

---

① 汪曾祺．人间草木［M］．西安：陕西人民出版社，2020：111.
② 老舍．老舍文集：第4卷［M］．北京：人民文学出版社，1983：11.
③ 老舍．老舍文集：第4卷［M］．北京：人民文学出版社，1983：248.
④ 汪曾祺．人间草木［M］．西安：陕西人民出版社，2020：112.
⑤ 老舍．老舍文集：第4卷［M］．北京：人民文学出版社，1983：158.

容剃头匠孙七，老舍说他“他对打眼，掏耳，捶背，和刮脸都很出色”①，老舍用仅仅几个词便写出了以孙七为代表的老北京剃头匠们掌握手艺之多。但是孙七平时又爱喝两盅酒，借此发发牢骚，这是老北京小市民的闲暇“乐趣”。虽然他们职业不同，爱好不同，有时相互之间闹闹小矛盾，但是当谁家有了困难，他们定会“不计前嫌”地去帮助，老北京的邻里文化是和谐共生、互帮互助、互爱互敬的。在北平陷落之后，小羊圈里的生活被打乱，拉车的小崔失去了生活来源，他只对李四奶奶说了句：“四奶奶！您还得行行好哇！”李四奶奶简单地回了句：“待一会儿，我给你送二斤杂合面儿去！”② 北京人的“礼貌”总是体现在北京人的一言一行中，此句中小崔用“您”来称呼李四奶奶，表现出小崔对李四奶奶的尊重。“还”字，说明李四奶奶已经不是一次接济小崔了，但是当小崔开口向她寻求帮助时，她很爽快地答应给小崔二斤杂合面儿。北京人喜用“您”，而不喜用“你”，北京人客客气气，表示尊敬的时候要说“您”。小崔对李四奶奶称呼的“您”，便是这种。在日常生活中，北京人见面时会通常问一句：“吃了吗您?”分别时会说一句：“走好呐您。”可见“您”字已经融入了北京人的血液里。他们逗贫嘴、调侃人的时候也说“您”，例如“您可真成”，实际上是说“你这样不行”。他们讽刺挖苦，瞧不起你的行为的时候更要说“您”，例如当北京人说：“呦，您可真厉害”，实则是告诉你“你快闭嘴吧”，北京人说话就是这样，话里有话，说话做事儿都留三分，让人发不起脾气来。

《四世同堂》中婚丧嫁娶大事的描写也体现了邻里文化。在钱默吟被陷害入狱后，钱孟石去世，他们的后事都是小羊圈的邻里给操办的。李四爷负责买棺材，请十六个杠儿和一班儿清音吹鼓手，抬杠埋人。李四奶奶负责照看钱少奶奶，金三爷出钱，祁瑞宣帮忙守夜，小崔、孙七都跟着送殡。胡同里的人除了祁家和钱家有点交往之外，其余人和钱家都不熟，但是钱家是胡同的一分子，在钱家有困难的时候，作为邻居，应当给予他们帮助，这就是老北京的邻里文化。

结　语

老舍是闻名的语言大师，是京味文学的开创者，创作了众多具有“京味”的文学作品。他的京味小说具有很鲜明的言语风格，本文在言语语言

---

① 老舍．老舍文集：第4卷［M］．北京：人民文学出版社，1983：31－32.

② 老舍．老舍文集：第4卷［M］．北京：人民文学出版社，1983：31.

学和言语风格学的相关理论指导下，对他京味小说的代表作《四世同堂》中的词语、句式、修辞格进行分析，归纳整理其言语呈现出轻松诙谐、幽默讽刺、通俗晓畅、藻丽繁丰的特点。通过进一步探究，老舍的生活经历对他的京味文学创作具有重大意义，提供了丰富的语料和素材。老舍具有超高的言语修养，将京味口语运用得出神入化。而他恰当且创造性地使用语料和修辞手段，并将语料、修辞格、个人的生活感情进行加工，在实践中反复琢磨，形成了老舍“京味”言语鲜明的特点，也成就了老舍京味小说的开山鼻祖。老舍的“京味”语言在文学创作中具有鲜明的作用，塑造了鲜明的人物形象，展现了在抗战时期老北京人们的生活和老北京特有的胡同文化及鲜明的邻里文化。这为从语言学的角度研究老舍“京味”言语特征提供了新的视角，也为研究老舍的小说提供了新的思路，了解老舍“京味”言语的特点，从而加深对老舍作品的理解。

参考文献

［1］徐今．索绪尔《普通语言学教程》精读［M］．武汉：武汉大学出版社，2016.

［2］郑远汉．言语风格学［M］．武汉：湖北教育出版社，1998.

［3］李庆荣，卢艳丽．现代实用汉语修辞［M］．修订版．北京：北京大学出版社，2010.

［4］汪曾祺．人间草木［M］．西安：陕西人民出版社，2020.

［5］老舍．老舍文集：第4卷［M］．北京：人民文学出版社，1983.

［6］老舍．老舍文集：第5卷［M］．北京：人民文学出版社，1983.

［7］老舍．老舍文集：第6卷［M］．北京：人民文学出版社，1983.

［8］高艾军，傅民．北京话词典［M］．北京：中华书局，2013.

［9］蒋海花．《四世同堂》的变异修辞研究［D］．武汉：湖北师范大学，2013.

［10］王云辉．《四世同堂》称谓语的社会语言学研究［D］．大连：辽宁师范大学，2012.

［11］任娟．《四世同堂》词汇研究［D］．保定：河北大学，2015.

［12］黄省伟．《四世同堂》惯用语研究［D］．保定：河北大学，2015.

［13］唐弘，蔡淑华．从《四世同堂》看老舍语言风格的成因［J］．视听，2015（2）.

［14］褚连波．老舍文学创作的语言特征解读［J］．语文建设，2016（6）.

［15］娄兰青．一方水土，养一方创作：浅析老舍创作与京味文化［J］．北方文学，2019（17）.

［16］殷建东．现代白话文的语言型塑：老舍小说语言现代化管窥［J］．文艺争鸣，2020.（7）.

［17］黄秋莹．老舍小说的修辞语言研究［J］．语文建设，2016（26）.

［18］陈芳．言语幽默概论视角下对老舍小说《离婚》中言语幽默翻译的探讨

[J]. 海外英语，2019（10）.

[19] 李莉勤. 老舍《四世同堂》文学修辞语言赏析 [J]. 语文建设，2015（2）.

[20] 刘芳池，何丽敏.《四世同堂》中比喻的魅力 [J]. 名作欣赏，2010（27）.

[21] 张雅琦. 从《四世同堂》看老舍的“京味”语言 [J]. 现代语文（语言研究版）2008（3）.

[22] 聂志平. 老舍作品中的性状类北京方言词语 [J]. 东方论坛，2022（1）.

[23] 张德明. 论个人的言语风格和言语修养 [J]. 锦州师院学报（哲学社会科学版），1991（1）.

[24] 朱亮. 试论老舍作品的“京味”风格 [J]. 北方文学，2019（30）.

[25] 韩泽宇. 分析老舍作品的“京味”语言 [J]. 青年文学家，2016（15）.

[26] 刘东方. 现代语言学意义上老舍的白话语言观 [J]. 山东社会科学，2007（4）.

[27] 郑远汉. 老舍、赵树理言语风格的比较 [J]. 当代修辞学，1988（6）.

[28] 刘丽丽. 从称谓语窥探戏剧语言的艺术魅力：以话剧《四世同堂》中“冠晓荷”的称谓语为例 [J]. 北方文学，2008（3）.

[29] 王纪玉. 论老舍作品中的京味元素 [J]. 北方文学，2017（23）.

[30] 俞悦. 鲜活地流淌在历史中的“京味”：谈老舍作品的艺术风格 [J]. 名作欣赏，2019（17）.

指导老师：谢新卫

国庆阅兵式解说词的修辞特色研究
——以中华人民共和国成立70周年阅兵式解说词为例

杨夏楠
中国语言文学学院汉语言文学2016－1班

绪　论

（一）选题背景、目的及意义

阅兵式是对武装力量检阅的一个仪式。通常在国家重大节日、迎送国宾或者军队出征、凯旋、校阅等时候举办，通过这个仪式来展示、庆祝、致敬部队建设成就，也达到震慑军威、鼓舞士气的效果。自中华人民共和国成立以来，一共举行了16次大型阅兵式，人民军队在此时接受人民、党、国家及军队领导人庄严的检阅。2019年国庆阅兵式向中国人民、向世界展现中华民族从站起来、富起来迈向强起来，也展现了改革重塑后的人民军队的全新面貌。在2019年10月1日，将这一国之大事通过现代网络媒体平台直播、转播，使得全体中国人民可以欣赏、检阅中国阅兵式。通过现代媒体的传播，阅兵式的现场画面直接展示给人们，使人们跨越空间，如亲临阅兵式。此时除了视频画面，还有一个重要的因素——解说词。阅兵式内容丰富，涉及面广泛，要使在屏幕前的人民更好地感受、理解阅兵式内容，解说词必不可少。解说词的质量也会直接影响人们观看和理解阅兵式。而阅兵式的解说词又不同于一般的文学写作，它有其独特的规律和特点。

本文以马克思主义理论为指导，将主要从修辞方面对阅兵式解说词进行浅析，以达到以下目的：对阅兵式解说的语音、词汇、句子、辞格的修辞特色进行分析；并总结结合语境创作的解说词产生的效果。

最终通过探究去发现阅兵式在解说上的魅力，总结解说词的创作特色和规律，给解说词的创作提供一些参考。

（二）研究方法

在分析过程中主要采取的方法有：文献法、分析法、比较法。

1. 文献法

通过在中国知网、超星、新疆大学图书馆数据库搜集大量的专著、期刊文献资料，对搜集到的文献资料进行仔细阅读、分析、整理分类，并提取其中与本文相关的科学研究成果，辅助研究。

2. 分析法

通过观看中华人民共和国成立 70 周年国庆大阅兵视频，整理阅兵式解说词的文字稿。借助修辞学理论，对阅兵式解说词进行分析，寻找阅兵式解说词创作上的修辞特色。

3. 比较法

通过比较同一语境之下，不同的修辞手段产生的不同效果，分析解说词修辞使用的贴合之处。

（三）文献综述

关于解说词的修辞特色研究成果不多。本文所涉及的几个重要方面有：①语音修辞；②词汇修辞；③句子修辞；④辞格修辞。相关的前人研究成果集中在以下几个方面。

1. 相关专著

关于修辞的研究，相关专著较为丰富。如：陈望道的《修辞学发凡》、王希杰的《修辞学通论》、吕叔湘和朱德熙的《语法修辞讲话》、陈汝东的《当代汉语修辞学》、杨树达的《中国修辞学》、张弓的《现代汉语修辞学》、王德春和陈晨的《现代修辞学》、黎运汉和盛永生的《汉语修辞学》、王希杰的《汉语修辞学》等。关于现代汉语的专著有李庆荣的《现代实用汉语修辞》等。

通览以上专著可知，关于修辞的研究内容有：修辞的界定、渊源、构成、分类、使用、功能、原则等。其中关于修辞的定义大同小异。对于修辞的分类、使用等的分析和阐述是着墨最多的地方。对于修辞的分类也各有不同。对于修辞的构成因素，即语言三要素的分析也比较多，多从语音修辞、词语的锤炼方法及原则、句式的选择等角度分析。

2. 相关期刊文献

（1）关于解说词的研究。关于解说词的研究相对较少。如：余权的《论中国电视纪录片解说词的主观性倾向》、朱文婷的《电视纪录片解说词的话语权力表达》、汤文靖的《人文纪录片解说词的写作特点》、周振华的《论电视专题片中解说词的创作：兼论电视主题片中文与画的关系》、和伟的《如何撰写电视纪录片的解说词》等。关于解说词的研究可以分为两大类。一类是关于解说词创作的研究，一类是关于解说词艺术性的研究。我认为在解说词的艺术性里面又包含有解说词的修辞特色，所以在下面单独做一部分详细概括。关于解说词的创作研究，由于解说词是一种视听性质的口头文学，所以其创作不同于一般的文学创作。在前人的研究中，解说词艺术性研究分为以下内容：一是分析解说词创作方法，首先要了解解说词主题，接着要深入实地考察，再者就是表述的风格与内容相符，语言简洁生动。一方面是解说词的艺术性美感，解说词必须符合内容与情景，这样能更好地沟通视觉和听觉，使文与画更好地契合。另一方面是解说词的表达的主观性，解说词是个人或一个集体创作出来的，属于第三人称转述，不可避免地具有一些主观性，但是主观性的强度必须合理。二是艺术解说词的写作特点，如借助修辞增加文学性、艺术性等。

（2）关于解说词的修辞特色研究。关于解说词的修辞特色研究数量也不多。如：柯娟娟的《〈美丽中国〉解说词修辞及语境阐释》、赵彦的《电视纪录片〈舌尖上的中国〉的视听语言修辞策略研究》、程威的《电视专题片解说词的修辞艺术及应用》、陈小娟的《电视专题片解说词的修辞艺术》、李连波和尹铁超的《论 2014 年世界杯赛事解说词的语音修辞美》等。其分析的内容较细致，但文献数量不多。一方面，前人多是结合一个或多个节目作品，从修辞学的角度具体分析解说词的语音、词汇、语法、辞格等方面的特色。另一方面，结合具体语境分析解说词的修辞等特色的得体性、与画面的适应性等。解说词受许多语境因素的影响，因此解说词和语境是相互适应、相互依存、相互利用和相互创造的关系。

（3）关于串词的研究。关于串词的研究也不多。如：梁宝华的《节目串词的文学化手法》、薛宝海的《由北京卫视春晚串词说起》、杨庭的《新媒体时代下电视新闻串联词的应用探讨》、张静的《类型化音乐广播的主持人串词分析》、王艳频的《串词在“说新闻”语篇中的衔接特点》、方亮的《电视节目串词写作的六种技巧》等。

关于串词的研究，从串词的创作、效果、类型及特色等分析。在串词的创作过程中要注意：合目的、有特色、突出美感、上串下联等。其中最主要的是对其承上启下的过渡作用的肯定，及对巧妙过渡的方法进行探究。串联的方式有：语法手段、词汇链接、逻辑联系。串词写作的技巧有：①巧妙设问，意味深长；②善用比喻，平易近人；③引用名句，提炼主题；④意义对比，相得益彰；⑤关联词语，借题发挥；⑥口语叹词，情真自然等。

3. 语料来源

本文的语料——中华人民共和国成立 70 周年阅兵式解说词来源于中央广播电视总台，由“播音中国”综合整理。

（四）小结

通过以上资料的整理，笔者对前人关于解说词、修辞特色以及串词的研究成果有了一定的了解。解说词是节目的视听语言，对画面有辅助作用，其风格随节目主题而变，适当的修辞的使用可以大大提升其解说效果。在节目解说词中语音、词汇、语法等的仔细斟酌和选择是非常重要的，在辞格上也可以适当使用与画面主题相配合的修辞手法，其中最为常用的是比喻、拟人、排比、移就、反复等。节目的串词是上下节目、新闻等的重要连接手段，其最大的特点和作用是承上启下的过渡作用。使串词达到好的串联效果，可以根据节目内容选择不同的串联手法。还可以增强串联方式的趣味性和文化性，使串词更能被受众所接受、喜爱。

一、语音修辞分析

本文以马克思主义理论为指导，对阅兵式解说词的修辞进行分析。“修辞学是研究词汇、语法、语音的运用，它研究词汇、语法、语音，是从表达态度、表达方法、表达效果的角度来研究。”① 阅兵式解说词的修辞必然也与其语言三要素有着密切的关系。著名的语言艺术家老舍曾说过语言文字除了重视意义，还注意文字的声音、音节。解说词通过播音员的声音将解说词内容传递给观众，解说词的语音如一个连通着阅兵式和观众的桥梁，因此，在这里，解说词的语音也就十分重要。从创作到解说员解说的过程，都需要仔细斟酌合适的语音。接下来，就先来分析一下阅兵式解说词的语音修辞。

（一）解说词音节的开口度

在《舌尖上的中国》等纪录片中，解说声音柔和、低沉，这是因为此类纪录片需带着观众沉浸在联想中。而阅兵式的场面宏大开阔，要展现中国开放、昂扬、真实的姿态，需要响亮浑厚的声音去配合阅兵式的画面。

在汉字中，人们可以听到的最小的语音片段是音节。音节的主体是韵母，也是一个音节的响亮与否的关键因素。韵母主要由元音构成，而元音的发音主要取决于发音时口腔的开合程度、舌头的伸缩和唇形的圆展。舌位的高低和口腔的开口度大小有关，舌位越低，口腔开口度越大，声音就更高。所以低元音 ɑ、中高元音 e、o 的舌位低、开口度大、响度高。这些

① 张弓．现代汉语修辞学［M］．天津：天津人民出版社，1963：14.

主要元音提高了音节的开口度与响度。开口度小的语音表达的情感更为低沉，开口度大表现的情感更为高昂。阅兵式解说词中多选用开口度大的语音，展现中国昂扬的精神。例如：

（1）机动性能强，反应速度快，拦截精度高。

（2）今天是你的生日，我的祖国。在这个不同寻常的节日，相信每一位中华儿女都会从心底里说一句，我爱你，中国。70 年风雨兼程，天安门广场上的红飘带寓意着红色基因连接历史，现实与未来。

例句（1）中的“强、快、高”的韵母是“ang、ai、ao”，它们的开口度都很大，在解说时利于提高音量，配合上阅兵式宏大的画面背景，更有协调感，以响亮的声音来表现中国昂扬的姿态、强大的力量，使观众跨越时空融入阅兵式，感受阅兵式现场情景。例句（2）中的“天、我、国、爱、来”的韵母是“an、o、uo、ai”，它们的开口度也非常大。此外，在解说词中大量使用的“阳”韵，也是开口度极大。这些语音由物理上的口型打开，到心理上的情感打开。提高音量时，我们的声带是打开的，胸腔也是打开的，这样会给人心理上一种昂首挺胸的感觉，便于畅通地表达对祖国的热爱之情，展现祖国昂扬向上的姿态，以及因祖国强大而产生的荣誉感。因此阅兵式解说词响亮的语音既能展现阅兵式画面，又能抒发、带动爱国之情。

（二）单音节、双音节及多音节词的搭配

在词语的构成上，分为单音节词、双音节词和多音节词。单音节词发音时间较短，表意简洁，缺点是不易听清楚。双音节词和多音节词发音时间较长，表意丰富准确，节奏整齐，缺点是解说缓慢。不同音节的词各有利弊。阅兵式解说词搭配使用各种音节词。在表达有力坚定的解说的时候，多使用单音节词，发音迅速有力，表意坚决。在缓慢抒情解说时，多使用双音节词，使句子节奏舒缓、句式整齐，给人余韵悠长的感觉。例如：

（3）舰舰/潜舰导弹方队开过来了，领队是刘杰少将、姜平少将。受阅的鹰击 18 和鹰击 18A 导弹是我国新一代的反舰巡航导弹，藏得好，打得准，威力大，是海上联合打击体系的利剑。

（4）坚持以习近平新时代中国特色社会主义思想为指导，深入贯彻习近平强军思想，增强四个意识，坚定四个自信，做到两个维护，贯彻军委主席负责制，全军官兵思想上高度自觉，政治上高度自觉，行动上高度自觉。

(5) 刚刚接受了统帅检阅的徒步方队，现在已经调整完队形，驾驶车辆和操作装备的官兵，也已经进入自己的战斗岗位。

(6) 中国特色社会主义进入新时代，党内政治生态展现新气象，反腐败斗争取得压倒性胜利，全面从严治党取得重大成果。党的面貌焕然一新，党群关系、干群关系更加紧密。

单音节词的使用如例句（3）中的“藏、打”两个动词，以及“好、准、大”都是单音节。若使用双音节词则是“隐藏得很好，攻打得精准，威力很大”，对比之下，会发现单音节词表意简洁、毫不拖沓、发音迅速有力。这样的单音节词配合阅兵式的画面，客观陈述，不夸张渲染，更加突显了反舰巡航导弹的速度、力度等自信。因此，像这样的单音节词在阅兵式解说词中多次使用。“一般来说，在古代汉语中，单音节词占优势。在现代汉语中看，双音节词占多数，三音节词较少，四音节的成语数量却不少。”① 大量的双音节使用如（4）中的“增强、坚定、做到、高度”等词，用“增强”不用“强”，表达了一个进步的过程，程度上还有提升的空间，表意更加准确。且多个双音节词排列使用，使句式整齐。例句（5）中的“刚刚、已经”等也都是双音节词，使用“刚刚”搭配“接受”等双音节词，用“现在”而不是“现”，搭配“已经、调整”等双音节词，都使这个句子节奏舒缓、整齐。多音节的词语使用如例句（6）中的“新时代、新气象、压倒性、焕然一新、党群关系”等多音节词汇，使句子表达自由流畅，内容具体形象。单音节词、双音节词及多音节词的使用要结合阅兵式解说词不同的情感、内容及观众的听觉需求，合理选择、搭配，以扬长避短。

（三）平仄押韵的音韵美

语音修辞除了具有以上的协调节奏、传达内容、表达情感特点之外，还可以表现出文化性、音韵美感。阅兵式解说词展现的不仅仅是中国军事内容，解说词文本自身也带有中国文化底蕴。中国语言一个显著的特点就是具有平仄押韵之美。它使文字更加有美感、更动听、更朗朗上口。音韵美的语音使解说词雅化。例如：

---

① 王希杰．汉语修辞学［M］．北京：北京出版社，1983：172.

(7) 正步铿锵堂堂气，寒光闪耀凛凛威。

(8) 联合作战，保障先行。

(9) 走在小康路上，一路歌美花香。

(10) 纵横万里海疆，勇闯远海大洋。

(11) 承载着 14 亿中国人民的梦想，劈波斩浪，扬帆远航。

“平仄格律能够产生‘疏密、长短、抑扬、轻重’的节奏美，回旋往复的回旋美，从而能给思想内容的表达增添强大的艺术感染力量。”[①] 例句(7)解说词的韵律是“仄仄平平平平仄，平平仄仄仄仄平”，例句(8)是“平平仄仄，仄仄平平”。它们都平仄相间，句式整齐对称，富有节奏感、音乐感，读起来朗朗上口。这里的平仄体现了解说词的音韵美。整齐有韵律的句式配合上整齐的画面，铿锵的语言配合上有力的步伐，展现了伟大的战士、英雄令人崇敬的气概。

“押韵，就是有规则地使用韵母相同或者相近的音节，利用相同或相近的声音的有规则地回环往复，增加语言的节奏感和音乐美，使作品和谐统一。”[②] 押韵有押句首韵、句中韵、句尾韵，使用句尾韵的比较多。阅兵式解说词的创作也运用了押韵手法。例句(9)至例句(11)句尾韵押的都是“阳”韵，解说词中还有多个句子都押“阳”韵。“阳”韵是中华人民共和国成立70周年阅兵式解说词中使用最多的韵脚。整齐的韵脚，使解说词读起来顺口，听起来悦耳。解说词的平仄押韵使得解说更加流畅，使得观众在听觉上获得美的享受。

二、词汇修辞分析

词汇是语言的另一个重要的语言因素，也影响着阅兵式解说词的修辞效果。“寻常单词（或词组）、名词、代词、动词、形容词语、副词等，如果经常说着（或做着）精心选择，组织在一定上下文里，结合主题思想或人物形象或情景事件，联系现实实际，担负表达任务，就可能收到艺术的效果，表现朴素美，发挥感染力。”[③] 词汇修辞中，根据语境和核心思想精心选择、搭配词语，就是对词语的锤炼，也就是“炼字”。词语锤炼得好，对文章大有益处，可以准确生动地反映事物、表达思想感情，也可以使表达更贴合语境，给文本增加美感。在阅兵式解说词中的词汇锤炼也有其特

① 黎运汉、盛永生．汉语修辞学［M］．广州：广东教育出版社，2006：126.

② 王希杰．汉语修辞学［M］．北京：北京出版社，1983：185.

③ 张弓．现代汉语修辞学［M］．天津：天津人民出版社，1963：23.

色，下面就对阅兵式解说词的词汇进行分析。

（一）四字词汇的使用

1. 四字词汇的意义美

纵观阅兵式解说词，会发现在词汇选择上，大量选择四字词汇。四字词汇包括四字成语和四字词语。成语是在汉文化发展历程中形成的源远流长的文化宝藏。其中由于成语的简短性、通俗性、丰富性，使其受众较广，更容易被人们记住和流传。从小在汉文化熏陶之下的中国人，无论文化水平高低，或多或少都会在语言中不自觉地使用成语。经历过历史长河淘洗的词汇，无论是在意义表达，还是在音韵节奏上，都有着显著的优势，可以言简意赅地表达丰富的内容与情感，且使解说词更加贴合阅兵式干练的语境。例如：

（12）我们的共和国就这样筚路蓝缕一路走来。

（13）机群飞过，彩烟绚丽，余味悠长。

例句（12）中使用了“筚路蓝缕”这个成语。“筚路蓝缕”意思是指驾着简陋的柴车，穿着破烂的衣服去开辟山林道路。当观众听到这个成语的时候，脑海中自然而然地联想到这个情景，并在脑海深处据此成语对共和国的发展过程进行诠释。在表面上，我们会直接将开辟山林转化为创业的引申义，在由创业引申到解说词指出的创立之意，从而理解成语是在指出共和国创立、发展的艰辛。在这里，仅仅四字却形象生动地写出了中华人民共和国自从成立以来，由原先的一穷二白，历经艰辛成为世界大国的过程。这就是历史文化赋予的意义美。

例句（13）通过三个简洁的四字词语，展现了机群飞过，天空留下彩虹一般的绚丽彩带景象，让观众赞叹不绝，回味无穷。这三个四字词语不仅言简意赅地描摹出了一幅美丽生动的画面，也表达了这壮观美丽的景象给人回味无穷的感受。同样是解说彩烟的画面，例句和笔者对例句的解释，都能够全面生动地传达画面美感，但是例句精练俭省，解说语言短更能配合画面出现的时间，并留给观众思考和想象的空间。

2. 四字词语的形式美

四字词语的选择和锤炼，除了具有意义美之外，在连词组句的形式上也颇有特色。可以说，整齐排列的四字词语构成了解说词的一道亮丽的风景线。在整个解说过程中，使用了大量的四字词语，且多处四字词语联合、排列使用，或仅用四字词语成句。例如：

(14) 潜入深海，悄无声息，巨浪奔腾，威震海天。

(15) 幼有所育、学有所教、劳有所得、病有所医、老有所养、住有所居、弱有所扶。

阅兵式解说词选择使用四字词语，还有一个重要的原因——语境。解说词的创作必须符合语境。解说词配合整齐有力的受阅方阵，要体现简洁、整齐、有力这一特点，言简意赅地解说阅兵式画面、传达情感。如例句（14）中四字词语的整齐排列，在形式上呼应了导弹方阵的整齐画面。同样，我们用多个散句表达也可以做到生动形象，但在文字形式上却截然不同。例句四字一停，十六字一句，形式整齐、发音整齐有节奏。而另一种散句解说，形式上并不整齐，与画面不协调。例句（15）中七个四字词语的排列使用，形式整齐、简洁。解说时，四字一顿，富有节奏感。因此四字词语排列表达更能体现语言整齐的形式美，增强了解说词的气势，配合画面。

（二）词汇的精心挑选

1. 名词的使用

名词是用来表示人、事物或者某一抽象概念的词汇。有时同一事物或概念，可以用不同的名词表示，同一名词又可以表达不同的事物或者概念。名词在句子词汇中占的比例较高，所以名词的锤炼也尤为重要。阅兵式是一个极其正式、隆重的仪式，解说的是中国军队的核心力量和技术，其解说词的词汇必须经过精心的挑选。首先不能有歧义，其次要有助于展现积极的面貌，最后还要具有美感。因此，阅兵式解说词的词汇要选择准确、专业、褒义、具有艺术性的词汇。例如：

(16) 人民军队牢记宗旨，担当使命，用忠诚用热血，为国家富强，民族振兴，人民幸福，建立了不朽功勋。

(17) 从浅蓝走向深蓝，从近海防御走向远海防卫。

(18) 展翅长空，傲视苍穹，空中梯队即将接受检阅。

(19) 长空千里眼，云天中军帐。

(20) 目前，我军已经形成多种发射类别、多种射程、多种制导方式的反坦克装备体系。

例句（16）中我们可以看出，首先选用了“人民军队”而不是“军队”，表达了中国的军队是为人民服务的，国家的主人是人民，体现了名词的准确性。其次，选用“热血”而不是“血液”，热血带有褒义的情感色彩，而血液没有情感色彩，这里体现了名词的选择要注意情感色彩。阅兵式解说词文本虽是纪实性的，但有明确的感情倾向。阅兵式要展现国家的发展和强大，对祖国的热爱，对未来的希望，所以解说词在选择名词的时候，毫无疑问需选择积极的、褒义的名词。例句（17）选用“浅蓝、深蓝”，这两个词分别象征的是“浅海、深海”。采用象征的手法，而不直接表述，给解说增加了艺术气息，使解说更具艺术美。例句（18）、（19）中，选用的“长空、苍穹”都是天空的意思，但是“长空”和“苍穹”则表现了天空的辽阔和高远，表达了中国军队的战机能够飞得更远、更高，中国军队的未来也是更加宽阔、长远的。例句（20）中选用的“射程、制导方式、反坦克装备体系”都是军事专业词汇。阅兵式展示了很多军事武器设备，对于这些技术性、专业性较强的事物，用词必须准确。阅兵式不仅是在向中国人民展示，还在向世界展示，所以在使用专业词汇的时候，一定要具有准确性。

2. 动词的精准使用

动词是用来表示动作或状态的一类词汇，是一个句子必不可少的词汇。在阅兵式解说词中使用了大量的动词。动词的锤炼也体现在动词的选择和搭配上。例如：

（21）70 年搏击长空，逐梦蓝天，与共和国一起展翅高飞。

（22）为巩固中国共产党领导和社会主义制度提供战略支撑，为捍卫国家主权统一和领土完整提供战略支撑。为维护国家海外利益提供战略支撑。为促进世界和平与发展提供战略支撑。

（23）彩车上热血青年手持火把，拨开历史的迷雾，攀登真理的高峰，取来信念的火种，点亮革命的火炬，“星星之火”渐成燎原之势，荡涤风雨如磐的暗夜，燃烧成光耀中华的绚烂日出。

例句（21）中，为体现人民空军为和平奋战的决心和力量，不选“击、出击”，而选择“搏击”，因为“搏”字更有力量、更准确。例句（22）中的四部分内容都是需要提供战略支撑的地方，具有一定的相似性。如果我们都使用一个动词搭配，例如我们都用“维护”搭配，也可以说得通。但是使用相同的动词或者使用的动词词汇过于贫乏会使解说词的效果和美感大打折扣。法国著名作家福楼拜曾经说过不论描写什么事物要赋予它运动，唯有一个动词。而本句使用的动词有“巩固、捍卫、维护、促进”，各有不同，各有侧重，分别搭配不同的内容。“巩固”搭配“领导”

“制度”，“捍卫”搭配“主权”“领土”，“维护”搭配“利益”，“促进”搭配“发展”。这样的动词搭配，抓住了宾语的核心要素，不仅丰富了词汇量，更重要的是精准体现了动词搭配的准确性。例句（23）“拨开”搭配“迷雾”，“攀登”搭配“高峰”，“取来”搭配“火种”，“点亮”搭配“火炬”，“荡涤”搭配“黑夜”，“星星之火”搭配“燃烧”，这一句运用了丰富的动词，也是精心挑选，一个动词搭配一个名词，体现了动词的精准使用。

3. 形容词的感情色彩

形容词是词汇中的重要一类，主要是用来描写、修饰名词或代词的词汇，表示人或事物的性质、状态、特征和属性。形容词的选择往往体现了文章的主题方向和作者的情感倾向。所以在形容词的选择上要注意感情色彩得当。阅兵式解说词多采用符合国庆阅兵主题的褒义形容词。例如：

（24）古老的中国、年轻的中国、充满希望的中国；遥远的世界、连通的世界、命运与共的世界，将共同见证我们这一代人的新长征。

（25）义勇军进行曲，这不屈的旋律，必胜的强音，即将再次唱响！

（26）这种导弹是我国自主研制的第二代固体洲际战略核导弹，机动性能好，生存能力强，部署转换快，打击精度高。

例句（24）中出现的“古老的、年轻的、充满希望的、遥远的、连通的”都是褒义词，展现了中国历史悠久、美好、发展的形象，以及世界的广大、和平、共生、共存的形象。例句（25）中“不屈的、必胜的”也都是褒义词。例句（26）中的“好、强、快、高”更是非常直接的褒义形容词。阅兵式解说词是有中心主题思想和情感倾向的，形容词是最能够诠释文本主题和情感的词汇。可以看出，阅兵式解说词选择的形容词，从褒义的角度解说了阅兵式及中国的新面貌，表达了热爱祖国的情感并感染了观众，使观众产生共鸣。

三、句子修辞分析

阅兵式解说词要达到更好的修辞效果，除了语音修辞、词汇修辞，还有一个重要的因素——句子修辞。句子修辞就是使句子艺术化，正确选择句式、句型、句类，给句子增添文采，增强表现力，以更加精准地表达思想内容。在现代汉语中，有长句、短句、整句、散句等句式。不同的句式表达的效果不同。根据阅兵式的文体和适用情境，需要选择合适的句式。

受阅兵式的语境影响，阅兵式解说词一方面需要配合阅兵式的节奏，另一方面需要准确高效地传达内容。以下主要就句式的选择对阅兵式解说词进行分析。

（一）句子的节奏

1. 整句的匀称和谐节奏

整句是结构形式相似或者相同，排列整齐匀称的句子。通常整句含有对偶、排比、顶针、反复等辞格。整句在听觉上也能给观众带来整齐、匀称的节奏感，整齐的节奏也促进情感的表达。多个相似成分整齐的并列组合，使解说词气势较强。阅兵式的画面展现的是雄壮威武的中国军队，整句的气势和阅兵式的语境较为贴合。例如：

（27）为巩固中国共产党领导和社会主义制度提供战略支撑，为捍卫国家主权统一和领土完整提供战略支撑，为维护国家海外利益提供战略支撑，为促进世界和平与发展提供战略支撑。

（28）走在小康路上，一路歌美花香。

（29）竞技体育成绩傲人，全民健身蓬勃开展，冬奥筹备卓有成效，冰雪运动快速普及。

（30）“一带一路”通古今，“友谊之桥”跨海陆，“和平风帆”共五洲。

例句（27）是排比句式，结构相似，字数相当，四个“为”整齐排列，节奏感强，观众听上去每隔相同的字数一停顿，如打着整齐的节拍一样，给观众带来一种音乐美。例句（28）是一个对偶句，句式匀称，节奏整齐，加上“ang”的韵尾，读起来朗朗上口，听起来节奏和谐优美，给观众带来听觉上的舒适感。这样的整句不仅仅迎合中国观众的听觉，还便于观众记忆，给观众留下深刻的印象。例句（29）中的四个句子成分整齐排列，读起来抑扬顿挫非常明显，让观众感受到整齐和谐的节奏韵味。例句（30）中三个相似的句子成分组合，通过整齐的节奏强化了气势。整句最大的特点就是节奏整齐，在解说词的散句中适当地加入整句，给人耳目一新的感觉，可以达到强化节奏感的作用。

2. 长短句交错的节奏感

长句是修饰语较长的句子，或者是主谓词组作成分的句子，这一类句子结构复杂，字数多。与长句相对的是短句。短句句子较短，结构较简单，字数较少。长句表达的内容更加丰富，集中紧凑，逻辑严密，其节奏比较舒缓。相较于长句，短句传达信息更为直接，节奏明快，更能够被观众快速接收并记忆。在解说声音的节奏上，多是长短句交错使用，呈现出时快时慢，或急或缓的节奏感。例如：

(31) 强国，必须强军，军强才能国安。党的十八大以来，党中央、中央军委和习主席领导人民军队，以党在新时代的强军目标为引领，贯彻新时代军事战略方针，政治建军，铸就忠诚，改革强军体系重塑，科技兴军跨越发展，依法治军严明纲纪，练兵备战锻造胜战之师，面向未来，塑造世界一流军队，人民军队体质一心、节奏一心、格局一心、面貌一心、中国特色强军之路，越走越宽广。

(32) 今天，我们比历史上任何时期都更接近、更有信心和能力实现中华民族伟大复兴的目标。今天，老一辈的革命理想、优良传统和时代精神将继续激励我们，不忘初心、牢记使命、永远奋斗，向着这个宏伟目标奋勇前进！

例句（31）中第一句是短句，字数分别为二、四、六，结构简单。解说时，发音较短，停顿较多，抑扬顿挫明显，给观众带来明快的节奏感。然而一个文本，全是短句，会有语义不连贯的效果，在听觉上，都是快节奏的解说，也会降低文本的听觉美感。所以这个短句后配合使用了长句解说。这个长句中，有两个主语，还有状语，“贯彻”后承接了两个宾语，“胜战之师”有多个定语。这样的长句结构十分复杂，成分较多，要讲解清楚，解说时的节奏就会比较舒缓，给观众娓娓道来的感觉。这样的解说就有长句有短句，节奏有快有慢。例句（32）也是运用了长短句交错的方法，使解说节奏富有变化。句中“更接近、更有信心和能力”三个状语修饰实现目标，“革命理想、优良传统和时代精神”列举了多个老一辈能够激励我们的优秀品质，都构成了长句。两个长句之后，为了避免产生听觉疲劳，加入短句调节缓慢的语速。“不忘初心、牢记使命、永远奋斗”的短句提升了语速和节奏。因此，充分发挥长句和短句各自的节奏优势，可以将解说节奏控制得或急或缓，调动观众的听觉，提升观众的听觉舒适感。

（二）句子的内容表述方式

1. 感叹句的情感强化

阅兵式解说词是一个偏纪实的文本，主要解说阅兵式展示的军事成就，所以多用陈述句。但是又不同于纪实类的解说词只是客观陈述、平铺直叙。国庆阅兵式是庆祝仪式，因此展现对祖国成就的自豪之情也是必不可少的。解说词为了表达对于祖国的自豪、热爱、美好祝愿等情感，应适当地选用便于抒情的感叹句增强情感表达。例如：

（33）义勇军进行曲，这不屈的旋律，必胜的强音，即将再次唱响，让我们心跳随他跃动，让我们的脚步随他前进，前进，前进进！

（34）这款超音速巡航导弹精度高、射程远、反应速快，长剑在手，敢缚苍龙！

（35）今天，让我们再次向共和国的英雄和先锋致敬！

例句（33）中，“前进，前进，前进进！”的感叹语气，表达了《义勇军进行曲》给予中国人民强烈的前进信念。这一类通过感叹句表达信念、决心的句子在解说词中不止一处。例句（34）表示了超音速巡航导弹敢于消灭敌人的决心。感叹句的句式表达出敢于挑战、积极进取的勇敢与不屈，让观众感受到更强的攻击气势。例句（35）通过感叹句加强了句子对国家英雄和先锋的尊敬、怀念之情。由此可以看出阅兵式解说词使用感叹句利于表达和强化情感，也更加容易感染观众，引起观众的情感共鸣。

2. 设问句的使用

设问句是无疑而问、自问自答的一种句式。设问句的作用是引起注意和思考，使语言具有波澜，利于抒发感情。在中华人民共和国成立70周年阅兵式解说词中共有三处设问句。设问句一般需要留给接受者一定的时间去理解和思考。由于阅兵式是实时直播，场面宏大、内容丰富、时间紧凑，所以设问句不宜太多。但是我认为设问句其实是一个多功能的句式，虽不能过于频繁使用，但是合理使用可以极大提升解说词的效果。设问句的使用有丰富的效果。设问句除了能够引起观众的注意和思考，还能加深观众对内容的理解，强化表达的情感，补充画面内容，承上启下。此外对于整篇解说词来说，设问句还能丰富解说词文本，增强观众对解说词的接受度。例如：

（36）100面鲜红的战旗迎风飘扬！100个英雄部队的荣誉称号气壮天地！为什么战旗美如画，英雄的鲜血染红了她。人民军队基因永不磨灭，红色血脉永远传承。

（37）美好生活是什么？是环卫工人清扫的整洁环境，是快递小哥便捷的物流服务，是医生护士的悉心照料，是最美家庭的幸福相伴，是老年模特队的神采奕奕，是残障人士的方便出行。

（38）美好生活从哪儿来？中国人的回答是：从奋斗中来。

例句（36）中，由战旗产生设问：“为什么战旗美如画?”问题一出，使观众不由自主地思考，由思考而加深了对问题的理解程度。在答案展现之后，观众的印象也会进一步加深。答句强化了对牺牲的英雄的尊敬之情。另外答案中“英雄”承接上文在维和中英勇牺牲的中国军人。“红色血脉永远传承”引出下文英勇的官兵。例句（37）中的解说词除了有同上一句一样的作用外，还起到了补充画面的作用。在画面中出现的是生态环保战线的工作者组成“绿水青山”方阵，答句补充了画面外美好生活的贡献者还有快递小哥、医护人员等。除了答句中列举出来的贡献者，观众还可以联想到现实生活中其他的贡献者，给了观众极大的思考空间。例句（38）中，问人们的美好生活来自哪里，不直接告诉观众来自哪里，而是让观众发挥主观能动性去积极思考自己的、国家的美好生活从哪里来。思考之后也会对自己未来追求美好生活有一些启示。这个问题的答案是“从奋斗中来”。一个“奋斗”总结了中国人现在的美好生活来源，点明中心，耐人回味。

四、辞格修辞分析

辞格是修辞学最重要的内容。法国新批评派的托多罗夫说：“辞格理论是就修辞学的基本内容之一。”[①] 辞格又叫修辞格、修辞方式、修辞手法。“修辞格是一种语言中为了提高表达效果而有意识地偏离语言的和语用的常规并逐渐形成的固定格式，特定模式。”[②] 由此可知辞格的主要功能就是提高语言的表达效果。辞格的种类非常多，前人对于辞格的分类也有所不同。其中王希杰将辞格分为五类，陈望道将辞格分为积极和消极两类。前人对于修辞的分类不同是基于对其性质和特点的侧重和关注点不同。以下，我从形象性、文化性、强调性三个类别分析阅兵式解说词中使用的辞格。

（一）形象性辞格，增强画面描述的形象性

1. 比喻的形象表达

比喻是最基本、最常用的一种辞格，也叫做“打比方”。比喻利用两

① ［美］韩德．文学概论［M］．傅东华，译．上海：商务印书馆，1930：15.

② 王希杰．语言学百题［M］．上海．上海教育出版社，1991.

件事物之间的相似之处，将一件事物比喻成另一件事物。比喻的三个成分是本体、喻体和喻词。比喻可以使解说的抽象复杂事物更加生动具体。在阅兵式解说的内容中有很多对于军事技术、军事武器的解说，大多数普通的观众对这些内容比较陌生，不能够快速理解。此时适当地采用比喻的辞格，将较为复杂和陌生的事物，通过联想另一件观众熟知的事物，使观众更容易理解解说内容。除了复杂难懂的事物解说，对于情感的解说也可以适当地采用比喻，使抽象的情感化为具象的事物，便于情感表达和接受，为解说词增添了文采。例如：

（39）受阅的信息侦测、数据干扰作战车组，侦察干扰能力强，既能独立遂行作战任务，又能支援战略方向联合作战，是无形战场上的神兵利器。

（40）彩车上“石榴瓶”光彩夺目，各民族像石榴籽一样紧紧抱在一起，血脉相连，风雨同舟。

（41）隆隆炮声如冲锋的战士前赴后继，如燃烧的火炬薪火相传，我们的共和国就这样筚路蓝缕一路走来。

（42）22 辆 99A 坦克呈“箭”形布阵，如战场霹雳，长驱直入。

例句（39）解说的信息侦测、数据干扰作战车组，平常百姓对此知之甚少。后面对其解说非常精准，但是观众本来接受的就是一个陌生的概念，又接着解说它的一些抽象的特性，观众头脑中不能够立刻就有一个具体形象，这不便于理解和记忆。而后通过一个比喻，将信息侦测、数据干扰作战车组比作无形战场上的神兵利器。战场、神兵利器这些概念是非常清晰的，观众立刻就能通过联想两者的共性，充分理解和记住这个车组有什么作用、效果。例句（40）将团结起来的各族人民比喻成石榴籽。石榴的籽有很多，每一个都互相紧紧地挨着。各族人民的关系就如石榴籽之间一样紧密相连。比喻生动形象，将抽象的状态、情感关系通过具体的事物呈现。石榴籽的比喻也增添了解说的趣味和文采。例句（41）将一声接一声的“隆隆炮声”比喻成前赴后继的战士和薪火相传的火炬。用不间断的炮声、响亮的炮声比喻战士、火炬。这样的比喻突出了战士的英勇、无畏精神，表达了中国的生命之火永远不会熄灭。例句（42）将坦克比喻成战场上的霹雳，以霹雳速度之快，生动形象地表达坦克的速度之快。

2. 拟人的生动表达

拟人也是一种常见的辞格。拟人将事物人格化，给事物加上人的动作、情感、特性等。拟人可以将事物写活，使之具有生命感，更加生动形象，使观众更有代入感的理解，与解说的事物更加亲近。在阅兵式解说词中适当地选用了拟人的辞格，在一定程度上调和了解说内容的死板。例如：

(43)“春潮滚滚”方阵中，深圳、厦门等经济特区，万丈高楼平地起，谱写了改革开放的壮丽篇章。一代代的开拓者和建设者，以拓荒牛的精神，书写了一个个让世界瞩目的中国奇迹。

(44) 受阅的频谱监测车，无线电接入节点车、卫星通信车和散射通信车……耳聪目明。

(45) 五十六门礼炮，70 响轰鸣，仿佛历史跃动的脉搏，诉说着五十六个民族的中华儿女七十载春华秋实的拼搏。

在例句（43）中，将各个经济特区拟人化，使经济特区能够谱曲。这样的解说说出了经济特区的贡献之大。观众在听到这个句子时，更容易站在经济特区的角度，去理解经济特区做的贡献。例句（44）将受阅的频谱监测车等拟人化，用“耳聪目明”形容它们的灵敏度高。例句（45）将礼炮的轰鸣声拟人化，赋予它说话的能力，可以诉说中华儿女的拼搏。一个物品是不会动的，把静的写成能动的，生动形象地表现出对中华儿女 70 年奋力拼搏的肯定。这些都是创作者的主观设想，将事物和人联系起来，赋予事物以人的特点，仿佛活了一般，所说的话、所做的事，都更加生动有趣。这样生动的解说不仅能便于观众理解，还能使观众更有聆听的兴趣。

（二）文化性辞格，引起观众的文化心理共鸣

1. 增强文化底蕴的对偶

“对偶是汉语修辞中最具有形式美的一种格式，是汉语音乐美的最高表现形式，是汉语格律诗最重要的基础之一。”① 对偶也是中国古人最喜欢的一种辞格，是体现华夏文化底蕴的一种辞格。对偶需要音节相等，结构相同，语义相对，韵律和谐。在现代汉语大部分情况中，对偶不要求极其工整，以宽对为主。无论对偶是否工整，解说词中的对偶都体现了中华文化底蕴。观众接收到带有中国特有文化的解说时，会不由自主地产生文化心理共鸣。例如：

---

① 王希杰．修辞学通论［M］．南京：南京大学出版社，1996：433.

（46）正步铿锵堂堂气，寒光闪耀凛凛威。

（47）长空千里眼，云天中军帐。

（48）村口杨柳依依，院内海棠盛开。

（49）70 年栉风沐雨，70 年砥砺奋进。

（50）旗帜引领方向，旗帜凝聚力量。

在例句（46）中，"正步"对"寒光"，都是名词，"铿锵"对"闪耀"，都是形容词，"堂堂气"对"凛凛威"，都是名词。在语义上，没有严格对照，但都是表现了人民军队的威武形象。在韵律上，读起来抑扬顿挫、朗朗上口，具有音乐美。在例句（47）中，"长空"对"云天"，"千里眼"对"中军帐"，共同写出预警指挥机的作用和地位。例句（48）中，"村口"对"院内"，"杨柳"对"海棠"，"依依"对"盛开"，描绘出一幅农家画。例句（49）中"70 年"对"70 年"，"栉风沐雨"对"砥砺奋进"。例句（50）中"旗帜"对"旗帜"，"引领"对"凝聚"，"方向"对"力量"。解说词中丰富的对偶句，音韵和谐，抑扬顿挫，节奏整齐，前后对仗。在中华文化熏陶之下，中国人对于对偶句，无论是在形式上，还是在内容上都格外有好感。在整个阅兵式解说词中，对偶句能瞬间直击观众内心，增强解说词的文化底蕴。

2. 增强文化自信的化用

化用属于引用的一种，但是对于引用的词、句有创新、发展。化用辞格借用古典名句的基本含义，在此基础之上，对古典名句进行删改，结合需求，形成新的表述。另一种化用是借用古典名句的形式，填充新的内容，转变、延伸、创新经典名句。中华人民共和国成立 70 周年阅兵式解说词化用的句子主要是古代的诗词歌赋、谚语、成语等。化用古代的经典词句首先可以使解说词的语言雅化，其次能够体现中国文化的源远流长，也体现文化自信，更是对古代文化的创新。例如：

（51）少年当立凌云志，报效祖国会有时。

（52）幼有所育、学有所教、劳有所得、病有所医、老有所养、住有所居、弱有所扶。

（53）鲲鹏展翅，扶摇直上。

（54）岁月如斯，不舍昼夜。

（55）七十载惊涛拍岸，九万里风鹏正举。

例句（51）前半句化用的是"壮志凌云"，后半句化用李白的名句

“长风破浪会有时”。吸收古典文化，结合解说词内容，结合二者创新性的表达，使解说词更加典雅优美。在内容上，新句子继承了经典词句中积极向上的心态、远大抱负，发展了解说词中年少应有为，报效祖国的内涵。例句（52）化用《礼记·大道之行也》中的“使老有所终，壮有所用，幼有所长，鳏、寡、孤、独、废疾者皆有所养”。解说词在古人渴望的大同社会基础上，扩充了现代中国做到的许多事情，表达了中国在努力朝让人民幸福的大同社会发展。例句（53）化用的句子来源较广，例如李白的《上李邕》中的“大鹏一日同风起，扶摇直上九万里”。例句（54）化用的是《论语·子罕》中的“逝者如斯夫，不舍昼夜”。解说词将“逝去”的河水，改为岁月，直接表达岁月流逝之快，与中华人民共和国成立70周年阅兵式庆祝主题呼应。例句（55）化用李清照《渔家傲·天接云涛连晓雾》中的“九万里风鹏正举。风休住，蓬舟吹取三山去!”这一化用，不仅对仗，且巧妙地突出了“七十载”，再次呼应70周年。解说词化用古人的诗词，吸收其文学底蕴，并创新性地改编，结合中华人民共和国成立70周年阅兵式的语境，使解说词古今结合，典雅又新颖。解说词的化用是对中华文化的认可、自信、继承、创新。

（三）强调性辞格，突显阅兵式的宏大气势

1. 排比的气势强化

排比是两个以上的意义相关、相近，结构相同、相似的词组、句子排列组合成的句子。排比有极强的节奏感和说服力，最大的效果是加强语言的气势和表达效果。阅兵式是一个场面非常宏大的活动，军队列阵检阅十分威严。阅兵式解说词中采用排比辞格结合解说内容，配合阅兵式宏大壮观的画面，能给观众带来更强的气势、更震撼的感受。例如：

（56）最严厉的环保执法，最大力度的环保投入，最深入人心的绿色生活理念，小到垃圾分类，大到江河治理。

（57）美好生活是什么？是环卫工人清扫的整洁环境，是快递小哥便捷的物流服务，是医生护士的悉心照料，是最美家庭的幸福相伴，是老年模特队的神采奕奕，是残障人士的方便出行。

（58）人民军队体质一心、节奏一心、格局一心、面貌一心、中国特色强军之路，越走越宽广。

（59）一部民族史，一部奋斗史，一部英雄史。

例句（56）中是三个“最”的整齐排列，着重突出严厉程度、投入力度、深入人心的程度之最，极大地加强了“最”的语势。例句（57）中六个“是”句式排列，强调了美好生活是许许多多人共同的努力成果。例句（58）中，四个“一心”的排列，并不省略，突出了人民军队的团结。例句（59）中三个“一部”，一定要分开写，强调每一部分都很重要。因此，排比通过相似的词语、句式，强调重点内容、情感，强化了语言表达气势。

2. 综合使用辞格形成合力

排比等辞格本身就具有强调的作用。除了排比辞格以外，综合使用多种辞格，也使解说内容表达、诠释更加全面、生动，起到了一定的强调作用。例如：

（60）方队由15式新型轻型坦克、04A式履带步战车和履带指挥车混合编成，这些机械化、信息化装备，能够快速部署、快速反应、快速突击，是陆上应急作战的“急先锋”。

（61）浴血奋战方阵中，三辆并行的彩车上，八一勋章、独立自由勋章和解放勋章熠熠生辉。金色勋章是建功立业的历历铭记，红色绶带是拼搏奋战的滚滚热血。抗击侵略，救亡图存，反抗压迫，争取自由，中国共产党团结带领中国人民浴血奋战28年，谱写了一曲气壮山河的英雄赞歌。为有牺牲多壮志，敢教日月换新天。牢记革命历史，传承红色基因，我们必将从胜利走向新的胜利！

在例句（60）中，“快速部署、快速反应、快速突击”使用排比辞格强调了坦克的速度快。后又将坦克比作应急作战的“急先锋”，突显了坦克速度之快。排比和比喻辞格的综合使用，使强调作用再次升级，让观众一定能感受到坦克速度快。例句（61）中，运用了排比、拟人、引用多种辞格，所表达的内容都是中国共产党带领着人民英勇奋斗，创造了美好的今天并将继续带着人民前进，通过多种辞格进行强化表达。

结　语

中国国庆阅兵式让中国人民感到自豪。现代媒介中的画面与解说，更是让世界记录下中国发展的光荣历程。本文以中华人民共和国成立70周年阅兵式解说词为例，从解说词的语言修辞、词汇修辞、句子修辞、辞格修辞四个方面分析了解说词的修辞特色。

通过分析，我们发现中华人民共和国成立70周年阅兵式解说词语音响亮悠扬、抑扬顿挫中充满力量；音节和谐，具有音韵美。解说词词汇丰富、准确、积极向上，且充分发挥四字格的形式和内容优势。解说词句子具有整齐匀称和快慢相间的节奏美。解说词选用的辞格体现了解说的形象性、文化性、强调性。阅兵式典雅的解说词提升了解说的表达效果、节奏感、聆听美感。另外，笔者认为最重要的是解说词要体现文化自信。总的来说，解说词的修辞主要关注解说的内容、节奏、美感、文化性，为配合阅兵式的画面，共同促进了阅兵式的完美展示和传播。

以上分析，也能够给解说词的创作一些方向，在解说词的创作中要选择适合语境的语言风格、辞格风格，并进行炼词、炼句。笔者发现解说词选择的修辞都受阅兵式的画面和观众影响，也就是语境和受众。那语境和受众等因素具体如何影响解说词的修辞选择，这个问题对于解说词的修辞特色的形成、创作动因有很大的影响。解说词一方面是解说和补充画面，而另一方面，解说词也有含蓄性，此时则通过画面来展示，具有信息补足性。笔者在这些方面分析较少，对此还可以展开更深入的研究。

参考文献

［1］陈望道．修辞学发凡［M］．上海：复旦大学出版社，2008.

［2］王希杰．修辞学通论［M］．南京：南京大学出版社，1996.

［3］李庆荣．现代实用汉语修辞［M］．北京：北京大学出版社，2010.

［4］陈汝东．当代汉语修辞学［M］．北京：北京大学出版社，2004.

［5］杨树达．中国修辞学［M］．上海：上海古籍出版社，2006.

［6］王德春，陈晨．现代修辞学［M］．上海：上海外语教育出版社，1999.

［7］黎运汉，盛永生．汉语修辞学［M］．广州：广东教育出版社，2006.

［8］王希杰．汉语修辞学［M］．北京：北京出版社，1983.

［9］张弓．现代汉语修辞学［M］．天津：天津人民出版社，1963.

［10］王希杰．修辞学新论［M］．北京：北京语言学院出版社，1993.

［11］盛男．“非遗”题材纪录片的解说词应用研究［D］．芜湖：安徽师范大学，2019.

［12］咸友芹．习近平对古典名句的化用研究［D］．济南：山东大学，2019.

［13］朱玉冰．纪实性专题片解说词的艺术性探究：以毕业作品《与大河共潮涌》为例［D］．开封：河南大学，2016.

［14］柯娟娟．《美丽中国》解说词修辞及语境阐释［D］．武汉：湖北师范学院，2014.

［15］赵彦．电视纪录片《舌尖上的中国》的视听语言修辞策略研究［D］．北京：中国艺术研究院，2014.

[16] 余权．论中国电视纪录片解说词的主观性倾向［J］．中国电视，2015（10）．

[17] 程威．电视专题片解说词的修辞艺术及应用［J］．新闻研究导刊，2017（1）．

[18] 汤文靖．人文纪录片解说词的写作特点［J］．新闻与写作，2015（12）．

[19] 周振华．论电视专题片中解说词的创作：兼论电视主题片中文与画的关系［J］．江苏广播电视大学学报，2008（8）．

[20] 和伟．如何撰写电视纪录片的解说词［J］．西部广播电视，2017（2）．

[21] 李连波，尹铁超．论 2014 年世界杯赛事解说词的语音修辞美［J］．齐齐哈尔大学学报（哲学社会科学版），2014（5）．

[22] 梁保华．节目串词的文学化手法［J］．新闻研究导刊，2014（6）．

[23] 王学军．简述节目主持词的创作要点［J］．大舞台，2011（4）．

[24] 薛宝海．由北京卫视春晚串词说起［J］．视听界，2014（2）．

[25] 杨庭．新媒体时代下电视新闻串联词的应用探讨［J］．新媒体研究，2016（23）．

[26] 张静．类型化音乐广播的主持人串词分析［J］．东南传播，2012（6）．

[27] 方亮．电视节目串词写作的六种技巧［J］．声屏世界，2006（1）．

[28] 张爱珺．电视纪录片解说词的撰写［J］．青年记者，2014（32）．

[29] 王蕾．电视纪录片解说词的理性魅力［J］．青年记者，2013（2）．

[30] 陈小娟．电视专题片解说词的修辞艺术［J］．文学教育（上），2013（4）．

[31] 李海英．电视新闻串联词特点与写作［J］．新闻窗，2012（3）．

指导老师：陈英